Der Feind, den wir brauchen
oder:
Muß Krieg sein?

Herausgegeben von Anton-Andreas Guha
und Sven Papcke

ANTON-ANDREAS GUHA
UND
SVEN PAPCKE (HRSG.)

DER FEIND DEN WIR BRAUCHEN

ODER: MUSS KRIEG SEIN?

athenäum

Die Übersetzung des Beitrags von Norman Solomon besorgte Udo Rennert, Frankfurt/M.

CIP-Kurztitelaufnahme der Deutschen Bibliothek

Der Feind, den wir brauchen oder: muß Krieg sein?
Anton-Andreas Guha u. Sven Papcke (Hrsg.). –
Königstein/Ts. : Athenäum, 1985.
  ISBN 3-7610-8349-1

NE: Guha, Anton Andreas [Hrsg.]

© 1985 Athenäum Verlag GmbH, Königstein/Ts.
Umschlagentwurf: Jutta Schneider, Frankfurt/M.
Satz, Druck und Bindung:
Bercker, Graphischer Betrieb GmbH, Kevelaer
Printed in West-Germany
ISBN 3-7610-8349-1

Inhalt

Vorwort

Der Feind kann und darf nicht verschwinden; er muß ständig als Sün-
denbock für alle aus dem soziopoli-
tischen System hervorgehenden
Übel bereitstehen.

Franz Leopold *Neumann*,
Behemoth

Die Frage nach der menschlichen Aggressivität ist eine alte
Fragestellung, die aber an Aktualität nichts eingebüßt hat,
eher im Gegenteil: Angesichts der weltweiten „Verfeindung
der Systeme", der vielfältigen Konflikte zwischen Staaten
oder auch innergesellschaftlichen Gruppen, angesichts vor
allem auch der Drohung mit allesvernichtenden Atomwaffen gewinnt ihre Beantwortung, sollte sie denn möglich
sein, geradezu existentielle Bedeutung. Verhaltensforschung
und Psychologie, die anthropologischen Wissenschaften generell, einschließlich der kritischen Soziologie, haben viel
zur Erhellung menschlicher Feindseligkeit beigetragen und
Teilantworten auf die Frage nach der Friedfertigkeit, genauer: Friedensfähigkeit des Menschen geliefert. Der Streit
darüber, ob Aggressivität, vor allem in ihrer destruktiven,
zerstörerischen Dynamik, eher angeboren oder gesellschaftlich vermittelt sei, scheint ausgestanden zugunsten eines So-
wohl-als-Auch. Dieser allgemeine Konsens erhöht wiederum die Relevanz pädagogischer, ethischer und nicht zuletzt
auch philosophischer Fragestellungen.

Doch welche Schlußfolgerungen lassen sich aus diesen
Bemühungen für die aktuelle Politik ableiten, gar mit dem
Anspruch auf Verbindlichkeit? Hat je Erkenntnis über das
Wesen des Menschen Politik beeinflußt? Was gestaltet und
beeinflußt überhaupt Politik außer „Interessen", ein Begriff,
der teils konkret beschreibbar ist, teils diffus und geradezu
anonym bleibt?

Das höchste politische Interesse, so versichern Politiker
in Ost und West, sei die Erhaltung des Friedens; beide Seiten nehmen für sich in Anspruch, größte Anstrengungen für
die Verwirklichung dieses Interesses zu unternehmen. Das

Ergebnis dieser Bemühungen, die subjektiv sogar glaubwürdig sein mögen: Es steht nicht nur ein nukleares Vernichtungspotential zur Verfügung, das binnen Stundenfrist alles höhere Leben auf diesem Planeten auslöschen könnte, sondern der Einsatz dieser Vernichtungspotentiale wird im Rahmen konkreter Strategien auch glaubwürdig angedroht, sogar um den Preis der unvermeidlichen Selbstvernichtung. Obendrein werden diese Vernichtungskapazitäten qualitativ und quantitativ fortlaufend ausgebaut, wenn auch selbst nach militärischer „Rationalität" völlig sinnlos, weil die totale Vernichtungsfähigkeit längst x-fach überschritten ist. Übertötungskapazitäten aber haben nicht einmal mehr Abschreckungswert.

Hinter der Bereitschaft und Entschlossenheit, „wenn es denn sein muß, die Erde in eine von giftigen Dünsten umhüllte Wüste zu verwandeln" (Thomas Mann), muß ein ausgeprägtes Feindbild stecken, das vielen Militärs und Politikern womöglich gar nicht bewußt ist. Bundesregierung und Bundeswehrführung beispielsweise bestreiten mit Nachdruck, die Soldaten zum Haß zu erziehen und damit ein Feindbild zu entwickeln, wie das unbestreitbar in der Nationalen Volksarmee der DDR geschieht. Doch räumen auch westliche Sicherheitsexperten unumwunden ein, es könne keine Garantie dafür geben, daß das Abschreckungssystem auf Dauer den atomaren Holocaust verhütet. Dann aber stellt sich unausweichlich die Frage, mit welchen Kriterien der Vernunft und Ethik diese Bereitschaft zum äußersten, der Phantasie kaum mehr zugänglichen Risiko begründet werden kann? Thomas Mann geißelt dies als „intellektuelle und moralische Unzulänglichkeit". Albert Einstein stellt eine Unfähigkeit des „menschlichen Denkens" fest, die durch die „Entfesselung des Atoms" veränderte Realität zu begreifen. Aus diesem Dilemma aber wäre zu folgern, daß der politische Macht- und Konkurrenzkampf, wie er traditionellerweise durch Haß und Feindschaft untermalt wird, im Atomzeitalter zu einem geradezu selbstmörderischen Atavismus gerät.

Andererseits sind sich alle Politiker und Experten in Ost und West darüber einig, daß die Folgen eines Atomkriegs verheerend wären, und auch darüber, daß das Funktionie-

ren der Abschreckung nur eine Hoffnung, nicht aber eine
Gewißheit ist. Wieder drängt sich der Verdacht auf: Wenn
dies rational begriffen, aber trotzdem an der Abschrek-
kungspolitik festgehalten wird, muß ein virulentes Feindbild
dieses Verhalten motivieren.

Brauchen wir also einen Feind? Hat sich das Feindbild
gar längst verselbständigt in dem Sinne, daß es zur Voraussetzung geworden ist für die Legitimation der nuklearen
Hochrüstung? Wie anders könnten Vernunft und moralische Skrupel beschwichtigt und davon abgehalten werden,
gegen den „atomaren Wahnwitz" zu protestieren – individuell und kollektiv –, als mit dem Verweis auf einen total-tota-
litären Feind, der unsere Freiheit ebenso bedroht wie alle
humanen Werte?

Welche Lösungsmöglichkeiten bieten sich an, um ein derart tief verwurzeltes Feindbild abzubauen, ohne gleich zu
verkennen, daß es Gesellschaften und Machtblöcke mit sehr
unterschiedlicher Ordnung und demzufolge auch mit abweichenden, zum Teil tatsächlich konträren Interessen
gibt?

Dieses Buch kann weder umfassende noch gar endgültige
Antworten geben, wohl aber versucht es, den Blick des Le-
sers auf ein Problem von lebenswichtiger Bedeutung zu
richten: auf das Feindbild, das – verleugnet, verdrängt oder
auch bewußt gepflegt – neben anderen Fehlleistungen auch
die Dynamik des Wettrüstens bestimmt, politische Lösungen blockiert und damit langfristig das Überleben der
Menschheit gefährdet.

Anton-Andreas Guha/Sven Papcke
Frankfurt am Main/Münster, im Mai 1985

WOLFRAM NOODT

Ist der Mensch zur Aggressivität verurteilt?

Alle Friedenssehnsucht, alles Mühen um Frieden und Friedfertigkeit wäre letztlich vergeblich, wäre der Mensch zum Frieden und zur Gewaltlosigkeit grundsätzlich unfähig.

Der überschaubare Teil der Menschheitsgeschichte scheint vielen als eine endlose Kette von Gewalt und Mord und schlimmen Katastrophen. Den nicht überschaubaren Teil davor mögen wir uns eher noch finsterer vorstellen. Doch das Hoffen, das Sehnen nach einer anderen Art zu leben ist zu allen Zeiten lebendig gewesen und geblieben, hat immer wieder aufbegehrt, war vielleicht ein wesentlicher Antrieb unserer Evolution.

Nach dem Schock der offenbaren Irrationalität des Ersten Weltkriegs wurden pazifistische Stimmen unüberhörbar wie nie zuvor. Aber die Realpolitiker haben es doch wieder besser gewußt: Der Krieg blieb ihnen notwendiges Naturereignis. Die Forderung nach „Nie wieder Krieg" schien ebenso töricht wie „Nie wieder Gewitter". Denn: „Wer da nicht kämpfen will in dieser Welt ewigen Ringens, verdient das Leben nicht."

Heute ist diese Art von Besserwissen zur bald absurd umgekehrten Ratlosigkeit geraten: Dank militärtechnischer Fortschritte ist der Krieg, jedenfalls der große, entscheidende Krieg, nicht mehr machbar, es sei denn um den Preis der Unbewohnbarkeit der Erde. Was nun?

Konsequent richtet sich das Bemühen der Aufrüster nun darauf, den Krieg zu retten, ihn auch weiterhin als führbar, das meint: als gewinnbar darzustellen. Ein traditionsreichangesehener Berufsstand stünde ja sonst auf dem Spiel, und Weltherrschaft wäre nicht mehr machbar.

Mir scheint, die Chancen waren – dank militärtechnischen Fortschritts – noch nie in der Geschichte so groß wie heute, wenn nicht den Frieden, so doch den Nicht-Krieg als machbar zu begreifen. Es sei denn, der Mensch wäre dafür eben tatsächlich nicht geschaffen, ergo notwendigerweise zum Untergang bestimmt.

Diese Frage nach der Friedensfähigkeit des Menschen soll hier untersucht werden unter zwei Überlegungen, aus denen drittens eine Frage folgt:

(1) Keineswegs allen Menschen war und ist persönliche Friedfertigkeit ein persönliches Lebensproblem. Viele leiden nicht oder doch nicht sehr an ihrer eigenen Neigung zu Aggressivitäten. Bewußt oder unbewußt wird Aggressivität oft sogar propagiert und geschätzt, so durchaus auch in der Tradition des „christlichen Abendlandes".

(2) Denkende und hinreichend informierte Menschen wissen von der Gefahr des weltweiten atomaren Holocaust und sind daher ehrlich um dessen Verhinderung besorgt. Differenzen bestehen schließlich lediglich hinsichtlich der rechten Form der Friedensbewahrung nach Maßgabe der persönlichen Denktraditionen, Idealvorstellungen und politischen Interessen.

(3) Kann es denn überhaupt Chancen geben, den Frieden auf Dauer zu bewahren zwischen gesellschaftlichen Gruppen bis hin zu Staaten, die alle aus persönlich keineswegs unbedingt friedfertigen Einzelmenschen bestehen? Bleiben wir nicht letztlich immer nur beschränkt auf jene ebenso goldene wie unbeliebte alte Ermunterung, nach der da jeder zunächst vor seiner eigenen Tür kehren solle?

1. Versuch eines Bildes vom Menschen

Es bleibt dabei: Ein auch nur annähernd verbindliches Bild vom Menschen gibt es nicht. Abschließende Aussagen zu diesem Leitthema aller Wissenschaft wird es erst an dem Tage geben, an dem der Mensch sich wirklich am eigenen Zopf aus dem großen Morast gezogen hätte. Und damit hat es wohl noch Weile.

Redliches Bemühen um die rechte Anthropologie wird sich stets bescheiden müssen mit Aussagen zu Teilaspekten, die je nach dem neuesten Stand der Dinge wie der persönlichen Gewichtung immer wieder anders ausfallen müssen.

Dies gilt selbstverständlich auch für die vielen interessanten Befunde, die die Biologie in letzter Zeit zu den Fragen um unsere Vorgeschichte ebenso wie zum „eigentlichen" Wesen des Menschen beigetragen hat. Für unseren Zweck sind folgende Stichworte wichtig:

Rund 1 Million Generationen (ca. 5–7 Millionen Jahre) scheint es her zu sein, daß der Weg zum Menschen (im engeren Sinne) begann, als die verwandtschaftlichen Bande zu unseren nächsten Verwandten (heutige Schimpansen und Gorillas) sich lösten. Fachleute halten übrigens dafür, daß wir vielleicht noch immer in bis zu 80% der Erbfaktoren (Gene) mit unseren Verwandten übereinstimmen. Die neu entstandenen Gene (ca. 20%) sollen danach überwiegend körperliche Details und deren Funktionen (aufrechter Gang, insbesondere aber Entwicklung von Gehirn und Kehlkopf) betreffen.

Unvorstellbar langsam in der Generationenkette ist es dann zu wirklichen (kulturellen) Fortschritten gekommen, und doch ist schließlich so erstaunlich viel entstanden, was den Menschen heute von seinen tierischen Verwandten unterscheidet. All das Viele, das uns heute einerseits so reich gemacht hat, andererseits in so große Bedrängnis bringt, scheint nur zu geringsten Teilen dank normaler biologischer Evolution (also durch g e n e t i s c h e Variation und Auslese des besser Geeigneten) in die Welt gekommen zu sein.

Auf teils alten, teils neuen genetischen Basen hat die Möglichkeit e x t r a g e n e t i s c h e r Informationsweitergabe in der Generationenkette auf dem Weg des Menschen immer mehr an Bedeutung gewonnen. Selbstverständlich gab und gibt es enge wechselseitige Rückkoppelungen zwischen (überwiegend) genetisch bedingten Strukturen und (überwiegend) extragenetisch gesteuerten Funktionen. So kam es zur Herausbildung der typischen menschlichen Funktionsmerkmale. In jüngster Zeit, d. h. mindestens in den letzten 6000 Jahren, hat nun die extragenetische Komponente allein, gewissermaßen als Blüte und Frucht nach einem langen Wachstumsprozeß, uns jenes Maß an exponentiell wachsendem Fortschritt gebracht, der heute Sorge bereiten muß, da er uns sowohl ökologisch wie eben militärtechnisch entscheidend bedroht.

Die menschlichen Spuren, so z. B. die Höhlenfunde in

Südfrankreich und Spanien, zeigen, daß spätestens vor
800–1000 Generationen Menschen vorhanden waren, die
uns wesentlich gleich gewesen sein dürften. Trotzdem ist
erst vor kaum 200 Generationen in einigen Regionen ein
nennenswerter Ackerbau entstanden, in dessen Folge es
dann bald zu frühen Stadtkulturen kam, die wiederum An-
stöße gaben sowohl zu wesentlichen technischen und kulturellen Fortschritten wie zu differenzierteren Gesellschafts-
formen.

Für die in unserem Zusammenhang wichtigen Fragen –
was wurde auf diesem langen Weg bewahrt an menschlichen
Eigenschaften, was wurde neu erworben? – ist es nützlich,
„Eigenschaftskataloge" des Menschen aufzumachen, wobei
wir uns hier auf sechs wichtige Aspekte beschränken:

(1) Beim Menschen findet sich das (bereits in der Säuge-
tier-Reihe zunehmend wichtige) Lernvermögen
enorm gesteigert. Das Großhirn (Neocortex) ist das
Substrat dafür. Lebenslange Lernbegierde (die „Große
Neugierde") ist eine typisch menschliche Eigenschaft
(und zugleich, neben persönlicher Eitelkeit und Gel-
tungsbedürfnis, bisher wesentlicher Motor aller Forschung).

(2) Die Fähigkeit zum Begreifen kausaler Zusammenhänge ist nahezu ganz auf den Menschen beschränkt. Sie
erst ermöglicht zielstrebiges Vorausplanen. Mit dieser
Fähigkeit ist eine ganz neue Form von Realität in der
Evolution des Menschen entstanden (die in unserem
Alltag allerdings durchaus nicht jene Rolle spielt, die
wir ihr unwillkürlich gern zumessen möchten...).

(3) Der Mensch ist ein obligatorisches Sozialwesen
(ebenso wie seine näheren tierischen Verwandten). Er
scheint (genetisch!) programmiert auf das Leben in kleineren Gruppen mit persönlicher Kenntnis der Mitglieder, in denen zwar Rangordnungen bestehen, aber auch
Mitmenschlichkeit (auch für Aschenputtel ist gesorgt).
In der Gruppe besteht eine große Nachahmungs-,
Lern-, Anpassungsbereitschaft bzw. geradezu ein
Zwang dazu: Man muß „IN" sein! Streitereien gibt es
permanent, aber sie bleiben in der Regel geringfügig
(Schwiegermutter- und Nachbarschaftsprobleme).

(4) Die Kulturfähigkeit des Menschen war und ist wesentlicher Motor unserer Evolution (Kultur = die Summe der Erfahrungen und Vermutungen über die Welt und die richtigere und reichere Art, in ihr zu leben, wozu auch gesellschaftliche Umgangsregeln gehören). Alles Kulturgut wird extragenetisch weitergegeben. Dieser extragenetische Apparat spricht schnell und direkt an (verglichen mit der genetischen Evolution). Eminent wichtig hierfür wurde die Sprache. Erst die Sprache ermöglichte den Weg vom „unbenannten Denken" (v. Holst) zum abstrakten Begriff. Dennoch ist unser Sprachvermögen bis heute gleichsam „linear" geblieben und weit hinter dem enormen Spektrum an Gefühlen, Gedanken und Assoziationen zurück (vgl. Dichtung mit den anderen Sparten der Kunst!). Erst durch die Sprachfähigkeit ist der Mensch zum historischen Wesen geworden.

(5) Das Ich-Bewußtsein meint jene wissenschaftlich noch überwiegend rätselhafte menschliche Fähigkeit, (fast) nach Belieben sich selbst, seinen Gefühlen und Gedanken von außen kritisch-prüfend zuzusehen und die eigenen Handlungen, selbst Affekthandlungen, zu kontrollieren. Diese Befähigung, ja Neigung zur Selbstreflexion in allen Lebenslagen bedeutet – nach dem Kausaldenken (2) – wiederum eine sehr neue Dimension in der Evolution des Lebens. Versuche von seiten der Soziobiologie, neuerdings bei der Suche nach den Triebfedern der Evolution auch der Primaten und des Menschen inclusive der Verhaltensaspekte wieder die genetischen Komponenten sehr stark in den Vordergrund zu stellen, versagen spätestens hier vollständig.

(6) Der Mensch neigt unausrottbar zur Bildung von „umfassenden Hypothesen", also mehr oder weniger umfassenden Versuchen der Erklärung der Welt und ihrer Einzelphänomene. Diese – bei Tieren offenbar ganz fehlende – Neigung folgt sicherlich aus der Fähigkeit zur Selbstreflexion (5) und ist wohl letztlich identisch mit der in allen Kulturen verbreiteten menschlichen Grundhaltung, über den Sinn der eigenen Existenz – und der rechten Art, ihm nahezukommen – in Unruhe

zu sein. Das alte Urheberdenken ist zwar in der technischen Zivilisation immer mehr dem Ursachendenken gewichen: Die Sehnsucht nach einem verbindlichen Sinn
im Leben nimmt dabei aber eher noch zu. Wir alle sind
geradezu darauf angewiesen, uns ständig gewissermaßen „in Kulissen" aufzuhalten, das meint, mehr oder
weniger diffusen, kaum wirklich durchdachten Denksy-
stemen zu folgen bzw. Ideologien aus Gewohnheit und
Bequemlichkeit anzuhängen, denn erst sie ermöglichen
eine gewisse (innere) Stabilität, vermitteln etwas, „an
das man sich halten kann". Davon bleiben auch Wissenschaft und Forschung durchaus nicht ausgenommen,
und daraus folgen alle die schlimmen Neigungen bzw.
Fähigkeiten des Menschen zur starren Beschränktheit,
zum Vorurteil, zum – letztlich menschenverachtenden –
Dogmatismus und zu aller Art von Scheuklappenverhal-
ten. Hier liegen wesentliche Ursachen für alle Arten von
Mißverständnissen und Meinungsverschiedenheiten, Intoleranz und Prinzipienreiterei mit ihren oft verhäng-
nisvollen Folgen!
   Dies sind einige wichtige Bausteine zum besseren Ein-
blick in jenes komplexe Phänomen menschliches Wesen.
Insbesondere aus großem Lernvermögen und den Fähigkeiten zum Kausaldenken und zur Selbstreflexion ist ein Wesen sehr neuer Dimension entstanden, das eben nicht mehr
allein biologisch-naturwissenschaftlich zu erfassen ist. Biologie hilft aber, die wichtigsten Fragen zu formulieren. In
der Geschichte hat es ja wirklich nicht an redlichen Versuchen zum Erkenne Dich selbst! gefehlt. In Anbetracht unserer Situation, deren uns recht bewußt zu werden wir trotzdem soeben erst begonnen haben, muß man feststellen, daß
sie offenbar doch alle nicht genügt haben, uns selbst genügend relativiert, genügend auf Distanz zu sehen. Dazu ver-
half uns erst die moderne Naturwissenschaft! Das ist dankbar anzuerkennen, denn erst durch sie, kraft des neuen Bil-
des vom Menschen, vermögen wir damit zu beginnen, die
uns zugewachsenen guten Möglichkeiten und Gefahren besser zu begreifen. Die neue Intensität der Reflexion über uns
selbst erlaubt zwar auch immer nur vorläufige, partielle
Aussagen, schafft ihnen aber doch ein zusätzliches Maß an

Verbindlichkeit. Hierzu folgen nun noch weitere Erläuterungen.

Auch der Mensch (wie höhere Säuger, Vögel u. a.) bleibt stark eingespannt in die als Gegenspieler wirkenden Komponenten „Lernverhalten" und „angeborene Verhaltenskomplexe" („Instinkte", „Triebe"). Zweifellos sind auch beim Menschen solche genetisch programmierten Handlungsanweisungen mindestens noch als Ruinen erhalten und leisten ihre Beiträge zum komplexen Phänomen „menschlichen Verhaltens". Nur sind sie sehr verdeckt und verfilzt mit den stammesgeschichtlich (jüngeren) Komponenten, die aus Lernen, Einsicht und Reflexion resultieren, so daß es schlechterdings unmöglich ist, deren einzelne Anteile noch separieren zu wollen, wie hier am Beispiel der menschlichen Aggressivität dargelegt wird.

Die im Anschluß an Freud und Jung insbesondere von K. Lorenz im Rahmen seiner verhaltensbiologischen Konzepte entwickelte Trieblehre schien bis vor kurzem in sich schlüssig und übersichtlich. Nach neuesten Ergebnissen muß manches davon jedoch wieder in Frage gestellt werden – eine Diskussion, die hier aber nicht geführt werden soll. Verhaltensforscher ziehen es jetzt vor, allgemein (= neutral) zunächst von Antrieben zu sprechen.

Tiere werden von solchen – ganz oder überwiegend genetisch bedingten – Handlungsanleitungen in fast beneidenswerter Weise mit genügender statistischer Wahrscheinlichkeit sicher durch ihr Leben geführt. Für alle im Schnitt zu erwartenden Wechselfälle und Aufgaben des Lebens ist gewissermaßen vorgesorgt. Für individuelle Entscheidungen auf der Basis individuellen Lernvermögens (Lebens-Erfahrung) entsteht erst bei hochdifferenzierten Säugern und Vögeln nennenswerter Raum. Dazu kommt die Ergänzung der „Triebinventare" durch jene komplexen Phänomene, die man als Prägung zu fassen sucht.

Menschen finden sich aus diesem Paradies, in dem alles seine Ordnung hat und jeder seinen Platz, tatsächlich vertrieben. Sie sind zu eigenen Entscheidungen nicht nur befähigt, sondern genötigt. Sie sehen sich dadurch in die Verantwortung gestellt bzw. – als religiöse Menschen – in die Pflicht genommen. Diese Verantwortung gewann schließlich eine neue Dimension: Jetzt finden wir uns in der Situation, die Erde bewohnbar halten zu müssen, sie nicht durch falsches, also unsachgemäßes Handeln unverantwortlich als Ganzes aufs Spiel zu setzen. Nirgendwo in allen neueren Schriften findet man diese Dinge übrigens eindringlicher dargestellt als in jenen uralten Texten der Schöpfungsgeschichte im Alten Testament: Es bedarf offenbar nicht des gewaltigen Apparates heutiger Wissenschaft, um das Naheliegende als notwendig zu begreifen! Wissenschaft vermag eher im Detail weiterzuhelfen.

Bei alledem bleibt unbestritten, daß auch beim Menschen stammesgeschichtlich alte Reste jener genetisch bedingten tierischen „Triebinventare" noch Bedeutung haben. Solche Überbleibsel alter Handlungsanleitungen sind logischerweise zu vermuten im Bereich der alten, vitalen Grundfunktionen. Da ist zu denken an Bereiche wie Nahrungsaufnahme, Reproduktion, Rangordnung und Territorialverhalten.

Gehirnanatomische Befunde sprechen sogar dafür, daß gewisse animalisch-emotionale Komponenten (der vitale ICH-Bereich) im Limbischen System erst beim Menschen sekundär noch eine erhebliche Verstärkung erfahren haben. Dieses merkwürdige Wesen Mensch wäre sonst offenbar wegen zu viel „Geistes-Blässe" in seiner rein biologischen Weiterexistenz gefährdet gewesen.

Alles oder doch vieles von diesen Dingen scheint beim Menschen auf den ersten Blick dem Tier noch sehr ähnlich. Doch nichts ist mehr das Gleiche, betrachtet man die Situation genauer. Alles wurde durch die neuen menschlichen Eigenschaften und Fähigkeiten überformt und modifiziert. Aus dem alten Bedürfnis, Nahrung in nötiger Menge aufzunehmen, wurde die Möglichkeit zu Freß- und Sauforgien, aber auch zum Fasten. Der tierische Trieb zur Reproduktion wurde zur menschlichen Sexualität mit ihrer großen soziologischen Bedeutung und ihrer enormen Spannweite des Verhaltens je nach kulturellem Umfeld und Moden. Rangordnungsfragen sind ein beliebtes Thema für Glossen und Karikaturen, da im Alltag doch noch immer so lächerlich wichtig.

Alle menschlichen Regungen finden wir jederzeit kontrolliert, gefördert oder unterdrückt, und zwar durch stark betonte Rückkopplungs-Strukturen in unserem Gehirn (Papezsche Schleife). Alle Antriebe, sich so oder so zu verhalten, werden automatisch rückgekoppelt mit der obersten Instanz Bewußtsein.

In solchem bedingten Rahmen fühlen wir uns tatsächlich frei in unserem Handeln, frei wie ein Goldfisch im Glas. Ja, frei ist der Mensch, so oder so zu handeln! Seine Fähigkeit zur Reflexion gibt ihm den Freiraum, sich – wo erwünscht oder erstrebt – auch sehr gegen seine vitalen Antriebe zu entscheiden. Frei ist er, sich so oder so oder noch anders zu verhalten, nach Richtlinien, die ihm praktisch nicht mehr (genetisch) eingegeben sind, die er aber dennoch so nötig hat, nach denen er sich sehnt, die er sich beschafft, gleich woher, wenn seine Umwelt sie ihm vorenthält. Findet er sich dennoch in unerwarteten – oder unbewußt verdrängten – Lebenssituationen ratlos, wird ihm die herrliche Freiheit und potentielle Weltoffenheit allzu leicht zur bedrückkenden Verlorenheit. Das muß nicht zu psychischen Zusammenbrüchen führen, gebiert aber zumindest große bis abgrundtiefe Angst. Jene Angst, die, wie an anderer Stelle gezeigt, wesentliche Triebfeder von Aggressivitäten ist.

Insbesondere in der Entwicklung von Kindern und Jugendlichen gibt es offensichtlich spezielle Phasen, in denen der junge Mensch konkreter Lebensanleitungen unbedingt bedarf. Wie ein offenes Gefäß ist er aufnahmebereit für das, was ihm aus seiner Umwelt eingegeben wird und eingegeben werden muß. Hier scheinen tatsächlich Prägungsprozesse entsprechend denen bei Tieren noch höchst relevant zu sein; sie entscheiden zum Teil über lebenslang bestimmende Grundhaltungen, Wertvorstellungen usw. Welche Bedeutung dies für unser Thema, für aggressives Verhalten, haben sollte, liegt auf der Hand.

Einen besonderen Aggressionstrieb gibt es – entgegen K. Lorenz – sicherlich nicht, schon bei Tieren nicht, keinesfalls aber beim Menschen. Seine Entstehung in der Stammesgeschichte wäre evolutionsbiologisch a priori disfunktional gewesen. Dies ist doch wichtig zu konstatieren, zumal dank des Eifers ihrer Biologie-Lehrer inzwischen eine ganze Generation herangewachsen ist, die an die Existenz eines solchen Triebes glaubt, die darunter leidet bzw. sich damit rechtfertigt, (auch) diesem Trieb Genüge tun zu müssen bei Strafe gräßlicher Neurosen.

Ist da kein Aggressionstrieb, ist unsere Menschen-Welt doch voller Aggressivitäten. Sie entstehen stets im Zusammenhang mit bzw. aus bestimmten Situationen und können von daher auch verstanden und gezähmt werden.

In der alten Kleingruppe entstand der Ärger aus Neid und Eifersucht, die sich ja bis zum Haß steigern können. Rangordnungsetikette (Ritualisierung) dämpfte vieles, hat aber manche Explosion wohl auch erst herbeigeführt. So ist das ja heute noch. Es mag auch zutreffen, daß im Laufe der vielen, vielen Generationen eine gewisse Auslese – sei sie genetisch oder extragenetisch, wie auch immer – stattgefunden hat in Richtung auf Bevorzugung von starken Männern. Solche aggressiven Haudegen imponieren ja immer noch allzusehr, und sei es in Gestalt rücksichtsloser und (scheinbar) selbstsicherer Bosse. „Führungskräfte" nennt man das heute.

Die schwerwiegenderen Probleme der Menschheit hängen jedoch ganz sicher damit zusammen, daß anonyme Großgruppen – in denen man sich nicht mehr persönlich kennen und schätzen kann – in unserer Gesellschaft immer mehr an Bedeutung gewonnen haben. Und in der Masse Mensch reichen unsere Kleingruppen-Verhaltensprogramme nicht mehr aus. In der Masse Mensch wird der Mensch zum Massenmenschen, der sich selbst allzuoft dabei ertappt, ganz abartig, asozial, dysfunktional zu handeln, „da es ja doch niemand merkt". Zugleich wird die Verführung riesengroß, sich plötzlich flatternden Fahnen gleich welcher Couleur anzuschließen, nur weil es die anderen ja auch tun: „Gott mit uns und auf sie!"

Im Vermögen des Menschen, sich in der anonymen Masse ganz anders zu verhalten denn als Individuum – mitunter konträr zu den vorgeblich geheiligsten eigenen Grundsätzen – kann man geradezu einen Beweis für seine Offenheit sehen: Er ist eben nicht (genetisch) festgelegt auf bestimmte unumstößliche Verhaltens-Codices.

Daß daneben manches aus dem persönlichen Verhaltensinventar aus der Kleingruppe übernommen wurde, bleibt trotzdem unbestritten. Hierher gehört die Neigung, sich

möglichst überall in der Masse sogleich in kleine, überschaubare Grüppchen zu gliedern. Ebenso stammt sicherlich die fatale Bereitschaft, sich dem Lemming-haften Aufbruch der Masse fast aus dem Stand anzuschließen, gewiß
aus dem Anpassungsbedürfnis in der Kleingruppe, dem An-
passungsdruck, der den einzelnen praktisch zwingt, Grup-
pen-konform zu bleiben.

Die substantiellen Gründe für kollektive Aggressivitäten sind nun zunächst die gleichen wie in der Kleingruppe.
Man streitet sich wegen materieller Ressourcen und möchte
auch gerne ein bißchen Macht an sich ausüben über andere
oder doch daran teilhaben. In der Masse wachsen die Möglichkeiten scheinbar ins Unermeßliche. Man kann reich werden, jeder für sich und alle gemeinsam. Man kann seine
Macht immer mehr ausdehnen. Eigener Größenwahn, allerlei Vorurteile und daraus resultierender Missionseifer rechtfertigen schließlich alles. Und die vom großen Mann zum
kollektiven Haß gegen irgendwelche willkommenen Buh-
männer geputschte Masse scheint geradezu noch dankbar
für den Gewinn an Lebensinhalt.

Erst zwischen anonymen Gruppen wird der „Krieg" möglich (unterste Stufe: Jugendbanden). Der Krieg eskaliert
rasch, insbesondere bei fortgeschrittener Technik. Die Sinn-
frage ist entbehrlich; alle Kriege sind den Marschierenden
„gerecht", wenn es nur voran geht. Der Weg zum Völkermord ist schließlich nicht mehr weit. Die Weltgeschichte, ja
allein nur unser glorreiches Jahrhundert, liefert uns jedes
gewünschte bzw. theoretisch denkbare Beispiel. Weltgeschichte scheint synonym mit Kriegsgeschichte.

Das Menschenbild, das aus dieser Art von Geschichtsbe-
trachtung resultiert, läßt uns staunen, daß große und weniger große Geister zu allen Zeiten dennoch nie die Hoffnung
auf das Gute im Menschen endgültig begraben haben. Die
Bewunderung der angeblich guten, da noch unverbildeten,
nicht durch Zivilisation verklemmten „Wilden" hat hier ein
gut Teil ihrer Wurzeln, bekanntlich nicht erst seit der Aufklärung, sondern bereits in der römischen Hoch-Zivilisa-
tion. Aber diesen guten Wilden hat es nie gegeben, er hatte
nur noch nicht die schrecklich schönen Möglichkeiten wie
wir. Es mögen irgendwo Inseln der Glückseligkeit, also rela-

tiver Friedfertigkeit, genügend abgelegen von bösen Nachbarn, wirklich existiert haben. Ein historisch-politischer Faktor wurden sie nie; die Erde war dafür schon stets zu klein.

Seit allerfrühesten Zeiten ist der Mensch des Menschen ärgster Feind gewesen, fähig zum fast hemmungslosen Töten, sei es aus Größenwahn, sei es aus Angst. Da uns die hemmenden Mechanismen, die das (höhere) Tier recht zuverlässig am Mord des Artgenossen hindern, weitgehend abhanden gekommen sind, besteht zum Mißtrauen, zur Angst ja auch aller Grund. Insbesondere aus dieser Angst, dieser Unsicherheit gegenüber dem anderen, dem Fremden, wächst die Aggressivität. Wirkliche Sicherheit gegen diese Angst bietet nur das Bad in der Menge, gleich erholsam für Führer wie für Geführte.

Diese Grundsituation wird heute hinsichtlich der Folgen in noch kaum zu übersehender Weise modifiziert durch das immer engere Zusammenrücken der Menschenmassen, wobei wir einerseits die Überbevölkerung, andererseits die neuen, fast unbegrenzten Kommunikationsmöglichkeiten im Auge haben. Dabei ergeben sich viele bedenkliche, vielleicht aber auch durchaus positive Aspekte. Wichtig scheint mir z. B., daß im Massenzeitalter offenbar immer weniger Menschen letztlich darüber entscheiden, in welcher Richtung der Marsch gehen soll. Das gilt auch für parlamentarische Systeme. Dank der fortgeschrittenen Kommunikationsmöglichkeiten verbessern sich so die Chancen für Verständigung auf der Basis persönlicher Bekanntschaften.

2. Versuch von Konsequenzen für unsere Fragestellung

Folgerungen aus dem oben Gesagten im Sinne unserer Fragestellung liegen, bedenkt man es recht, überwiegend fast auf der Hand. Ist der Mensch so sehr nach beiden Seiten offen, zum „Guten" wie zum „Bösen", so muß man ihn eben durch Erziehung zum Besseren, zum wirklichen, neuen Menschen bekehren. So einfach scheint das.

Dagegen steht die unabweisliche Frage: Gibt es denn nach 1 Million Generationen Rauhbeinigkeit auch nur irgendwelche Chancen, daß solches Bemühen in der Masse Mensch schnell genug, d. h. intensiv genug greift?

Die ewigen Optimisten – und sei es auch nur, daß deren Hoffnungen aus jener Verpflichtung zur Hoffnung sich nähren – verweisen nicht ohne Grund darauf, daß und wie sehr die Welt bereits anders geworden ist und wird. Kaum so sehr de facto, sehr wohl aber de jure. Gemeint ist das, was als „öffentliche Meinung" immer relevanter wird. Kaum irgendwo kann man sie noch negieren. Das allgemeine Bewußtsein der Menschen ändert sich. Der Weg ist markiert durch Meilensteine, die niemand mehr wegzunehmen vermag. Jener Jesus von Nazareth hat solche gesetzt (vor kaum 80 Generationen übrigens!). Die Kolonialzeit, die großen Kriege, Auschwitz, Hiroshima, Vietnam, die Konferenz von Helsinki hinterließen andere. Und vieles spricht dafür, daß jene Steine in immer dichterer Folge gesetzt werden. Schließlich sind sie Merkpunkte der Gesamtheit jener kulturellen Evolution, und die befindet sich eben in einer exponentiellen Phase.

Bisher ist uns unsere eigene menschliche Geschichte ganz und gar zuteil geworden als passiv Empfangenden wie allen Lebewesen um uns herum ebenso. Jenes „Männer machen Geschichte" hatte nie wirkliche Realität über Hunderttausende von Toten hinaus.

Doch heute spricht alles dafür, daß etwas Neues geschehen könnte: „Die Dinge selbst in die Hand nehmen" – wäre es nicht an der Zeit? Denn sie weiterhin Zufälligkeiten zu überlassen, dafür bleibt uns sicherlich nicht mehr genug Zeit. Werden wir fähig sein, wirklich in eine postnaive Phase unserer Evolution einzutreten?

Die Einsicht, der gute Wille scheinen weithin vorhanden. Denn die Zeichen der Zeit stehen zu böse. Doch über alle Maßen dringend fehlt es an verbindlichen, d. h. konsensfähigen Handlungsanleitungen. Der Ruf nach solchen verbindlichen ethischen Normen, die dem Leben Sinn und Richtung geben, ist uralt. Heute wird er unüberhörbar, wenn auch Zyniker gerade das Gegenteil behaupten.

Zur Begründung individueller Ethik:

Es ist eine große, vielleicht die folgenschwerste Enttäuschung, die der Glaube an den immerwährenden Fortschritt hat hinnehmen müssen, daß kraft menschlicher Einsichts- und Erkenntnisfähigkeit, also durch Wissenschaft, keine verbindlichen, allgemein konsensfähigen ethischen Normen zu gewinnen sind. So weit reicht unsere Fähigkeit, Wahrheit zu erkennen, offenbar nicht. An dieser Erkenntnis stirbt in unseren Jahren der ganze Positivismus mitsamt dem Marxismus!

Wissenschaftliche Aussagen bleiben insoweit endgültig sinnleer. Wissenschaft vermag diese Probleme wohl in ihrer Dringlichkeit einsichtig zu machen. Vielleicht zeigt sie auch Richtungen, in der Lösungen zu finden sein werden. Mehr vermag sie nie!

Demnach sind ethische Normen nur um den Preis von Metaphysik zu haben. Allgemein-Verbindlichkeit ist damit ausgeschlossen: Metaphysische Aussagen sind stets nur persönlich zu formulieren und zu akzeptieren. Metaphysik: Da ist sie wieder, die oben diskutierte umfassende Hypothese, ohne die es nicht geht, die für jeden lebensnotwendig ist. Die Lebensregeln der großen Religionen haben vielen bis heute jene Wegweisung gegeben und sagen in z. T. unglaublich eindringlicher Weise Wesentliches (z. B. 10 Gebote). Doch sie befrieden die Menschheit nicht, sie sind nicht konsensfähig. Aussagen über das Wesen des Menschen sind grundsätzlich nicht konsens-fähig. Sehr nötig sind sie dennoch, immer wieder!

Indiskutabel ist jedoch jede Aussage, jede Lehre dieser Art, die für sich mit einem Absolutheitsanspruch auftritt, allein selig zu machen. Genau diese Art von Heilslehren ist es ja, die fast geradewegs in nahezu all das Unglück unserer Geschichte geführt hat, in alle die gerechten Kriege der Rechtgläubigen gegen den Unglauben aller Art. Unsere Welt hat bis heute reichlich davon, von Peking und Moskau über Rom bis nach California: Jedes Zwingen zum unumstößlich Guten muß immer wieder in blanker Unmenschlichkeit enden!

Es hilft uns nichts: Wir müssen, was die Kernaussagen

unseres Lebens betrifft, diese Unsicherheit tragen, ständig nur in vorläufigen Hypothesen leben zu können. Unsere Wahrheiten, hält man sich nur offen dafür, mögen sich vielleicht noch heute teilweise als nichtig erweisen. Denn alle unsere Wahrheiten, ausdrücklich auch die der Wissenschaft, können insoweit nie mehr sein als Wahrheiten auf Zeit, die gelten, bis jemand Besseres formuliert und beweist.

Solche Feststellungen dürfen keineswegs als ein Todesurteil über alle Bereitschaft zum begeisterten, uneigennützigen Engagement für die gute Sache, wie auch immer sie dem einzelnen sich jeweils darstellen mag, mißverstanden werden! Das Gegenteil ist richtig: Gerade der bessere Teil der menschlichen Geschichte hatte von hierher seine entscheidenden Motoren! Der Fortschritt der Menschheit bezieht auch weiterhin wesentliche Kräfte gerade aus solcher Bereitschaft, lebt aus ihr.

Die Menschheit stirbt aber auch, wenn nicht Besseres gelingt, an jenem Ungeist, der hieraus resultieren kann: Denn in eben jener Bereitschaft zum idealistischen Engagement wurzelt auch alles Eiferertum, aller Fanatismus. Beide zehren aber nicht mehr nur vom Glauben an das Gute, sondern vom Irrglauben an die allein-selig-machende Sache, an die Wahrheit. Und dafür kann und darf es in unserer Menschenwelt nun keinen Raum mehr geben! Also energisches Engagement ja, Parteilichkeit ja! Aber nie ohne ständige kritische Selbstkontrolle, ohne Reflexion! Es könnte doch sein, es könnte sich doch heute noch herausstellen, daß ich in sogar wesentlichen Teilen meines Meinungssystems falsch liege! Es könnte doch sein, daß die anderen nicht stärker in Irrtum, Blindheit und Böswilligkeit befangen sind als ich selbst!

Entgegen allem Sicherheitsstreben und persönlichem Harmoniebedürfnis für solche einfache Erkenntnis sich offen zu halten, dies zur Grundhaltung werden zu lassen, das sollte die wirkliche Freiheit eines Menschen lebenslang ausmachen!

Wieweit kann uns in diesem Nebel der Relativität aller Erkenntnis Wissenschaft bei der brennenden Frage nach der Friedensfähigkeit trotzdem weiterhelfen? Da ist nichts in

Sicht außer dem unbequemen und daher als illusionär verspotteten Weg konsequenter persönlicher Gewaltlosigkeit! Dazu müssen und können Menschen angeleitet und erzogen werden!

Hier kommt es immer wieder zu folgenschweren Verwechslungen. Gedacht bzw. gewünscht ist nicht eine Welt ohne Gegensätze, ohne Konflikte, wie sie durch allerlei seichtes Friedensgerede als Traum hervorleuchtet. In unserer Menschenwelt wird der einzelne sich immer bewähren müssen mit seiner ganzen „Vitalität", das meint mit Herz und Hirn: aber bitte mit Großhirn und Reflexion statt mit Fäusten oder Ärgerem und Größenwahn dazu!

Alles, was dem aus unserer alten Welt entgegensteht, ist Schritt für Schritt zurückzudrängen. Als letztlich wirklich lächerlich, wie eine oberbayrische Wirtshausrauferei von bestenfalls nur noch folkloristischem Wert, muß fortan jedes Faustrecht empfunden werden, alles Macho-Gehabe, ordensbehängt oder titelbekränzt.

Vorläufig ist der Kult des starken Mannes, nicht weniger auch der – auf ihre Weise – starken Frau, noch allenthalben Selbstverständlichkeit: im privaten Umgang, im Sport, in der Politik, allenthalben in den alten wie neuen Medien (allen voran diese dreimal verfluchten Videos!).

Wie lang, wie weit wird dieser Weg sein müssen, bis solche frommen Hoffnungen wirklich greifen? Gibt es in der Geschichte oder heute dafür wenigstens irgendwo Vorbilder? Ja, es gab sie und gibt sie, immer wieder und redlich bis zur letzten Konsequenz. Sie wurden gewiß respektiert, aber besonderer Beliebtheit haben sie sich nie erfreuen können. Zu denken ist z. B. an das Bemühen der Quäker und Mennoniten, wie auch gewisser hinduistischer Richtungen um Friedfertigkeit. Sie blieben unbeliebt, insbesondere auch bei den Herrschenden, allein schon durch ihren moralischen Anspruch.

Noch nie in der Menschheitsgeschichte ist anscheinend im großen Stil und über längere Zeit eine wirklich konsequente Erziehung zu Gewaltlosigkeit und Friedfertigkeit versucht worden. Warum eigentlich nicht? Die Abneigung gegen dieses unmännliche Verhandeln, diese elenden Kompromisse ist noch immer stärker gewesen. Solche Alternati-

ven zum Großen Führer scheinen – trotz allem Leiden an
Betrug, Gewalt und Krieg – immer so glanzlos, so fad. Davon lebt auch die Unlust am Parlamentarismus.

Dabei gibt es hier ganz ohne Frage enorme Chancen, wieder zum Guten wie auch zum Bösen! Sie gründen allein
schon in der so langen Lern- und Sozialisationsphase der
jungen Menschen, in der man etwas machen kann aus ihnen. Doch jeder Mensch wird von einer Mutter geboren
und wächst zunächst in engen Lebenskreisen heran, erlebt
und erleidet bereits in seinen ersten Jahren viele, wenn nicht
die meisten der für sein Leben entscheidenden Prägungen
und Weichenstellungen. Allem Alten, Althergebrachten,
Desillusionierenden kann er immer wieder kaum entrinnen.
Erziehung zu allen denkbaren Vorurteilen bis hin zum erklärten Haß leisten anschließend allenthalben noch die
Schulen, Hochschulen, Militär usw. usw. Hat sich der
Mensch dann als Erwachsener erst häuslich im System seiner Vorurteile eingerichtet und ist er womöglich noch stolz
auf seine Prinzipientreue, gibt es kaum noch Chancen für
Kritikfähigkeit, für Offenheit. Die besonderen Möglichkeiten des Wesens Mensch bestehen nun doch darin, die ihn
kennzeichnende Offenheit beizeiten und nachdrücklich ein-
zuüben. Solche biologisch-anthropologischen Erkenntnisse
müssen bewußt in die Pädagogik eingebaut werden!

Ja, unbestreitbar wird es ein endlos mühsamer Weg sein,
hier wesentliche Besserungen zu erreichen (als Beispiel sei
verwiesen auf das traurige Schicksal der redlichen Bemühungen und Resultate der deutsch-polnischen Schulbuch-
kommission!). Ebenso unbestreitbar bleibt uns doch durchaus keine Alternative zu diesem langen und mühsamen Weg
in das postnaive Zeitalter!

Verbindliche ethische Normen für gesellschaftliche Gruppen?

Scheint uns der Weg hin zu einem Homo sapiens, der als Individuum einmal mehr Gebrauch machen wird von den ihm
verliehenen großartigen Gaben, schon so ernüchternd weit,
sind dann die Aussichten auf nachhaltige Besserung der gesellschaftlichen Verhältnisse nicht nachgerade aussichtslos?

Wer durch alles zwischenmenschliche Elend, Leid und zwischenstaatliche Katastrophen durchzublicken sich bemüht – was nie zum Darüberhinwegblicken geraten darf! – kann doch bemerken, daß und wie sehr die Geschichte, speziell in den letzten Jahrhunderten und Jahrzehnten, offenbar schließlich mehr Liberalität, ein Mehr an Pluralismus in den Systemen hervorbringt, und dies, weil es anscheinend nicht mehr anders zu halten ist mit den Menschen. Man muß sicherlich nicht mit Blindheit geschlagen sein für die heutigen Realitäten in und zwischen den Staaten dieser Erde, um solche Hoffnungen keimen zu lassen. Diese Entwicklungen werden durch die weltweit wachsenden Möglichkeiten intensiverer Kommunikation und Information sicherlich erheblich gefördert, trotz der Abschottungsmaßnahmen in manchen Staaten.

Die in dieser Richtung fortgeschritteneren Staaten – es sind nicht eben viele – sind alle weltanschaulich neutral, d. h. ohne ein Zuviel an weltanschaulich begründeten Normen. Dies gilt recht und schlecht auch für unser Grundgesetz. Eben dies macht die Freiheitlichkeit solcher Staaten aus. Auch die so notwendige permanente öffentliche Debatte über sozial gerechtere und ökologisch/ökonomisch sachgemäßere Regelungen der Verhältnisse kommt, bei allem Moralismus, der hierzulande gerne in sie einfließt, letztlich ohne Metaphysik aus. Wo immer dies nicht der Fall ist, sind Einigungen über Wahrheiten auf Zeit quasi a priori ausgeschlossen.

Das macht hoffen, so meine ich: Man braucht im innerstaatlichen und zwischenstaatlichen Bereich ganz offenbar nicht zu warten, bis alle und jeder zu einer bestimmten Fahne bekehrt sind, in ihrem Wünschen und Wollen also im Gleichschritt marschieren, womöglich mit frommen Liedern auf den Lippen, friedfertig und sanft vor ihrer Tür gekehrt haben.

Eher umgekehrt: Gerade der antiquierte Weltanschauungsstaat kommt aus seinen Problemen offensichtlich nicht heraus. Der Zwang zur Bewahrung und Durchsetzung der absoluten Wahrheit, der reinen Lehre, erfordert letztlich Kontrolle über alles und alle. Und die gelingt – so ist zu hoffen – nie. Statt dessen erzeugt sie schließlich nur Frust,

Mißtrauen, totale Verlogenheit und Unlust auf allen Ebenen. Aller Zwang zum Glück gebiert schließlich alles mögliche, mit Sicherheit aber kein Mehr an „Glück".

Insoweit scheint die Situation keineswegs so prinzipiell hoffnungslos. Der Weg zu ausreichend friedfertigen innerstaatlichen und zwischenstaatlichen Verhältnissen muß keineswegs mehr endlos lang sein: Ein bißchen klug wird der Mensch schließlich doch aus schlechten Erfahrungen, und die finden sich als reichliches Anschauungsmaterial allein schon in der Geschichte dieses Jahrhunderts. Der zwingende Druck der drohenden Weltkatastrophe kommt hinzu. Dieser Weg zu tragbaren, d. h. einigermaßen krisen-stabilisierten Verhältnissen in der Weltinnenpolitik muß mit Sicherheit nicht soweit sein wie der zu den neuen Horizonten, wie sie dem Homo sapiens individuell bestimmt sein mögen.

International den Frieden zu erhalten, zumindest die endgültige atomare Katastrophe zu verhindern, ist machbar! Das hängt an wenigen, leicht einsehbaren Voraussetzungen:

1. Keine Ideologien mit Absolutheitsanspruch, also kein Zwingen zum Glück! Es gibt keine solchen endgültig wahren Konzepte. Es gibt keine „gerechten" Kriege (Ausnahmen u. U. beim Tyrannenmord).

2. Normen im Sinne von Absprachen zwischen gesellschaftlichen Gruppen sind überall auf rational-technischer Ebene möglich. Solche „Verkehrsregeln" bedürfen keiner Metaphysik. Hier liegen (zunächst) die großen Aufgaben und Möglichkeiten der UNO wie vergleichbarer Organisationen. Schließlich muß es auch möglich werden, die Frage zu klären, wer und wie man jeweils der Katze die Schelle umhängt. Es bedarf, um die Lähmung der UNO zu überwinden, allerdings des wirklichen politischen Willens dazu. Wird der Druck der öffentlichen Meinung stark genug, wird es ihn geben? Und wird das noch rechtzeitig genug geschehen?

3. Die Fragen um die nachhaltige Kontrolle militärischer Macht sind ungelöst, aber nicht unlösbar. Einzelheiten brauchen an dieser Stelle nicht dargelegt zu werden, denn sie sind in unseren Jahren wieder und wieder entwickelt worden. Soweit denn militärische Potentiale auch in Zukunft noch nötig sein werden – um von ihrer Möglich-

keit, das meint Finanzierbarkeit, hier nicht zu reden – so
sollten sie konsequent defensiv strukturiert werden. So
ließe sich relativ rasch die steinzeitliche Urangst, das be-
gründete Mißtrauen aller gegenüber allen anderen abbau-
en. Angst und Mißtrauen sind es ja, die den Rüstungs-
wahnsinn zu erheblichen Teilen antreiben. Den Rest davon bestreitet – neben eiskalten Geschäftsinteressen – allerdings der gute alte Imperialismus, die Gelüste nach
Weltherrschaft. Defensive Rüstungsstruktur reimt sich
nicht mit solchen Gelüsten. Wer wird den wenigen ver-
bliebenen Imperialismus-Katzen die Schellen umhängen?
4. Die Fragen um die Kontrolle von Macht ganz allgemein,
   also von politischer und wirtschaftlicher Macht über
   Menschen werden perfekt nie zu lösen sein. Doch tragba-
   re Verbesserungen sind möglich. An entsprechenden Mo-
   dellen, als tragbar erprobt, mangelt es nicht. In dem Faktum, daß wir gerade auch auf diesem Felde endgültige
   Wahrheiten nicht haben können, liegt ein geradezu naturwissenschaftlicher Beweis für die Notwendigkeit of-
   fener politischer Systeme, in denen offene Information
   und Diskussion über alles und jedes permanent ebenso
   nötig wie möglich ist. Denn nur so werden die Ideen
   rechtzeitig in die Welt kommen, die unsere weitere Evolution als Spielmaterial benötigt. Also: Alle Macht den offenen Systemen, dem pluralistischen Staat! Denn nur er
   vermag das zu leisten. Über Einzelheiten muß an dieser
   Stelle nicht gestritten werden. Die Anfälligkeit solcher
   politischer Systeme für Demagogen ist bekannt. Also
   müssen die Fragen um die Kontrolle nicht nur der Macht,
   sondern ebenso der Mächtigen und der Kontrolle der
   Kontrolleure stets besonders sorgfältig beachtet werden.
Um es zusammenfassend zu wiederholen: Es gibt keine
Art von internationalen und innerstaatlichen Problemen
und Interessengegensätzen, die nicht rational durch Ver-
handlungen, also Gewalt-frei, zu lösen wären. Was als Weg-
marke unserer kulturellen Evolution unabweisbar dringend
benötigt wird, ist eine Kultur gewaltfreier Konfliktlösungen! Nicht die Konflikte müssen bzw. können abge-
schafft werden, sondern die wahrhaft noch steinzeitliche
Manier, in der sie bisher gelöst oder eben nicht gelöst wer-

den. An Erfahrungen mangelt es auch auf diesem Gebiet seit Jahrhunderten nicht. Es gilt nur, die notorischen Kampfhähne aller Couleur fortan im Käfig zu halten. Die Zeit drängt, es bleibt überhaupt keine Wahl!

3. Fazit: Versuch einer Antwort auf das Thema

In der Menschheitsgeschichte haben wohl immer Optimisten gegen Pessimisten gestanden. Das scheint letztlich eine Frage des Temperaments.

Ist der Mensch in seinen Möglichkeiten grundsätzlich offen nach beiden Seiten, wird es auch, was unsere Frage betrifft, zunächst These und Antithese geben.

Optimisten – und ich bekenne mich zu ihnen – können dafür halten, daß der Mensch, dieser erstaunlich avancierte, aber noch recht schlecht erzogene Primat, durchaus über die Fähigkeiten verfügt, kraft Einsicht in die Notwendigkeit (d. h. gutem Willen) und Wissen diejenigen Handhaben zu gewinnen, die er braucht, sich aus dem Morast zu ziehen, was allein am eigenen Zopf bekanntlich doch nicht geht. Nein, wir sind gewiß nicht mehr hilflos zur Aggressivität verurteilt! Die ganze Skala unserer intellektuellen Fähigkeiten steht zum Gewinnen von Handhaben zur Verfügung, dazu die altüberkommenen Möglichkeiten solidarischer Mitmenschlichkeit, vielleicht sogar in der Stufe der Fähigkeit zur Liebe.

Pessimistischerweise neigen andere dazu, resignierend zu kapitulieren. Die Bürden unserer Vergangenheit (teilweise gleichzusetzen mit der sog. genetischen Bürde), die Gesamtheit der menschlichen Unvollkommenheiten, in jeder Generation ständig neu genährt durch die Rückkopplung mit schlechten Milieu-Situationen und dem noch fast steinzeitlichen Niveau zwischenstaatlicher Umgangsweisen, scheinen ihnen erdrückend schwer.

Vielleicht gibt es einen Kompromiß zwischen beiden Positionen, der mehr ist als rhetorische Floskel. Die Bürden der Vergangenheit sind drückend schwer, ja. Also „verurteilt". Jedoch verurteilt „auf Bewährung", mit der Maßgabe, nun endlich konsequenten Gebrauch zu machen von

den guten Gaben und Möglichkeiten, die uns zuteil geworden sind: ernstlich den Versuch einer postnaiven Epoche
wagen!

Die Bewährungsfrist, die uns bleibt, wird nicht mehr lang
sein (v. Weizsäcker!). Doch eben die atomare Bedrohung
gibt uns enorme, nie dagewesene Chancen: Erstmalig in der
Kette der 1 Million Generationen ist die allzu vertraute
Möglichkeit der Gewalt, des Kriegs, zur Unmöglichkeit geworden. Das praktische Verhalten der Atommächte zeigt es
ja: Man wagt bzw. ermuntert nur noch „kleine Kriege", und
die am liebsten irgendwo bei „Kanaken".

Der Ansatz zum großen Konsens ist weltweit da: Wir
wollen überleben! Wir wollen uns in Ruhe und Vernunft konzentrieren können auf die riesengroßen Probleme,
die uns aufgegeben sind: unsere kleine Erde bewohnbar zu
halten durch vernünftigen Ausgleich der ökonomischen und
ökologischen Fehlentwicklungen! Die Fortsetzung des Rü-
stungs-Wahnsinns beraubt uns der letzten Reserven – ideell
wie materiell –, dies im Wettlauf mit der Zeit vielleicht doch
noch zu schaffen! Auch ohne atomaren Holocaust verbaut
er uns die Aussicht auf die Zukunft! – Das mag genügen als
Initialzündung zur Freisetzung jener gewaltigen intellektuellen und moralischen Kräfte, deren es bedarf, den Schritt
über den Schatten zu tun.

Der Vergleich etwa mit der Situation der Pazifisten der
zwanziger Jahre macht es deutlich und läßt uns hoffen: Wie
mühsam war es damals, mehr als geballte Herzenssehnsucht
in die Diskussion einzubringen! Nein, die Friedensbewegung ist gewiß nicht (abermals) am Ende, sie fängt erst an!

Nutzen wir unsere Jahre der Bewährung, in denen es gilt,
„auf des Messers Schneide" zu leben (Kennan). Das
umschreibt die Situation des Menschen treffend. Aus ihr
sich irgendwie herauszumogeln, ist endgültig ohne Chance.
Diese Situation zu bestehen ist des Menschen Aufgabe!

Dafür haben Menschen ein wunderbares Hilfsmittel. Gemeint ist die wahrhaft göttliche Gabe des Humors. Gemeint
ist nicht jenes stereotype Verlegenheitsgrinsen gewisser
Staatsmänner. Das stammt – da sind sich die Biologen sicher – vom Angstgrinsen und somit ursprünglich von einer
Drohgebärde. Gemeint ist auch nicht, über andere zu la-

chen. Das ist meist billig. Gemeint ist statt dessen jene
Kunst, kraft Großhirn und Herz, in allen Lebenslagen
über sich selbst und die eigenen Wichtigkeiten einfach zu lachen. Das meint, innerlich-kritisch auf Distanz zu gehen.
Das ist sehr ansteckend. Wer sich anstecken läßt zum gemeinsamen Lachen, zum gemeinsamen Sich-selbst-in-Frage-
Stellen, schießt nicht aufeinander, jedenfalls nicht so bald.

Das hilft, Zeit zu gewinnen, Zeit für Kraft, Verständnis
und Vertrauen. Sie sind immens wichtig, denn aus ihnen
wächst jene konstruktive Ungeduld, und die ist nun unab-
weislich erste Bürgerpflicht! Denn das große Spiel der
Evolution (Eigen) ist stets offen, sei es zum Guten, sei es
zum Bösen. Es liegt jetzt jedoch zu wesentlichen Teilen bei
uns, welche Richtung es schließlich nehmen wird.

Danksagung: Für kritische und ergänzende Hinweise danke ich
dem Arbeitskreis PAX OPTIMA RERUM an der Universität Kiel,
insbesondere aber meiner Frau, Prof. *Gertraud Teuchert-N.,* Universität Bielefeld.

Dieser Aufsatz basiert auf der Textfassung eines Vortrages zum gleichen Thema am 17. XII. 84 an der Universität Kiel im Rahmen einer
Ringvorlesung PAX OPTIMA RERUM.

KLAUS HORN

Zum Frieden unfähig?*

In der gedruckten Einladung zu einer Tagung der Evangelischen Akademie Tutzing, die Ende März 1979 unter dem Thema „Zum Frieden unfähig?" lief, gingen Erhard Ratz und Hans Ohli von einem recht merkwürdigen Phänomen aus. An Überlegungen zum inneren Zustand des Römischen Reiches um die Zeitenwende anknüpfend und auch in Erinnerung an jüngere Geschichte, nämlich den Kriegsausbruch 1914, der ja zumindest in Deutschland von sehr vielen Menschen als eine Art bereinigendes „Stahlgewitter" begrüßt wurde, stellten sie die Frage, ob es nicht den Menschen in den relativ langen Epochen des Friedens, in denen es ihnen zudem gutging, schlicht „zu langweilig" wird. Sie konstatieren: So erlauchte Geister wie Rainer Maria Rilke und Thomas Mann, keineswegs „militante" Personen, haben den Krieg (1914) „begrüßt, weil er aus Langeweile und der ‚Spießigkeit' des Friedens befreie".

Diese merkwürdige Perspektive läßt sich bis in unsere Zeit verlängern. Sie führt auf eine autobiographische Äußerung jenes Leutnant Calley, der für ein Massaker an Zivilpersonen im Dorf Mylai im amerikanischen Vietnamkrieg verantwortlich gemacht wurde. Er meinte über seine Freiwilligenmeldung für diesen Krieg:

„Ich war gern in Vietnam. Ich wußte, ich kann hier getötet werden, aber ich konnte auch mehr erleben als in Amerika. Denn in Vietnam mußte ich immer voll dabei sein. Angenommen, ich hätte eine Eiserne Ration für mein Abendessen: Ich könnte mich einfach hinsetzen und sagen, mein Gott ist das mies, aber ich könnte auch ein paar Zwiebeln oder Chilipfeffer nehmen und ein Feinschmeckeressen daraus machen. Es dauerte natürlich länger, aber es reizte mich mehr, als mit vollem Bauch in Atlanta zu hocken. Oder sagen wir, ich wäre bei Vietnamesen eingeladen. Obwohl mir das Essen bestimmt nicht schmeckte (ich könnte es kaum herunterbringen), wäre es doch eine Erfahrung mehr, was man von einer Cocktailparty in Georgia nicht behaupten kann" (Ich war gern... 1972).

---

* Überarbeitete und erweiterte Fassung einer 1980 in den *Frankfurter Heften* erschienenen Arbeit.

Gibt und gab es den Typ des Erlebnishasardeurs?

Dieser Frage ist in jüngster Zeit wiederholt nachgegangen worden (Horn 1983, Mahler 1983, Pohlen 1983). Doch die Untersuchungen zeigen, daß nicht ein angeborenes aggressives Potential die Friedlichkeit systematisch stört, sondern daß die Aussöhnung des Entfaltungswillens der Menschen mit den disziplinierenden Auflagen unserer Kultur, diesem „Gehäuse der Hörigkeit", wie Max Weber unsere bürokratisierte Gesellschaft nannte, nicht gelungen ist. Und wenn das staatliche Gewaltmonopol zum Krieg aufruft, dann darf, ja dann muß das Unzivilisierte zur Geltung kommen, dann rächen sich die Menschen für spezifische Versagungen und Entbehrungen emotionaler Art und können sich ergötzen daran, ihr Leben einzusetzen – endlich das Gefühl von Abenteuer und Gefahr haben zu dürfen!

Zunächst erläutere ich Sachverhalte einer historischen Anthropologie und beginne mit Problemen der subjektiven Seite einer solchen Anthropologie, also mit dem, was gemeinhin als Psychologisches verstanden wird. Allerdings ist wichtig, daß diese psychologischen Sachverhalte nach der gesellschaftlichen Seite hin offen sein müssen: Das Psychische ist zwar als eigene Region, aber doch nicht unabhängig vom Gesellschaftlichen verständlich. Mit anderen Worten: Wenn wir die Frage nach der Möglichkeit von Frieden stellen, müssen wir die Einzelmenschen wirklich als gesellschaftliche Wesen betrachten lernen. Unsere psychologische Wissenschaft weiß davon noch sehr, sehr wenig. Zuerst werden uns methodische Probleme beschäftigen: Was kann Wissenschaft überhaupt von den Menschen wissen? Danach werde ich lebensgeschichtliche Bereiche namhaft machen, die für das Problem „aggressiven" Handelns von besonderer Bedeutung sind.

Beim Erörtern dieser subjektiven Seite einer historischen Anthropologie müssen wir von der „Weltoffenheit" der Menschen ausgehen, davon, daß die Menschen von Natur aus nicht in irgendeiner Weise inhaltlich fixiert, vermittels gattungsgeschichtlicher Festlegung an ihre eigene oder äußere Natur gebunden sind. Vielmehr muß der Mensch, als Gattung und als einzelner, die Verhältnisse zur äußeren Natur, die zu anderen Menschen und zu sich selber herstellen, er muß sie im Schweiße seines Angesichts erarbeiten. Dieses Muß ist zugleich der Spielraum unserer Freiheit.

Gerade in der Aggressionsforschung hat es ja in der bundesrepublikanischen Diskussion (aber nicht nur hierzulande) entschiedene Versuche gegeben, den Menschen auf einen Aggressionstrieb, das heißt auf eine natürliche Mitgift dieser Art festzulegen. Jedoch: Noch niemand hat einen vor- oder außergesellschaftlichen, einen rein naturhaften Menschen je gesehen. Menschen, insofern sie durch ihre Arbeit mitbestimmt sind, gehen als Gattung und als einzelne immer schon in irgendeiner Form durch Kultur, durch Erziehung hindurch. In dieser Hinsicht sind sich, methodisch jedenfalls, die Sozialwissenschaftler aller politischen Richtungen so gut wie einig. Der Konsens reicht von Arnold Gehlen bis Karl Marx. Von den Naturwissenschaftlern, die das Abstraktionsprodukt, das sie zu manipulieren, zu beherrschen versuchen, Natur nennen, wird allerdings zumeist vergessen, daß ihre Betrachtungsweise des Menschen eine Methode ist und als diese Methode auch den Gegenstand konstituiert; auch diese Methode hat, wie der Gegenstand, den sie zu „Natur" erstarren lassen will, Geschichte. Gerade dieses Erstarren-Lassen dient dem Fixieren und Beherrschen, keineswegs der Entfaltung menschlicher Natur (Chorover 1979).

So viel ist allerdings an den ethologischen und psychoanalytischen Einwänden gegen spekulative Züge in den Sozialwissenschaften festzuhalten: Es gibt eine menschliche Natur; sie geht in den gesellschaftlichen Verhältnissen, in denen sie überhaupt erst zu sich kommt, nicht auf. Und jedes Sich-zur-Wehr-Setzen gegen Zwänge, die von den allgemeinen gesellschaftlichen Normen auferlegt sind, kann aus der Perspektive des Interesses der Normerhaltung „aggressiv" erscheinen. Aber da werden zwei Sachverhalte durcheinandergebracht: einerseits die menschliche Unversöhntheit mit der vom Menschen mitgetragenen Welt, die ja von seinen Energien lebt, und daß Menschen sich gegen manche Formen dieser Ausbeutung wehren und andererseits, daß der Mensch von Natur aus „aggressiv" sein soll. Aus den bereits erläuterten methodischen Gründen ist jede inhaltliche Festlegung des menschlichen Naturmoments zu-

rückzuweisen. Jener „Naturmensch" ist ein Abstraktionsprodukt, ein naturwissenschaftlicher Homunculus. Erkenntnisse über ihn helfen uns friedenswissenschaftlich nicht weiter, weil wir keine abstrakten Naturwesen sind.

Aber wir sind auch keine reinen Geistwesen – das müssen
wir von den vehementen Einwänden der „Naturler" doch
festhalten – und von der Psychoanalyse her läßt sich ein
grundlegender Gedanke für diese historische Anthropologie
wohl am besten formulieren: Menschliches Handeln,
menschliche Praxis ist auch von der Tatsache mitbestimmt,
daß der Mensch ein Naturwesen ist, aus Fleisch und Blut.
Aber *diese menschliche Natur* hat für den einzelnen und für
die Gattung *ihre gesellschaftliche und persönliche Geschichte.*
Die Psychoanalyse spricht mit ihrem Blick auf den einzelnen von „Triebschicksal". Das heißt: Es kommt – wenn es
um Aggression geht – darauf an, wie sein Erziehungsschick-
sal war und wie weit es in ihm jeweils eine graduelle Versöhnung zwischen Natur und Kultur zuwegebrachte. Akzeptieren wir also den Gedanken, daß der Mensch mit seiner Natur umgehen lernen muß, zum Beispiel in Form von „Ge-
sundheit", dann heißt das auch: Historisch und lebensge-
schichtlich gefundene Gleichgewichte können von gesellschaftlicher und persönlicher Dynamik menschlicher Natur
immer wieder ins Fließen gebracht werden; von dort her
kann immer wieder ein Unbehagen am gegebenen Zustand
ins Spiel kommen und ernstmachen mit einem Aufbegehren,
weil diese menschliche Natur in den Formen ihrer Vergesellschaftung nicht aufgeht.

Nun gibt es allerdings in diesen gesellschaftlich herge-
stellten Verhältnissen zur inneren Natur des Menschen unter den Bedingungen der jeweiligen gesellschaftlichen Verhältnisse bessere und schlechtere Arten der Versöhnung.
Menschliche Natur und die von Menschen geschaffene und
ihr gegenüber verselbständigte (wie auch sie überhaupt erst
menschlich zur Geltung bringende) Kultur können in einer
Person recht unterschiedlich amalgamiert sein. Jede der an
der Sozialisation beteiligten Größen hat in dieser oder jener
Richtung ein relatives Wörtchen mitzureden. Folgen wir –
im Rahmen der Frage nach der Friedensfähigkeit, also im
Hinblick auf Handlungsweisen, die im allgemeinen aggres-

siv genannt werden – noch einmal der Psychoanalyse, und
zwar ihren entwicklungspsychologischen Vorstellungen,
dann müssen wir in diesem psychologischen Bereich unserer
historisch-anthropologischen Erörterungen zumindest zwei
Formen von „aggressivem" Verhalten in Rechnung stellen.
Die eine geht auf sehr frühe emotionale Entbehrungen, auf
Störungen der Mutter-Kind-Verhältnisse zurück. Sie hat
letzten Endes damit zu tun, daß in dieser oder jener Form
die kindliche Allmachtsphantasie – zur Welt des Säuglings
gehört ja zunächst einmal die gesamte angenehme Welt,
und alles Böse ist in seiner Phantasie draußen – nicht anerkennen will, daß es überhaupt außer ihm selber etwas anderes gibt, etwas, was auch ein Selbst ist, was also selbständig,
unabhängig von ihm ist. In diesen entwicklungspsychologisch früh begründeten Fällen von „Aggressivität" wird an
dieser frühkindlichen Perspektive festgehalten, die alles
dem eigenen Interesse unterordnet. Was sich nicht fügt,
wird verleugnet, aber auch verfolgt und im Extremfall vernichtet. Man spricht von narzißtischer Wut.

Eine andere Form des Aggressivseins (sie wurde insbesondere im Zusammenhang mit der individualpsychologischen
Grundlage des politisierten Antisemitismus diskutiert) ist
entwicklungspsychologisch später anzusetzen. In dieser ödi-
pal genannten Problematik, in welcher bereits alle Familien-
mitglieder eine Rolle spielen, hat die psychische Trennung
zwischen dem Selbst und den anderen bereits stattgefunden.
Es geht in diesem Kontext um die Frage: Kann jemand sein
spezifisches Interesse gegenüber den Allgemeingültigkeit
beanspruchenden Regeln des Zusammenlebens behaupten,
wie kann sie, wie kann er das? Trotz klarer Unterschiede
der Auseinandersetzungsform wiederholt sich deren Ergebnis: Das Böse, das Unangenehme, nicht den Normen (mit
denen mensch sich in diesem Alter bereits identifiziert hat)
Entsprechende, das jedermensch in sich selbst verspürt,
wird beim Sich-Zuspitzen der Auseinandersetzung nicht als
Eigenes, nicht als unzivilisierter Widerspruch zu den Normen anerkannt, sondern nach außen verlegt und draußen,
wohin es projiziert wurde, wird es dann verfolgt, mit der
ganzen Wucht des schlechten Gewissens Autoritätshöriger.
Daraus wird die berüchtigte Jagd auf Sündenböcke. An de-

nen wird das von den Normen Verdammte verfolgt, das
auch in einem selbst sitzt. Hier müssen wir die frömmelnde
und geifernde Verfolgung aller möglichen Regelverstöße
hinsichtlich ihrer entwicklungspsychologischen Grundlage
ansetzen; verfolgt werden auch imaginäre Verstöße, die nur
der eigenen Phantasie entsprungen sind. Das gibt diesem
Auseinandersetzungstypus die ungeheure Dynamik, was deren persönliche Seite betrifft.

Wo die erzieherische, die sozialisatorische Auseinandersetzung zwischen Normen und Wünschen in einer Weise
stattfindet, die eine relativ gute Versöhnung gewährleisten
kann, werden die Probleme gering sein, welche aus der Un-
versöhnlichkeit menschlicher Natur mit gesellschaftlichen
Normen hervorgehen. In solchen Fällen werden, jedenfalls
was ihre lebensgeschichtlichen Grundlagen betrifft, die Formen der Auseinandersetzungen im Erwachsenenalter zivil
bleiben können, weil die Familienatmosphäre der Sozialisation (weshalb auch immer) zivil war. Diese Menschen werden sich unter normalen gesellschaftlichen Bedingungen an
die Regeln halten und halten können, die wir für demokra-
tische Auseinandersetzungsformen und die Fortentwicklung
unserer Gesellschaft gefunden haben. Und sie werden weniger für Krieg zu interessieren sein, weil sie ihn ihrem normalen Leben zureichend Erfüllung finden. Ihr Über-Ich ist
nicht so streng und läßt ihnen Spielräume.

Wir können die Frage nach den Bedingungen von Unfrie-
den – soweit diese sich aus Erörterungen der subjektiven
Seite einer historischen Anthropologie ergeben – nicht sinn-
voll diskutieren, ohne uns weiter durchzufragen; zunächst
nach den Bedingungen der kurz erörterten Sozialisation selber. Denn wir können mit unserer Selbsterforschung nicht
nur im Rahmen der Sozialisation bleiben. Schon solche
Sachverhalte wie die gemeinhin besonders hohe Kriminali-
tätsrate der Unterschicht (auch deren Schizophrenierate ist
signifikant höher als in anderen sozialen Schichten), lassen
sich dahingehend interpretieren, daß die Sozialisationsbe-
dingungen in dieser sozialen Schicht besonders prekär sind:
Optimale (wenngleich auch im Prinzip der Revision offene)
Versöhnungen zwischen Trieb und Kultur sind unter diesen
gesellschaftlichen und persönlichen Bedingungen schwieri-

ger als in der Mittelschicht. Das läßt sich auch so formulieren: Je schlechter im Durchschnitt die gesellschaftlichen, die objektiven Voraussetzungen für ein relativ friedliches Amalgamieren zwischen menschlicher Natur und gesellschaftlichen Normen sind, desto prekärer ist im Durchschnitt der persönliche Ausgang solcher Prozesse. Die Legierungen brechen schneller wieder auseinander. Und wenn sie aufbrechen, wird von den Formen dieses Aufbrechens her gerechtfertigt, daß man solches Handeln als normbrecherisch oder verrückt – als „aggressiv" – verfolgt. Die Definitionsmacht von Polizei und Medizin trägt das ihre dazu bei, die dünne Decke des Zivilisatorischen zu zerreißen.

Schließlich ist ein Mensch, einmal erwachsen geworden, noch keineswegs aus allen Lernprozessen heraus. Zwar hat er bestimmte innere Strukturen gebildet; andere haben mit einem gewissen Recht an ihn bestimmte Erwartungen, die nur unter ganz besonderen Bedingungen enttäuscht werden dürfen, wenn mensch nicht schwerwiegende Sanktionen in Kauf nehmen will. Aber in sogenannten Extremsituationen, insbesondere im Krieg, werden auch solche Erwartungen über den Haufen geworfen, und viele (wenngleich nicht alle) weichen dem Druck, dem sie in der Situation ausgesetzt sind.

Diesen situativen Ansatz verfolgte ich aus systematischen, aus historischen, aber auch aus didaktisch-politischen Gründen. Um das darin steckende Potential leibhaftig zu machen, erinnere ich noch einmal an jenen Leutnant Calley. Seinen eigenen Aussagen zufolge war er ja aus der Langeweile seines heimatlichen Lebens ausgebrochen in ein abenteuerliches, wo man immer voll dasein mußte. Jenes Abenteuer schlug nun angesichts der Besetzung des Dorfes Mylai durch die Truppe von Leutnant Calley in eine Katastrophe um. Da es niemandem möglich war, zwischen feindlichen Soldaten und (feindseligen) Zivilisten zu unterscheiden, wurde die Angst vor dem so unsichtbaren wie allgegenwärtigen Feind zum Anlaß, jedermann, auch Frauen und Kinder, niederzumachen. Die Sicherheit des organisierten Lebens, die Sicherheit der verwalteten Welt in Atlanta, Georgia, schlug auf einmal um in eine existentiell verängstigende Unsicherheit, in eine panikhafte Angst, die in jenen Massen-

mord mündete. Ist vielleicht unsere Form der Erfahrungs-
unfähigkeit, welche mit der Existenz in einer „verwalteten
Welt" (Adorno und Kogon) verbunden ist, notwendigerweise mit einem ständig lauernden Angstpotential verknüpft,
das derart katastrophenträchtig ist – katastrophenträchtig
für den Fall, daß die „verwaltete Welt" uns im Stich läßt
und wir unser Leben im wirklichen Dschungel fristen sollen?

Eine weitere Szene, allerdings nicht eine derartige Kata-
strophensituation, soll uns den Gedankengang verständli-
cher machen. Ich erinnere mich an junge Lehrerinnen, die
bei einer öffentlichen Diskussion nach der Fernsehauffüh-
rung der Holocaust-Serie im Sigmund Freud-Institut auf
ein Problem bei sich selbst stießen. Sie gingen aus von der
im Film realistisch vermittelten Erfahrung, daß nur Minderheiten sich den Mordbefehlen, ja nicht einmal dem Ermor-
detwerden von Mehrheiten widersetzt hatten. Vielmehr ge-
horchten in der Regel die Leute den ihnen gegebenen Befehlen, obgleich deren Herkunft und deren Sinn dunkel
blieben und von einem Befehlsnotstand im Sinne einer Gefahr für Leib und Leben des Verweigerns nicht die Rede
sein konnte (Jäger 1967); hier handelte es sich offenbar um
eine Phantasie, eine Rationalisierung, die allenthalben mit
Interesse gepflegt wurde – ersparte sie doch viel seelische
Energie. Hauptsache: Hinter den Befehlen stand Macht.
Diese Lehrerinnen erinnerten sich an Szenen aus dem eigenen, viel weniger dramatischen Leben, in welchem sie sich
ähnlichen situativen Zwängen ausgesetzt fühlten wie zu Zeiten des Dritten Reichs die Befehlsausführer.

In der Straßenbahn zum Beispiel, angesichts der Diffa-
mierung von Angehörigen einer Minderheit, wagte die eine
Lehrerin keine Widerrede. Die in der Situation aufgekom-
mene Angst hinderte sie daran, ihren eigenen moralischen
Normen zu entsprechen. Ihre Frage war, ob solche Schwäche sich nicht in viel extremeren Situationen bei ihr selber
und bei anderen auch zeigen müßte. Sie fragte im Grunde
nach einem wichtigen Aspekt der inneren Basis von Gewalt-
herrschaft und danach, ob eine solche nicht noch da sei. Allgemeiner formuliert, kann diese Frage lauten: Ist nicht das
Festhalten an Normen wie beispielsweise der, du sollst nicht

töten, in einer Gesellschaft, in welcher man sehr vielen aus
dem Anonymen der gesellschaftlichen Struktur auf einen
niederkommenden Anweisungen ausgesetzt ist, eine ganz
besondere Schwierigkeit? Welcher Entwicklung soll man
wann mit welchem Rückhalt wie widerstehen? Welcher
kann man widerstehen? Für solche Entscheidungen spielen
Traditionen politischer Kultur eine Rolle: Für wie konflikt-
fähig können sich Bürger untereinander, insbesondere aber
im Verhältnis zum Staat halten? Das deutsche Bürgertum
mit seiner Staatsvergötterung hat in dieser Hinsicht keine
vorteilhafte Tradition stiften können (Greiffenhagen/Greif-
fenhagen 1979, Habermas 1984, Horn 1967).

Im Sinne des Versuchs einer ersten Zwischenbilanz möchte ich – den situativen Aspekt des Erlebens, in dem Gesellschaftliches und Persönliches zusammenstoßen, weiter ver-
folgend – noch einmal auf jene Langeweile hinweisen, die
Leutnant Calley nach Vietnam getrieben zu haben schien,
auf jene Flucht aus der Spießigkeit des Friedens, die im Ersten Weltkrieg konstatiert wurde. Möglicherweise ist es ja
so: Indem wir unsere Welt als durchorganisierte, als ge- und
verregelt erleben, erscheint sie uns nicht mehr als selbstge-
macht, nicht mehr als eine, an der wir mitwirken und die wir
deshalb anerkennen können. Sie ist uns zwar im Hinblick
auf die Regeln, die wir einhalten müssen, auf dieser Ebene
der Regeln in gewisser Weise vertraut, halbwegs durchsich-
tig und absehbar. Aber da wir die Herkunft jener Regeln,
deren Sinn und die Möglichkeit, sie zu verändern, kaum
mehr durchschauen, ist uns diese Welt gleichzeitig eine Art
Naturereignis, „zweite Natur", ein Dschungel. Diese Seite,
diese ganz andere Seite des Langeweilegefühls, kommt dann
zum Vorschein, wenn jene Regeln, die zunächst einmal Sicherheit gewähren, es aber auch langweilig werden lassen
und einen schurigeln, durch irgendwelche Katastrophen in
Extremsituationen außer Kraft gesetzt werden. Dann, so
scheint es wohl zu sein, kann jenes langweilige Sicherheitsgefühl ganz schnell über Bord gespült werden, und es kommen panikartige Ängste zur Geltung, die uns zu Kurz-
schlußreaktionen, zu sog. unkultivierten Verhaltensweisen
zwingen, „aggressiv" werden lassen. Sind Unfriedlichkeit
und Langeweile vielleicht zwei Seiten derselben Medaille?

Weiter auf situative Zwangsläufigkeiten zuspitzend, möchte ich nun einzelne Perspektiven des Erlebens hervorheben, des situativen Erlebens, die heute gleichsam als gesellschaftliches Klima unser Verhalten bestimmen. Es handelt sich um Probleme, die es uns unter Umständen schwermachen, uns friedfertig zu verhalten, selbst und gerade dann, wenn es unsere ethischen Maßstäbe von uns verlangen.

Unser zeitgenössisches Verhältnis zur Erfahrung ist bestimmt durch gesellschaftliche Arbeitsteilung und Arbeitszerlegung. Jede(r) von uns erfährt bei seiner Arbeit nur allerkleinste Aspekte des gesellschaftlichen Universums. Und mensch hat kaum Gelegenheit, sich darüber hinaus über mehr zu informieren, vor allem nicht: mit mehr umgehen zu lernen. Die Gesellschaft organisiert zwar die Ausbildung, soweit sie für Produktion und Reproduktion unseres materiellen Lebens notwendig ist. Aber in dem, was darüber hinausgeht, sind wir weitgehend uns selber überlassen: Nur wir selber können uns im Sinne von außerordentlich anstrengender Eigeninitiative mit der Gesellschaft, in der wir leben, vertraut zu machen suchen. Nein, das muß noch anders, radikaler formuliert werden: Wir müssen unser gesellschaftliches Leben umgestalten, um wieder einen deutlichen politischen Zugriff darauf zu bekommen und als moralische Wesen nicht zu bloßen Anhängseln wissenschaftlich-technisch und bürokratisch organisierter „Sachzwänge" zu verkommen. Dieser gleichsam automatisierte Gehorsam ist es, der uns zu Funktionären machen kann, die, einfach ihre Funktion erfüllend, persönlich als menschenverachtend und unfriedlich erscheinen. Es ist der in unseren gesellschaftlichen Institutionen verankerte Quasizwang der Erwartungen gegenüber dem Handeln einzelner; es sind die Normen und Regeln, nach denen zu leben wir uns gewöhnt haben, die uns zu solchen Funktionären machen. Und die wir überwinden können, indem wir diesen Institutionen, den Normen und Regeln, die uns vieles abnehmen, die uns aber auch quälen, die Loyalität entziehen und andere Verhältnisse einrichten; solche, in denen Fortschritt nicht mehr nur allein als naturwissenschaftlicher und technischer verstanden wird, sondern wo zum Fortschritt auch die Selbstreflexion

gehört im Sinn der Frage: Nach welchen Regeln leben wir
eigentlich, und wollen wir so weiterleben (Horn 1981)?

Ohne diesen neuen umstrukturierenden Zugriff auf unsere gesellschaftliche Wirklichkeit bleibt unser aller Verhältnis
zur gesamten Welt außerordentlich abstrakt. Wir schließen
aber in aller Regel aus unseren Froschperspektiven auf das
Gesamte. Wohl zu Recht hat Adorno (1960) auf die Wahn-
haftigkeit solcher Blicke hinweisen müssen, falls dieses Ganze in unseren Köpfen in Normalzeiten überhaupt noch eine
Relevanz hat und wir nicht den Rückzug ins Private bevor-
zugen. Dann wird aber spätestens in Krisenzeiten, beispielsweise angesichts struktureller Arbeitslosigkeit, die Relevanz
des Ganzen für die Vereinzelten mit Gewalt deutlich. Da sie
dazu aber nur ein passives, ein Abhängigkeitsverhältnis haben, sind Angst und Panik die hauptsächliche Antwort auf
ein derartiges Versagen zentralisierter Regelungen – und
diese Gefühlslagen lassen sich trefflich gegen Minderheiten
organisieren oder auch nach außen ableiten, als umgelenkte
Unfriedlichkeit manipulieren.

Aber nicht nur das Verhältnis unserer Alltagserfahrungen
zu den die Gesamtgesellschaft ausmachenden Gesetzmäßig-
keiten auf der Ebene der uns zur Verfügung stehenden be-
grifflichen und politischen Mittel ist prekär, auch der gesellschaftliche Umgang mit der Sinnlichkeit der einzelnen Menschen überhaupt wird zum Problem. In dem Maße, wie Vergesellschaftung zunimmt, das heißt: wie die großen gesellschaftlichen Strukturen, insbesondere natürlich diejenigen,
in denen gesellschaftliche Arbeit organisiert ist, auf genau
regulierte Energiezufuhren von der subjektiven Seite her
angewiesen sind, in dem Maße wird der Mensch als zu kul-
tivierender im Sinn von: in diese Disziplin zu bringender
zum immer größer werdenden Problem.

Aber diese bei uns sehr weit fortgeschrittene, insbesondere auf die Handhabung der Lebenszeit bezogene Diszipli-
nierung hat auch ihre politischen Aspekte. Während der
Mensch in der frühliberalen, antifeudal-revolutionären Tradition im Grunde genommen noch Mittelpunkt der Welt
sein sollte, an dessen Interesse der Gang des Fortschritts
sich zu orientieren hatte, wird dieses Interesse als Interesse
des einzelnen im Zuge der Dominanz des primär als natur-

wissenschaftlich-technisch zu organisierenden Fortschritts immer mehr zum Problem. Denn jener technisch orientierte Fortschritt, der die Natur beherrschen will, hat sich auch menschliche Natur vorgenommen, insbesondere soweit sie als Produktions- und Absatzfaktor sowie als Legitimationsbasis administrativer und/oder exekutiver Entscheidungen relevant wird. Gefragt ist insofern vor allem der durchorganisierte Mensch, der in der gesellschaftlichen Organisation relativ reibungslos aufgeht; gefragt ist eigentlich nicht ein spontaner, kreativ-politischer Mensch. Der stört die Planungen der privaten und staatlichen Bürokratien, indem er deren Vorausberechnungen nicht entspricht und mittels eigener Praxis eigene Strukturen einrichtet bzw. einrichten möchte. Auch die bürgerliche Institution Öffentlichkeit, die „vierte Gewalt", ist in diese Strukturveränderung unserer Gesellschaft einbezogen. Sie dient wie auch „politische Bildung" nicht nur oder nicht in erster Linie der Interessenartikulation der Staatsbürger, sondern ist eher zu einem Medium der Beschwichtigung und Entpolitisierung geworden (Horn i. D.).

Deshalb wird versucht, menschliche Sinnlichkeit komfortabel in bestimmten Ghettos vom Politischen zu isolieren; Herbert Marcuse hat das „regressive Entsublimierung" genannt. Zwar ist dieser Vorgang nicht ganz so eindimensional, wie Klagelieder vom Ende der geschichtlichen Welt oft suggerieren wollen. Das Fehlen von „Kreativität" zum Beispiel hat inzwischen dazu geführt, daß Spontaneität selber schon wieder organisiert wird. Aber ich spreche hier in erster Linie von vorherrschenden Tendenzen, von dem, was am stärksten ins Auge fällt, insbesondere angesichts unserer politischen Sonntagsreden-Ideale.

Die bürgerliche Anthropologie erweist sich angesichts solcher Praktiken als historische. In den Sozialwissenschaften wird heute von einer Veränderung der Zeitperspektive gesprochen (Rammstedt 1975). Immer seltener wird die Möglichkeit, die eigene Lebensplanung langfristig in die Hand zu nehmen und auch in der Hand zu behalten. Aus jüngster Zeit steht insbesondere der Fall der nach ihrem Staatsexamen arbeitslosen Lehrer vor Augen. Sie hatten ein Lebensziel, haben dafür Energie aufgewandt, und als sie anfangen wollten, die Früchte einzuholen, haben politische Entscheidungen ihnen das vorenthalten. Dieser Sachverhalt ist auch unter etwas freundlicheren Formulierungen anzutreffen. Wenn es heißt, wir müßten lernen, lebenslang zu lernen, dann ist das ein Versuch, auf diese Perspektive vorzubereiten.

Wichtig für die Gesellschaft, so läßt sich letztlich daraus ablesen, ist, daß einer überhaupt wieder in den Arbeitsprozeß einzugliedern ist – wo und wie, ist relativ gleichgültig; gleichgültig gegenüber seinem Haus, seiner Familie, seiner Verwandtschaft, seiner Nachbarschaft, seinem persönlichen Verhältnis seiner Arbeit gegenüber. Solche Details zeigen, in welchem Maß der Mensch zum Anhängsel seiner eigenen Produktion geworden ist. Wenn das entstehende Unbehagen zum Ausdruck gebracht werden soll, wird es zumeist nicht angemessen verstanden, d. h. auf die gemachten und selbst aufrechterhaltenen Verhältnisse insgesamt bezogen, sondern solche Kritik besteht zumeist aus kurzsichtigen Schuldzuweisungen – bis hin zum Terrorismus, der diese Perspektive in die Tat umzusetzen versucht (Horn i. D.).

Die aus unser aller beschränkten Arbeitserfahrungen hervorgehenden Froschperspektiven, die Ghettoisierung unserer Sinnlichkeit, die Schwächung der Öffentlichkeit als politischer Kraft, die Verselbständigung der größeren gesellschaftlichen Strukturen von Industrie und Staat den Einzelinteressen gegenüber, führen zu einem prekären Phänomen, das einmal Verantwortungsdiffusion genannt worden ist. Es hatte sich Psychologen auf merkwürdige Weise präsentiert. Eine junge Frau wurde in New York auf einer Straße von einem Mörder fast eine halbe Stunde lang vor einem Hauseingang mit dem Messer traktiert. Niemand griff ein, obwohl viele Passanten vorbeikamen. Nun waren das nicht etwa allesamt Sadisten; das hätte man womöglich annehmen können, wäre man im Bereich der traditionellen Persönlichkeits- beziehungsweise Einstellungsforschung geblieben. Vielmehr dachten die allermeisten, daß sie das ja nichts anginge, und ein anderer könne eher oder sehr viel besser intervenieren.

Oswald Kaduk, einer der grausamsten Auschwitz-Bewacher, antwortete während des Auschwitz-Verfahrens (Demant 1979, S. 67 f.) auf die Frage, ob er sich damals gefragt hätte, ob das Recht sei, was da geschieht:

„Ja, ich will Ihnen mal was sagen. Nicht, nicht. Das war nicht Recht, ne wahr, das war Unrecht. Solche Methoden, ne wahr. Hätte ich nie geglaubt, daß unsere die Fähigkeit hätten, damals so, nicht. Ich hab auch manchmal gesagt meinem Chef, nicht, habe ich auch schon gesagt, wer wird das mal verantworten, was wir hier machen. Das überlaß anderen, hat er gesagt. Mach dir keine Kopfschmerzen, das war die Antwort von einem Offizier, meinem Vorgesetzten, können Sie sich ja vorstellen. Die meisten sind alle tot, die wurden hingerichtet. Das war so, was wollten sie da machen?'
‚Welche politische Einstellung hatten Sie damals?'
‚Ja, ich werd Ihnen was sagen, ich war damals gewesen war ich für das System. Ich habe mir geglaubt alles. Aber wo ich das gesehen habe, ne wahr, da war ich schockiert gewesen. Ich habe meiner Frau und meinen Kindern auch nichts gesagt, auch meinem Schwiegervater habe ich nichts gesagt, zu keinem habe ich etwas gesagt. Ich habe Angst gehabt, ne wahr.'"

Jene hier freilich nur angedeuteten strukturellen Veränderungen unserer Gesellschaft haben der Tendenz nach zu einer Veränderung der Moral geführt. Moral im Sinne der im Handeln zur Geltung kommenden verinnerlichten Normen und Regeln, denen mensch auch gegen widrige Umstände Geltung zu schaffen versucht, ist offenbar immer schwieriger zu praktizieren. Der höhere Grad von Vergesellschaftung der Menschen schlägt sich nieder in einem höheren Grad von Abhängigkeit gegenüber anonym gewordenen gesellschaftlichen Strukturen, aus denen Befehle kommen, gegenüber denen man sich hilflos fühlt.
Ich will mit diesen Hinweisen auf psychodynamische Seiten dieses Problems der Entfremdung keineswegs sagen, daß diese für den einzelnen relativ anonym gewordenen gesellschaftlichen Strukturen nicht irgendwelchen Interessen dienen. Damit soll auch nicht gesagt sein, daß die Marxsche Analyse der gesellschaftlichen Probleme des Kapitalismus überholt sei. Ich halte letztere allerdings im Sinne der hier vorgetragenen Probleme dann für dogmatisch erstarrt, wenn sie immer noch den Anspruch stellt, mit der Kritik der politischen Ökonomie den einzig möglichen und sinnvollen

Ansatz gesellschaftlicher Kritik vorzutragen. Vielmehr müssen wir heute davon ausgehen, daß jene von Marx auf der objektiven, das heißt auf der gesellschaftsstrukturellen Seite unseres Lebens analysierte Form der Herrschaft auch ein gutes Stück in uns selber eingewandert ist. Die Form bürgerlicher Subjektivität ist von jener Herrschaft nicht unberührt geblieben. Deshalb werden wir gezwungen, weitergehende Überlegungen anzustellen, solche, die sich mit den subjektiven Dimensionen gesellschaftlicher Irrationalität befassen, auch und gerade dann, wenn es um die Frage der Friedfertigkeit der Menschen geht.

Halten wir uns also vor Augen, was die sozialwissenschaftliche Diskussion als Resultat solcher massenhaften Passivierung von Bürgern verstanden hat: Es ist ein Rückzug in die Privatheit festzustellen; Habermas nennt das „staatsbürgerlichen Privatismus". Dieser hat bisher bei der Mehrheit nur solche Formen angenommen, die von konservativen Kreisen ohnehin als Vorausbedingung fürs Funktionieren der formalen Mechanismen unserer Demokratie angenommen werden – dafür insbesondere, daß jene gesellschaftlichen Strukturen, die sich verselbständigt haben und die den Status quo mit seinen Problemen verwalten, das relativ unbeeinträchtigt tun können, relativ gleichgültig gegenüber wesentlichen Wünschen und Nöten der Basis. Natürlich gibt es auch Minderheiten, kleine, radikale Minderheiten, wie es einmal hieß, die sich nicht so befrieden lassen wollen, weil in ihren Augen damit die in Wahlkämpfen versprochene Sicherheit nicht systematisch, gerade in Krisenzeiten nicht gewährleistet werden kann. Unsere gesellschaftliche Wirklichkeit bestätigt diese Skepsis ja immer wieder: Entweder werden, wie in der Auseinandersetzung mit dem Terrorismus, lediglich dessen Erscheinungsformen bekämpft, indem der Herrschaftsapparat verstärkt wird; eine praktische Auseinandersetzung mit den Ursachen findet jedoch nicht statt. Oder aber die Obrigkeit nimmt das aus dem Unbehagen entstandene Ressentiment gar auf und münzt es (in Form von Ausländerhetze) in Wahlkampfmunition um wie der Frankfurter Oberbürgermeister Wallmann im Kommunalwahlkampf des Frühjahrs 1985. Aber da wurde auf Mikroebene nur nachgeahmt, was altbekannte

Regel für die Legitimationsbeschaffung beim Vorbereiten und Führen von Kriegen ist und worin der Staat seine Kunst zu erweisen hat: das vorhandene Ressentiment aufzugreifen, zu bündeln und es auf den sich anbietenden Feind zu lenken. Von dem, so hatte es der bereits mehrmals erwähnte Leutnant Calley geschildert, war ihm eigentlich nichts weiter bekannt gewesen als das Feindbild, das ihm die Propaganda vermittelt hatte.

Kurz, wir leben in einer komplexen, wenig übersichtlichen Welt, deren Entwicklungsperspektiven weder im Hinblick auf das Persönliche noch auf das Allgemeine überschaubar sind. Das scheint außerordentlich zu beunruhigen. Es könnte diese Unruhe sein, die destruktiv zum Vorschein kommt, wenn die Sicherheiten zusammenbrechen, an die zu halten wir uns gewöhnt haben – selbst wenn wir uns in den Banden dieser (sozialen) Sicherheit auf die Dauer erfahrungslos und gelangweilt fühlen, gleichsam moralisch unterstrapaziert, weil wir kaum Entscheidungen zu treffen haben, die uns diese Freiheit lassen.

Oder haben wir nur nicht den Mut, in Schlüsselsituationen solche Entscheidungen zu fällen? Gewiß, die Menschen sind angesichts der mächtigen Apparaturen und Bürokratien, die sie aufgebaut haben, vergleichsweise schwächer geworden. Es bedarf einiger Voraussicht, um sich aus solchen Zwangssituationen wie der des Leutnant Calley in Mylai herauszuhalten, und besonderen Mutes, in diesen Situationen selber gegen deren eingebaute Zwangsmechanismen handeln zu können. Wir kommen an dieser persönlichen Seite des Problems der Friedensfähigkeit heute nicht vorbei. Ein Wesen wie der Mensch, das sich selber, Natur bearbeitend, in Gesellschaft hervorbringen muß, ist darauf in jeder Situation verwiesen. Wenngleich, wie wir sahen, dieses Persönliche in sehr starker Abhängigkeit von gesellschaftlich vorgegebenen Strukturen steht, geht es in dieser Abhängigkeit nicht auf, vor allem nicht darin, die eigene Angst und den eigenen Zorn von Staats wegen in die falsche Richtung gelenkt zu bekommen. Zwar hat sich gezeigt, daß auch die Friedensbewegung sich nicht ohne weiteres frei machen kann von prekären Formen unseres üblich gewordenen menschlichen Verkehrs, aber überwiegend hat sie sichtbar

machen können, daß innere Beweglichkeit – das Sich-
distanzieren-Können von konventionellen Problemlösungs-
mustern – auch äußere, politisch neue Spielräume schaffen
kann (Horn/Senghaas-Knobloch 1983).

Daß Fragen nach der Gefährlichkeit unseres gesamtge-
sellschaftlichen Zustandes an der Zeit sind, ist deutlich geworden. Sie sind an der Zeit und wohl auch schon lange
überfällig im Hinblick auf die Form der Organisation unserer Gesellschaft, die uns solchen situativen Zwängen aus-
setzt, in denen, wenn Krisen sich ereignen, die ganze, wie
Freud es genannt hat, „Kulturheuchelei" von uns abfällt und
wir mit staatlichem Segen wieder einmal ungestraft und ohne Reue brutal werden können.

Die Antwort auf die Frage, ob die Menschen zum Frieden
unfähig seien, lautet, daß die Menschen so unfriedlich sind,
wie sie sich bewußtlos (oder auch sehenden Auges) dazu
machen, – wie sie sich durch ihre gesellschaftliche Tätigkeit
in Situationen bringen, in welchen sie gleichsam normalerweise mit einer Reprimitivisierung ihres Handelns reagieren. Freilich ist diese Antwort unbefriedigend; sie gibt kein
Patentrezept an die Hand. Ein solches Patentrezept hielte
ich jedoch für Selbstbetrug. Fürs Glücklichwerden der Menschen gibt es keine Patentrezepte, Glück – oder auch Frieden – läßt sich nicht technisch, nicht instrumentell herstellen. Auch nicht, wenn man über die Überlegungen zur subjektiven Seite der Reproduktion des Unfriedens hinausgeht.

Ich verstehe jedoch auch das Mißbehagen, das bei einer
so offenen Antwort aufkommt, wenn gutwillige Menschen
nach einer Möglichkeit suchen, zum Frieden beizutragen
und ihnen eine komplexe Antwort zuteil wird, die ihnen für
einen solchen Beitrag wenig Raum zu lassen scheint. Diesen
Unzufriedenen sei gesagt, daß zur Phantasie des Patentre-
zeptes sicher auch gehört, daß es schnell funktionieren müsse. Wahrscheinlich käme es demgegenüber zunächst wirklich oft nur darauf an, sich in prekären Situationen nicht in
deren Mechanik verwickeln zu lassen, die sich auf Unfrie-
den zubewegt, sondern eigene Interpunktionen setzen zu
lernen, also auch den Mut zu kleinen Schritten zu finden.
Die Friedensbewegung als Teil wirklich neuer Politik gibt
darüber hinaus Gelegenheit, über die Vereinzelung hinaus-

zukommen und gemeinsam neue Normen und Regeln des Zusammenlebens auszudenken und vor allem zu erproben. Aber vielleicht entwickelt sich ein Teil des Unbehagens an einer komplexen Antwort auf die einfache Frage auch gerade angesichts dieses Hinweises auf die Notwendigkeit, daß jedermensch unmittelbar dort, wo er steht, tätig werden kann. Auch das ist eben eine Möglichkeit des Menschen, seine Weltoffenheit zu gestalten. Sie fällt ihm, wenn er es geschickt und nicht so katastrophenträchtig anfangen will wie Freunde des „Stahlgewitters", gewiß auch nicht besonders leicht in einer Zeit, in der er normalerweise so vieles gemacht, geliefert und organisiert bekommt, solange er nur auch ein bißchen Arbeitskraft (oder andere Leistungen) in den großen Apparat Gesellschaft steckt. Freilich macht man kaum mehr Erfahrungen mit seiner Arbeit, merkt dabei nicht, in welchem Sinnzusammenhang Aufwand und Ergebnis stehen. Diese Verunsicherung in all der Sicherheit ist eine allgemeine Gefahr für die Möglichkeit des Friedens.

Wer sich auf die zunächst vorgebrachten methodischen Einwände gegen eine erste Natur des Menschen und ein angeblich angeborenes aggressives Potential nicht so recht einlassen wollte, der bedenke schließlich: Was bringt uns solch eine Pauschalerklärung, mit der sich alles und jedes Handeln „aggressiver" Art rechtfertigen bzw. erklären läßt? Als Erklärung, die alles erklärt, bringt sie nichts. Sie hat aber womöglich eine Folgewirkung, die man als fatal ansehen muß: die Fixierung des wissenschaftlichen und auch des politischen Blicks auf Sachverhalte, denen allein schon auf diese Weise Dinglichkeit verliehen wird. Anders im Rahmen der Frage, wie denn aggressives Handeln in sozialen Beziehungen zustande kommt, welche persönlichen und gesellschaftlichen Verhältnisse dem förderlich sind. Auf diese Weise richten wir den Blick auf Machbarkeit und Veränderbarkeit. Zwar hat auch Konrad Lorenz (1963) das letzten Endes getan, wenn er empfiehlt, die nun einmal vorhandene aggressive Energie, die im Zentralnervensystem produziert wird, vermittels Manipulation zu verharmlosen bzw. zu kultivieren, z. B. in Sport und Spiel. Ich finde aber, der Gesichtspunkt der Machbarkeit wird stärker vertreten, wenn wir ohne die Grundannahme arbeiten: „Der Mensch

ist von Natur aus aggressiv". Nun will ich nicht etwa illusionären Vorstellungen das Wort reden; nichts liegt mir ferner.
Vielmehr möchte ich in Erinnerung rufen, was Soziologen
einst „selbsterfüllende Prophezeiung" genannt haben, an die
Erfahrung anknüpften, daß jedes Problem, mit dem mensch
sich befaßt, nicht unabhängig bleiben kann von der Art und
Weise, wie jemand darauf zugeht. Kennen wir nicht auch
die Alltagserfahrung, daß eine Schülerin, die ein Lehrer für
störend und dumm hält, es sehr sehr schwer hat, sich der
Definitionsgewalt des Lehrers zu entziehen, obgleich das,
was an ihr stört, von ihr selbst gar nicht als Störung gemeint
ist? Auch die vom Bundesminister des Innern einst in Auftrag gegebenen Terrorismusanalysen zeigen sehr eindrucks-
voll, wie beispielsweise Erwartungen bzw. Unterstellungen
der Polizei gegenüber Demonstranten und auf der Basis solcher Erwartungen prophylaktisch eingeführte Polizeitakti-
ken und -strategien ganz erheblich zur Eskalation von Konflikten – statt zu deren ziviler Beherrschung – beigetragen
haben (vgl. z. B. Sack u. a. 1983, Steinert 1983). Sollte uns
das nicht zu denken geben, wenn schon zugegebenermaßen
schwierige methodische Argumente Skeptiker nicht davon
überzeugen, daß wir nicht wissen können, ob der Mensch
seiner naturhaften Natur nach bösartig und zerstörerisch
sei?
    Diese Perspektive ist sehr anspruchsvoll: Sie konzentriert
die Aufmerksamkeit der Menschen voll auf ihre eigene gesellschaftliche und persönliche Tätigkeit. Es ist verständlich,
wenn das als Zumutung empfunden und ihr ausgewichen
wird. Aber das ist auch bedauerlich, weil wir dann unsere
Möglichkeiten nicht ausschöpfen können und in alter Weise
weiterwursteln.

Literatur

Adorno, Theodor W., 1960: Meinung Wahn Gesellschaft. In: ders.:
    Eingriffe. Neun kritische Modelle. Frankfurt/M. (Suhrkamp) 1963,
    S. 147–172

Chorover, Stephan L., 1979: Die Zurichtung des Menschen. Von der
Verhaltenssteuerung durch die Wissenschaften. Aus dem Amerikanischen von Hanne Herkommer. Frankfurt/M., New York (Campus)
1982

Demant, Ebbo (Hrsg.), 1979: „Auschwitz – Direkt von der Rampe
weg…". Reinbek bei Hamburg (Rowohlt)

Greiffenhagen, Martin/Greiffenhagen, Sylvia, 1979: Ein schwieriges
Vaterland. Zur Politischen Kultur Deutschlands. München (List)

Habermas, Jürgen, 1984: Recht und Gewalt – ein deutsches Trauma.
In: Merkur 38, Heft 1, Nr. 423, S. 15–28
Horn, Klaus, 1967: Zur Formierung der Innerlichkeit. Demokratie als
psychologisches Problem. In: Schäfer/Nedelmann (Hrsg.): Der
CDU-Staat. Analysen zur Verfassungswirklichkeit der Bundesrepublik, 2 Bde. Frankfurt/M. (Suhrkamp) ²1969, Bd. 1, S. 315–358
–, 1981: Nach welchen Regeln leben wir eigentlich? In: Vorgänge 20,
Nr. 50, Heft 2, S. 25–38
–, 1983: Dossier: Die insgeheime Lust am Krieg, den keiner ernsthaft
wollen kann. Aspekte einer Soziopsychodynamik phantastischer Beziehungen zur Gewalt. In: Horn/Senghaas-Knobloch (Hrsg.), im
Auftrag des Komitees für Grundrechte und Demokratie: Friedensbewegung – Persönliches und Politisches. Frankfurt/M. (Fischer),
S. 268–340
–, 1984: Wie kommen wir zu einer „konstitutionellen Intoleranz" gegenüber dem Krieg? Anmerkungen zum Einstein-Freud-Briefwechsel
– 50 Jahre danach. In: PSYCHE 38, Heft 12, S. 1083–1104
–, 1985: Aggression und Gewalt. Vom gegenwärtigen Schicksal
menschlicher Expressivität. In: Alfred Schöpf (Hrsg.): Aggression
und Gewalt. Anthropologisch-sozialwissenschaftliche Beiträge.
Würzburg (Königshausen + Neumann), S. 123–142
–, i. D.: Politische Bildung und reale Beteiligungschancen – Eine sich
öffnende Schere. In: Bundeszentrale für politische Bildung (Hrsg.):
Politische Partizipation in westlichen Demokratien.
Horn, Klaus/Senghaas-Knobloch, Eva (Hrsg.), 1983: Friedensbewegung – Persönliches und Politisches. Herausgegeben im Auftrag des
Komitees für Grundrechte und Demokratie. Frankfurt/M. (Fischer)

Ich war gern in Vietnam, 1970: Leutnant Calley berichtet. Aufgezeich-
net von John Sack. Nachwort von Klaus Horn. Aus dem Amerikanischen von Gisela Beyer. Frankfurt/Main (Fischer) 1972

Jäger, Herbert, 1967: Verbrechen unter totalitärer Herrschaft. Studien
zur nationalsozialistischen Gewaltkriminalität. Olten und Freiburg
im Breisgau (Walter)

Lorenz, Konrad, 1963: Das sogenannte Böse. Zur Naturgeschichte der Aggression. Wien (Verlag Dr. Gerda Borotha-Schoeler) [24]1969

Mahler, Eugen, 1983: Christliche Botschaft und Apokalypse – ein psychohistorischer Prozeß ohne Zukunft? In: Passet und Modena (Hrsg.): Krieg und Frieden aus psychoanalytischer Sicht. Basel und Frankfurt/M. (Stroemfeld/Roter Stern), S. 259–289

Pohlen, Manfred, 1983: Zu den Wurzeln der Gewalt. In: Passet und Modena (Hrsg.): Krieg und Frieden aus psychoanalytischer Sicht. Basel und Frankfurt/M. (Stroemfeld/Roter Stern), S. 132–197

Rammstedt, Otthein, 1975: Alltagsbewußtsein von Zeit. In: Kölner Zeitschrift für Soziologie und Sozialpsychologie 27, S. 47–63

Sack, Fritz u. a., 1984: Staat, Gesellschaft und politische Gewalt: Zur „Pathologie" politischer Konflikte. In: Fritz Sack und Heinz Steinert: Protest und Reaktion. Analysen zum Terrorismus, Bd. 4/2, herausgegeben vom Bundesminister des Innern. Opladen (Westd. Verlag), S. 18–387

Steinert, Heinz, 1984: Sozialstrukturelle Bedingungen des „linken Terrorismus" der 70er Jahre. Aufgrund eines Vergleichs der Entwicklungen in der Bundesrepublik Deutschland, in Italien, Frankreich und den Niederlanden. In: Fritz Sack und Heinz Steinert: Protest und Reaktion. Analyse zum Terrorismus, Bd. 4/2, herausgegeben vom Bundesminister des Innern. Opladen (Westd. Verlag), S. 388–601

KARL BRUNO LEDER

Warum hassen wir einander?

Über die Wurzeln von Feindbildern und die Erziehung zur Toleranz

„Im Menschen lebt ein Bedürfnis zu hassen und zu vernichten", klagte der große Physiker Albert Einstein im Sommer 1932 in einem Offenen Brief, den er an den großen Seelenforscher Sigmund Freud richtete. „Diese Anlage ist in gewöhnlichen Zeiten latent vorhanden und tritt dann nur beim Abnormalen zutage; sie kann aber verhältnismäßig leicht geweckt und zur Massenpsychose gesteigert werden." Und er fragte den Seelenkundigen um Rat: „Gibt es eine Möglichkeit, die psychische Entwicklung der Menschen so zu leiten, daß sie den Psychosen des Hassens und des Vernichtens gegenüber widerstandsfähiger werden?" Die beiden großen Juden hatten in jenen Tagen das immer drohendere Anschwellen des nazistischen Rassenwahns vor Augen, und ihre tiefe Besorgnis war nur allzu verständlich. Einen Rat allerdings wußte auch Freud nicht; zumindest kein schnelles und durchgreifendes Mittel gegen das immer näher kommende Gespenst eines neuen, verheerenden Völkermordens.

Schon in seinem 1915 erschienenen Aufsatz „Zeitgemäßes über Krieg und Tod" hatte Freud bekennen müssen: „Warum die Völker einander eigentlich geringschätzen, hassen, verabscheuen, und zwar auch in Friedenszeiten, und jede Nation die andere, das ist freilich rätselhaft. Ich weiß es nicht zu sagen." – In späteren Jahren hat Freud dann allerdings doch noch einen Versuch unternommen, jene Ursachen von Haß und Aggression namhaft zu machen; er glaubte nämlich, einen „Todestrieb" entdeckt zu haben, der in gewisser Weise das Gegenstück zum Lebenstrieb, zu der von Freud so genannten Libido sei. – Die psychologische Forschung hat diesem Freudschen Vorschlag jedoch nicht folgen mögen und auch keine wirklichen Belege für einen existierenden „Todestrieb" gefunden.

Fragen wir uns zunächst, ob die Freudsche Zustandsbeschreibung auch wirklich den Tatsachen entspreche; ob also die Völker tatsächlich einander „geringschätzen, hassen, verabscheuen, und zwar auch in Friedenszeiten, und jede Nation die andere..." Diese Frage muß leider im vollen Umfang bejaht werden. Es ist in der Gegenwart zwar öfters behauptet worden, daß z. B. Wildbeuterstämme, wie etwa die südafrikanischen Buschmänner, Pygmäen, australische Ur-Einwohner, Amazonas-Indios und andere in relativer Friedlichkeit nebeneinander lebten. Und daraus wurde dann der Schluß gezogen, daß die urtümliche Wirtschaftsform der Wildbeuter, die kaum Privatbesitz und keine Ausbeutung kennen, die Voraussetzung für ihre Friedlichkeit seien; so noch Erich Fromm.

Aber die Fakten sind schlichtweg falsch interpretiert. Richtig ist zwar, daß Wildbeuterstämme sehr selten zu regelrechten Kriegszügen ausrücken; das liegt aber lediglich an ihrer noch sehr losen Stammesorganisation und keineswegs an ihrer generellen Friedfertigkeit. Vielmehr hassen auch die Wildbeuter ihre jeweiligen Nachbarstämme aus tiefstem Herzensgrunde und leben mit ihnen in einem zwar nicht offenen, dafür aber latenten Kriegszustand, der sich immer mal wieder in kleineren oder größeren Gewaltakten äußert. Diese erneuern dann die ohnehin schon seit Generationen zwischen den Stämmen schwelende Blutrache. Alfonso Vinci, ein italienischer Forscher, der Ende der vierziger Jahre 18 Monate lang bei Amazonas-Indios lebte, schreibt in seinem Buch „Jenseits der zweiunddreißig Berge":

„Nun mag man fragen, warum die Indianer ewig untereinander kämpfen müssen. Die einzige Antwort ist die, daß es eben zu ihren Lebensgewohnheiten gehört. Es gibt Blutrache, die so alt ist wie der Stamm selbst ..."

Was dagegen die zivilisierten Nationen betrifft, so kann jeder selbst beurteilen, wie sehr zwischen ihnen Antipathien, kleine Gehässigkeiten und oft auch großer Haß schwelen. Zwar versuchen Kultur und bisweilen auch die Politik, diese Schandflecken zu übertünchen, aber das gelingt doch nur sehr mangelhaft. Vor allem hält diese Tünche keinerlei Belastungen stand, sondern bröckelt im Ernstfall sofort ab, und zum Vorschein kommt dann wieder die alte Gehässigkeit, die alte Feindschaft. Zumindest in der Vergangenheit hat sich diese ständig schwelende Flamme nur allzu leicht zum Kriegsbrand entfachen lassen. Zwar ist das heute zwischen den westeuropäischen Völkern kaum mehr vorstellbar; doch der Auslandsurlauber, der mit offenen Augen und Ohren in ein fremdes Land fährt, wird immer wieder auf Spuren von Animosität stoßen. Und diese lassen sich mit einem vielleicht kritisierbaren Verhalten des Fremden nur vordergründig erklären. Übrigens aber brauchen wir gar nicht erst ins Ausland zu fahren. Im Inland treffen wir bei unseren eigenen Landsleuten auf mehr als noch erträgliche Formen des Fremdenhasses. Er richtet sich vornehmlich gegen Türken, aber wohl nur, weil dies die auffälligste und auch größte Gruppe von Fremden in unserem Land ist. Daß sich aber ein so krasser Fremdenhaß gerade bei uns wieder melden darf, obwohl wir Deutschen es doch waren, die gerade erst in einer Orgie von Fremdenhaß die halbe europäische Judenheit ausgerottet haben – daß er sich bei uns wieder zeigen darf, als ob nichts geschehen sei, das ist nicht nur schockierend, sondern auch kaum faßlich.

Immerhin scheint diese Tatsache aber die These zu belegen, wonach der Haß zwischen den Völkern eine Art Ur-Element sei, das allen Zähmungsversuchen widersteht. Die neu aufgeflammte Feindschaft zwischen Chinesen und Vietnamesen oder zwischen Russen und Chinesen, ganz zu schweigen vom latenten Haß zwischen Polen und Russen – all dies beweist nur, daß selbst eine gemeinsame Ideologie keineswegs den tiefsitzenden Haß zwischen den Völkern zu tilgen vermag. –

Hat also Einstein recht mit seiner Klage, daß im Menschen ein Bedürfnis lebe zu hassen und zu vernichten? Ist dies gar ein Naturtrieb, wie Konrad Lorenz, der große Verhaltensforscher, entdeckt zu haben glaubt?

Mit diesen Thesen wollen wir uns nicht abfinden, selbst wenn sie durch die Autorität so großer Forscher gedeckt sind. Die Antwort auf jene Frage, *warum* die Völker einander hassen, scheint uns nämlich durchaus nicht schwer zu finden zu sein. Man muß sich allerdings, um den Zugang zu dieser Antwort zu eröffnen, zuvor eine andere Frage stellen und zu beantworten suchen; und zwar die Frage, was das ei-

gentlich sei, ein Volk? Wodurch denn zeichnen sich jene
Völker, die einander so beständig hassen, überhaupt aus?
Oder, anders gefragt: Was macht eine Gruppe von Menschen zu einer solchen Gemeinschaft, die als Stamm, Volk
oder Nation zu bezeichnen ist?

Die Antwort liegt auf der Hand. Offenkundig sind es eine Reihe von Gemeinsamkeiten, die eine Art Band um alle
Angehörigen eines Volkes schlingen. Da ist zunächst einmal
die gemeinsame Sprache; dann die gemeinsame Geschichte,
die nichts anderes bedeutet als gemeinsame Erfahrungen
und ein gemeinsames Schicksal. Aber auch gemeinsame Sitten, Kultur, Überzeugungen, Anschauungen und Vorurteile, kurz, ein gemeinsames Wertsystem verbinden die Angehörigen eines Volkes. Schließlich kommt noch die gemeinsame Identifikation mit allgemein anerkannten Leitfiguren,
mit den „Helden" des Volkes hinzu.

Durch den Akt der Identifikation werden die gemeinsamen Werte zu ganz persönlichen, ja zu Bestandteilen der eigenen Personalität. Freud nannte einst diesen Vorgang die
„Verinnerlichung", doch der Begriff „Identifikation" dürfte
wohl ein wenig präziser den aktiven Vorgang des Sich-auf-
gleiche-Welle-Schaltens bezeichnen, der jeder wirklichen
Gemeinschaft zugrunde liegt. Die in der Gemeinschaft gel-
tenden Werte werden dann zu eigenen Werten; die Abnei-
gungen und Vorurteile der Gemeinschaft werden zu eigenen Vorurteilen; die Siege der Gemeinschaft werden zu persönlichen Triumphen, ihre Niederlagen aber zu eigener
Schmach. Größe oder Demütigung der eigenen Gemeinschaft erheben oder schmerzen dann so sehr, als ob sie persönlich erlebt und erlitten würden, selbst wenn sie zeitlich
und örtlich weit entfernt stattfanden.

Wie stark die Macht der Identifikation ist, kann jeder an
der Identifikation von Fußballfans mit ihrem jeweiligen
Verein überprüfen. Wenn dieser siegt oder gar Landesmei-
ster wird, dann fühlen sich die Fans in einer unfaßlichen
Hochstimmung. Sie sehen sich dann selbst als die „Größten", ganz als ob sie selbst gesiegt hätten. Verliert dagegen
ihr Verein, dann erleben sie dies als eine persönliche Niederlage, und ihr Empfinden, gedemütigt worden zu sein,
verwandelt sich nur allzuoft in Aggression.

Die Identifikation der einzelnen Individuen mit den Wertvorstellungen und Leitfiguren der eigenen Gruppe also macht aus einer Ansammlung von Menschen eine wirkliche „Gemeinschaft", die dann jeweils genau so reagiert, wie die Mehrheit der einzelnen Individuen für sich reagiert. Erst durch den Vorgang der Identifikation mit einem gemeinsamen Wertsystem entsteht jenes höhere Subjekt der Geschichte, das wir Stamm, Volk oder Nation nennen.

Besonders jenen Menschen, die auf der Schattenseite des Lebens stehen, bietet die Identifikation mit der Größe der eigenen Gemeinschaft einen billigen und leicht erlangbaren Ersatz für die ihnen sonst vorenthaltene Achtung. Wer sich selbst beispielsweise als Angehöriger der „Herrenrasse" sieht, der fühlt sich natürlich als „Herr", selbst wenn er die armseligste Existenz führte. Dies läßt sich überall nachweisen, wo es Gemeinschaften gibt, die eine Höherwertigkeit beanspruchen. Die weißen „Underdogs" in den Südstaaten der USA zum Beispiel zeigen im allgemeinen den krassesten Rassendünkel, und gerade die Taugenichtse unter ihnen fühlen sich noch immer hoch erhaben selbst über schwarze Aufsteiger. – Und in der Kolonialzeit hielten gerade die unteren weißen Kolonialbeamten den Abstand zu den jeweiligen „Eingeborenen" am striktesten ein, während die höheren Beamten und Offiziere meist ganz zwanglos mit den Oberschicht-Angehörigen des Kolonialvolkes verkehrten.

Auch vom heutigen Fremdenhaß, der sich vorwiegend gegen die ausländischen Gastarbeiter richtet, wird sich belegen lassen, daß er in den unteren sozialen Schichten am krassesten auftritt – und zwar nicht, weil diese die Konkurrenz der ausländischen Arbeiter am stärksten spüren: Das wird oft behauptet, ist aber eine vordergründige Sicht des Problems. Vielmehr ist die Abneigung gegen die Fremden bei den „Erniedrigten und Gedemütigten" deshalb so heftig, weil diese in der vorbehaltlosen Identifikation mit der eigenen Gemeinschaft und deren Werten eine Kompensation für ihre eigene elende Lage sehen. Vorbehaltlose Identifikation mit den eigenen Werten aber bedeutet notwendigerweise Ablehnung aller fremden Werte.

Aus dieser Beobachtung läßt sich eine Art Gesetz ableiten: daß nämlich elende oder gar demütigende Lebensum-

stände ausgeglichen werden durch Identifikation mit der –
tatsächlichen oder behaupteten – Größe der eigenen Gemeinschaft, was in der Praxis nichts anderes bedeutet, als
daß der chauvinistische Nationalismus sich besonders bei
solchen Völkern zeigt, die in demütigenden oder miserablen
Umständen zu leben gezwungen sind. Diese These läßt sich
in der Geschichte leicht belegen, etwa am Beispiel der Deutschen während der zwanziger Jahre, der Russen während
der dreißiger Jahre und während des Zweiten Weltkrieges;
am Beispiel der Vietnamesen und vieler anderer Kolonialvölker sowie an zahllosen anderen Exempeln.

Umgekehrt ist es ganz offensichtlich, daß der Nationalismus seine hysterisch-schrillen Töne verliert bei Völkern, die
in ruhiger Selbstsicherheit und in gefestigtem Wohlstand leben; etwa bei den Skandinaviern, den Schweizern, früher
auch bei den Engländern. In den USA hat der Nationalismus bezeichnenderweise erst nach der Niederlage in Vietnam und nach der Demütigung durch die Perser seinen neu-
en Aufschwung genommen. Die Identifikation des einzelnen mit dem Wertsystem seiner Gemeinschaft bedeutet, daß
diese Elemente ganz zu Bestandteilen der eigenen Persön-
lichkeit werden. Allerdings ist der Grad der Identifikation
jeweils mehr oder weniger stark. Außerdem unterliegt die
Identifikation in gewissem Grad der Kontrolle des Bewußtseins und wird vom Willen beeinflußt; sie ist also keineswegs zwingend.

Zwar übernimmt das Kleinkind mit der Sprache zunächst
auch ganz automatisch die Vorstellungen, Anschauungen,
das Wertsystem und die „Götter" seiner nächsten Umwelt
und identifiziert sich mit ihnen. Doch sobald der junge
Mensch ein eigenes, kritisches Bewußtsein erlangt, kann er
sich durchaus von jener ersten Identifikation lösen und eine
neue eingehen. Gerade einige der bedeutendsten historischen Persönlichkeiten der Moderne bieten dafür treffende
Beispiele. So war etwa Napoleon ursprünglich ein korsi-
scher Nationalist und als solcher ein Feind der Franzosen,
bis er als Nationalist scheiterte: Erst dann vollzog er eine radikale Kehrtwendung, identifizierte sich mit den Franzosen
und machte sie zur „grande nation". – Von Karl Marx weiß
man, daß er mütterlicherseits von einer Reihe von Rabbi-

nern abstammte und zumindest von der Mutter im Geist des Judentums erzogen wurde. In seinem späteren Leben legte er diese frühe Identifikation allerdings so radikal ab, daß er oft fast den Anschein eines eifernden Antisemiten erweckte.

Auch Stalin begann seine politische Laufbahn als georgischer Nationalist und bekämpfte zunächst das Volk, das er später führen sollte. Nachdem er sich jedoch definitiv mit dem Russentum identifiziert hatte, entfesselte er einen so beispiellosen chauvinistischen Kult um das russische Volk, daß er damit selbst den Chauvinismus der Nazis weit in den Schatten stellte. So wurde zur Stalinzeit in den sowjetischen Lehrbüchern ungeniert behauptet, daß praktisch alle großen Erfindungen und Entdeckungen von Russen gemacht worden seien; selbst den Luftballon sollte lange vor Montgolfier ein russischer Bauer erfunden haben. – Von Hitler schließlich ist bekannt, daß er in der alten Donaumonarchie aufwuchs, sich aber frühzeitig bereits mit dem Deutschtum und dem Deutschen Reich identifizierte, und zwar so stark, daß er das alte Österreich fast zu hassen begann.

Ob sich also Menschen mit dem Wertesystem ihrer Gemeinschaft identifizieren und wie sehr sie dies tun, ist eine Frage, die sich nur im Rahmen der Statistik beantworten läßt. Die große Mehrheit der Menschen jedenfalls identifiziert sich stark, so viel darf man sagen. Diese Menschen finden in der Identifikation mit ihrer Gemeinschaft eine gewisse Sicherheit, eine Bekräftigung der eigenen Person und einen psychischen Rückhalt.

Ein kleinerer Teil des jeweiligen Volkes wird sich ebenfalls mit dem eigenen Wertesystem identifizieren, ihm aber kritischer gegenüberstehen und eine gewisse Selbständigkeit wahren. Ein zahlenmäßig geringer Teil schließlich wird sich ganz aus der eigenen Gemeinschaft herauslösen und sich *nicht* mit deren, sondern mit anderen Werten identifizieren.

Wir können es nun wagen, an die Beantwortung jener Frage heranzugehen, vor der Freud einst resignierte: an die Beantwortung der Frage, warum die Völker einander hassen. – Erinnern wir uns: Identifikation bedeutet, die Werte, Überzeugungen und Anschauungen der eigenen Gemeinschaft zu Bestandteilen der eigenen Person werden zu lassen. – Der Fremde nun, also der Angehörige eines anderen

Volkes, identifiziert sich mit dessen Werten und verehrt andere „Götter"; gerade das ist ja seine Besonderheit, die ihn als „Fremden" kennzeichnet. Indem er aber seine eigenen Werte verehrt und hochschätzt, muß er notwendigerweise die meinen geringschätzen und verachten oder zumindest nicht-achten. Die Nichtachtung meiner Werte aber bedeutet nichts anderes als die Nichtachtung meiner selbst. Das heißt also nichts anderes, als daß bereits das Anders-Sein des Fremden als eine Herabwürdigung der eigenen Person und als eine geheime Aggression aufgefaßt wird. Ein einfaches Beispiel mag erläutern, wie sehr tatsächlich gewisse Überzeugungen einen aggressiven Unterton haben können. Wer zum Beispiel manche Speisen, von denen ich mich nähre, als kultisch „unrein" ansieht, wie etwa Schweinefleisch, der muß logischerweise auch mich, den Schweinefleisch-Esser, für einen „Unreinen" ansehen und insgeheim verabscheuen. – Und wer von der Wahrheit einer Religion oder einer Ideologie erfüllt ist, der kann keine andere Wahrheit gelten lassen, sondern muß die Andersgläubigen oder -meinenden als Heiden, als Ungläubige, als Irrende oder Dummköpfe ansehen.

Nun soll hier nicht behauptet werden, daß generell jeder von einer Wahrheit Überzeugte quasi zur Intoleranz verurteilt sei. Die Verbindung beider so konträrer Haltungen, also der Überzeugtheit von der eigenen Wahrheit mit der Tolerierung anderer Überzeugungen, ist schon möglich. Sie erfordert allerdings eine Voraussetzung, die bei den meisten Menschen leider nicht gegeben ist, nämlich die Voraussetzung eines ruhigen, gefestigten Selbstbewußtseins.

Diejenigen Menschen nämlich, die das Anders-Sein der Fremden als Herabsetzung ihrer eigenen Werte und ihrer eigenen Person auffassen, geben damit ein sehr verletzliches und labiles Selbstwertgefühl zu erkennen. Es ist bei ihnen so labil, daß es von Minderwertigkeitsgefühl nicht mehr weit entfernt liegt. Da es aber dem Menschen ganz und gar unerträglich ist, sich als minderrangig und minderwertig zu sehen – lieber würde er sterben, als diesen Zustand zu ertragen! – so sucht ein so schwaches Selbstwertgefühl einen Ausgleich, indem es die eigene Höherwertigkeit behauptet und beansprucht. Es ist also nicht in der Lage, die grundsätzliche Gleichheit des Fremden anzuerkennen; dies aber wäre die notwendige Basis jeder Toleranz.

Ganz im Gegensatz zu dieser Forderung gehört es aber in der Geschichte zu den üblichen Verhaltensmustern, jeweils die eigene Höherwertigkeit zu beanspruchen. Bei allen größeren Völkern können wir diese Anmaßung beobachten. Schon die alten Ägypter, Griechen, Perser, Römer oder Chinesen hielten jeweils sich selbst für das einzige Kulturvolk, während sie alle rundum wohnenden Nachbarn als „Barbaren" ansahen. Für die modernen Völker gilt dasselbe; für Franzosen, Engländer, Russen, Amerikaner, Japaner und viele andere. – Wohin uns Deutsche unser Wahn, das „Herrenvolk" zu sein, letztlich gebracht hat, ist hinlänglich bekannt. Wir können uns lediglich mit der Erkenntnis trösten, daß wir keineswegs die einzigen waren, die dem Wahn der „Auserwähltheit" verfallen sind; vielmehr ist dies im Völkerleben die übliche Erscheinung. Allerdings muß betont werden, daß kein anderes Volk seinen Wahn auch so konsequent zu realisieren versucht hat wie wir Deutschen.

Die in der Geschichte also überall zu beobachtende Anmaßung eigener Höherrangigkeit läßt darauf schließen, daß die Mehrheit der Menschen aller Zeiten und Völker es nicht zu einem gefestigten Selbstwertgefühl gebracht hatte; deshalb konnten die Völker ihre Nachbarn nie als Gleiche achten und vermochten weder deren Leistungen anzuerkennen noch ihr Wertsystem zu tolerieren. Statt dessen strebten sie alle und zu allen Zeiten nach Höherrangigkeit und nach Vorherrschaft über ihre Nachbarn. Damit aber verletzten sie das Gebot der Gleichheit und setzten die Kette von Gewalt und Gegengewalt immer weiter fort.

Tolerierung des Fremden und Anerkennung fremder Leistungen setzt also ein ruhiges, gefestigtes Selbstwertgefühl voraus. Diese These soll hier noch durch ein letztes Beispiel belegt und erhärtet werden. – Nach den Befreiungskriegen gegen Napoleon sah sich der alternde Goethe in Deutschland vielfach wegen seiner mangelnden Anteilnahme an der nationalen Erhebung angegriffen. In einem Gespräch mit Eckermann vom 14. März 1830 verteidigte er sich gegen diese Vorwürfe:

„Wie hätte ich Lieder des Hasses schreiben können ohne Haß! –
Unter uns, ich haßte die Franzosen nicht, obwohl ich Gott dankte,
als wir sie los waren. Wie hätte auch ich... eine Nation hassen
können, die zu den kultiviertesten der Erde gehört, und der ich einen so großen Teil meiner Bildung verdankte! – Überhaupt ist es
mit dem Nationalhaß ein eigenes Ding. Auf den untersten Stufen
der Kultur werden Sie ihn immer am stärksten und heftigsten finden. Es gibt aber eine Stufe, wo er ganz verschwindet, und wo man
gewissermaßen über den Nationen steht und man ein Glück oder
ein Wehe seines Nachbarvolkes empfindet, als wäre es dem eigenen
begegnet...“

Auf den „untersten Stufen der Kultur“ sei der Nationalhaß
am stärksten, sagt Goethe. Wir waren zu demselben Ergebnis gekommen, allerdings mit der Erweiterung, daß wir die
unteren sozialen Schichten als am anfälligsten für Fremdenhaß ansahen, und wir glaubten auch gefunden zu haben,
warum das so ist: eben weil diese Schichten nach Lage der
Dinge kein ruhiges Selbstwertgefühl entwickeln können.
Deshalb müssen sie nach einem Ausgleich suchen, sich mit
der vorgeblichen Größe ihrer Gemeinschaft identifizieren
und sie zu ihrer eigenen Größe machen.
    Der erste Schritt, um den Haß zwischen den Völkern ab-
zubauen, müßte also zum Ziel haben, das Selbstwertgefühl
der einzelnen Individuen zu stärken. Wie aber ist das zu erreichen, ein stabiles und gesichertes Selbstwertgefühl? Nicht
jeder kann schließlich ein Goethe sein; nicht jedermanns
Leistungen werden von seinen Mitmenschen so gewürdigt,
daß es ihm zu einem ruhigen Selbstbewußtsein verhilft. Viel
eher dagegen besteht die Gefahr, daß Selbstbewußtsein mit
Überheblichkeit und Arroganz verwechselt wird; damit aber
wären wir wieder auf dem alten Karussell von Gewalt und
Gegengewalt angelangt.
    Trotzdem gibt es die Möglichkeit, das Selbstwertgefühl
der Menschen zu festigen, ohne es in Überheblichkeit aus-
arten zu lassen. Diese Möglichkeit liegt in der Forderung
nach Gleichheit, worunter Gleichwertigkeit und Gleichrangigkeit der Menschen zu verstehen ist. Zwischen den beiden
Negativ-Polen: der angemaßten eigenen Höherrangigkeit
und der dadurch bedingten Minderrangigkeit der anderen
liegt der ideale Zustand, eben jener der grundsätzlichen

Gleichwertigkeit aller Menschen. Würde er erreicht, so wäre damit auch der Zustand des inneren wie des äußeren Friedens erlangt; denn alles soziale Fehlverhalten, vom Diebstahl bis zum Krieg, läßt sich letztlich zurückführen auf angemaßte Höherrangigkeit. Der Dieb beispielsweise maßt sich an, über fremdes Eigentum entscheiden und fremde Besitzrechte verletzen zu dürfen. Der Mörder maßt sich das allerhöchste Recht an, das Recht der Entscheidung über ein fremdes Leben. Der Betrüger maßt sich das Recht an, die Wahrheit zu seinen Gunsten zu verbiegen. Im Kriege aber maßt sich stets eine der beiden Parteien das Recht an, über die andere Partei die Vorherrschaft ausüben zu wollen.

Wie also kann man die Menschen von diesen Versuchen zur Anmaßung eigener Höherrangigkeit heilen? Würden sie es lernen, in jedem Menschen einen Gleichrangigen und Gleichwertigen zu achten, dann müßte sich als Folge davon auch ihr eigenes Selbstwertgefühl festigen; wüßten sie dann doch, daß auch der andere sie als gleichrangig achtet. Sie müßten nicht länger fürchten, daß bereits in seiner Andersartigkeit eine geheime Verachtung und somit Aggression steckt; sie könnten sein Anders-Sein tolerieren und fremde Leistung anerkennen, weil sie sicher wären, auch selbst mit ihren Leistungen und in ihrer Individualität anerkannt zu werden.

Ob die Menschen die Konsequenz dieser einfachen Erkenntnis zu ziehen bereit sein werden, muß dahingestellt bleiben. Eine gewisse Hoffnung besteht allerdings, denn die ganz allgemeine und weltweite Tendenz zur Durchsetzung von Gleichheit ist unübersehbar. Seit mit der amerikanischen Unabhängigkeitserklärung vom 4. 7. 1776 zum erstenmal die Forderung nach Gleichheit auf der politischen Bühne erschienen ist – dort heißt es: „Folgende Wahrheiten erachten wir als selbstverständlich: daß alle Menschen gleich geschaffen sind..." – und seit diese Forderung in der großen Französischen Revolution zur alles beherrschenden Parole erhoben wurde, stehen alle politischen Bewegungen unserer Zeit im Banne dieser Forderung: Sie alle – ob Revolutionen, soziale Kämpfe, Befreiungsbewegungen der Kolonialvölker oder unsere großen Kriege – sind entweder Kämpfe zur Erlangung von Gleichheit oder zur Aufrechterhaltung von Ungleichheit. Und unbestreitbar ist, daß die Gleichheit an Boden gewinnt, wenngleich sie oft harte Rückschläge erleidet. Dennoch wird man sagen dürfen, daß die Forderung nach Gleichheit weder zum Schweigen zu bringen noch aufzuhalten ist. Da kein Mensch seine Minderrangigkeit erträgt und angemaßte Höherrangigkeit immer weniger geduldet wird, bleibt die Gleichheit als einzige Möglichkeit des menschlichen Zusammenlebens.

Allerdings sind wir von diesem Idealzustand selbst in unserer Demokratie noch weit entfernt. In der Praxis müßte zum Beispiel die Gleichachtung aller Menschen damit beginnen, die unterschiedliche Bewertung gewisser Begabungen und Talente abzubauen. Wieso eigentlich wird auch bei uns die geistige Arbeit noch immer so viel höher bewertet als irgend eine andere Tätigkeit? „Begabungen" sind schließlich Schicksalsgaben und keineswegs eigenes Verdienst; wieso also schätzen wir den „Begabten" so viel höher ein als jenen, dessen Talente unauffälliger sind? Wohlverstanden: Wirkliche Leistung soll stets anerkannt bleiben und keineswegs mißachtet werden. Niemand vergibt sich etwas, wenn er wirkliche Leistung anerkennt. Demütigend und damit unerträglich ist es jedoch, die angemaßte Höherrangigkeit eines anderen, die nicht auf Leistung beruht, ertragen zu müssen. Gemeinschaften, in denen dies möglich ist – und das sind alle Gemeinschaften der heutigen Welt – können weder stabil noch friedlich sein.

Bemühen wir uns also, eine Gemeinschaft der Gleichen aufzubauen. Dies ist keine utopische Forderung, denn eine solche Gemeinschaft läge im wohlverstandenen Interesse eines jeden Menschen; müßte er dann doch nicht mehr fürchten, mißachtet, gedemütigt und beleidigt zu werden. Lehren wir also unsere Kinder, daß alle Menschen, was immer sie auch können, besitzen, glauben oder wissen, trotzdem gleichrangig und gleichwertig sind; daß der Fabrikbesitzer nicht höher geachtet werden muß als der Portier, der Klinikchef nicht höher als die Putzfrau, die Prinzessin nicht mehr als der Müllmann.

Diese Forderung nach Gleichachtung unterscheidet sich allerdings wesentlich von der Forderung nach Gleichmacherei. Zu glauben, die Gleichachtung aller Menschen ließe sich erzielen durch eine äußerliche Gleichstellung, wäre ein Glaube an Unmögliches. Die Spezialisierung der Menschen auf verschiedene Funktionen innerhalb der Gesellschaft oder, um es anders auszudrücken, die Arbeitsteilung in der Gesellschaft wird sich ebensowenig aufheben lassen, wie sich etwa der Alterungsprozeß eines Menschen rückgängig machen läßt. Deshalb ist die Forderung von Karl Marx, die Gleichheit der Menschen durch Überwindung der Arbeitsteilung zu erreichen, eine Forderung von erstaunlicher Denkschwäche. Und seine Utopie von einer Gesellschaft, die „...mir möglich macht, heute dies, morgen jenes zu tun, morgens zu jagen, nachmittags zu fischen, abends Viehzucht zu treiben, nach dem Essen zu kritisieren, wie ich gerade Lust habe, ohne je Jäger, Fischer, Hirt oder Kritiker zu werden..." wie es in der „Deutschen Ideologie" heißt: Diese Uotpie ähnelt der Scharlatanerie eines Schönheits-Chirurgen, der einer Sechzigjährigen verspricht, er könne sie wieder zur Zwanzigjährigen machen. Auch die Marxsche Utopie verspricht die Umkehrung eines nicht umkehrbaren Vorgangs: Die Arbeitsteilung ist ja keineswegs willkürlich eingeführt worden. Sie folgt vielmehr ganz notwendig und unvermeidlich aus der einfachen Tatsache, daß der Berg der menschlichen Erfahrung unaufhaltsam anwächst; zunächst nur langsam, dann aber, nach Erfindung der Schrift und vor allem des Buchdrucks, mit geradezu explosiver Schnelligkeit. Dieses Wachstum wird sich natürlich fortsetzen bis zum Jüngsten Tag und wird auch an Rasanz noch zunehmen, denn es wird immer mehr gebildete Menschen und immer bessere Kommunikationstechniken geben. Der Berg an menschlicher Erfahrung, die sich in Wissenschaften und Erkenntnissen niederschlägt, wird also ganz unvermeidlich zum Gebirge anwachsen. Ganz absurd ist also die Vorstellung, daß ein einzelner Mensch auch nur noch Teilaspekte dieses Gebirges zu übersehen vermöchte. Den „allseitig gebildeten Menschen", den Marx verheißen hat, wird es also nicht geben. Immer weitere Spezialisierung ist unser Schicksal, dem wir auf keinem Wege entrinnen können.

Die Gleichheit kann somit nicht auf dem Wege über den allseitig gebildeten Menschen erreicht werden, der heute Betriebschef und morgen Portier ist, heute Musiker und

morgen Flugzeugkonstrukteur. Vielmehr wird es in jeder
denkbaren Gesellschaft weiterhin Professoren und Müll-
männer, Modeschöpferinnen und Putzfrauen, Bauern und
Zahnärzte geben. Anachronistisch und überwindbar jedoch
ist das Vorurteil, von der jeweiligen Funktion eines Menschen auf seinen menschlichen Wert schließen zu wollen.
Nur weil jemand Betriebschef ist und vielleicht mehr Verantwortung trägt als andere, muß er natürlich weder ein
besserer noch ein klügerer Mensch sein als andere; sein
möglicher Anspruch auf Höherrangigkeit ist also durch
nichts begründet. Aber selbst wenn jemand auf seinem Spezialgebiet mehr weiß oder geschickter ist als andere, kann
dies zunächst noch keine Höherrangigkeit begründen. Auf
irgendeinem Gebiet hat schließlich jeder Mensch seine Stärken und ist darin den anderen voraus. Das Problem liegt
aber darin, daß die verschiedenen Gebiete von der Gesellschaft verschieden gewertet werden: Wer auf intellektuellem
Gebiet talentiert ist, wird mehr geachtet als derjenige, dessen Talente auf handwerklichem Gebiet liegen oder der für
den Umgang mit Menschen begabt ist. Dies rührt wohl
noch aus jener Zeit her, als Bildung ein Privileg der Ober-
schicht war. Heute jedoch, da Bildung weitgehend jedem
zugänglich ist – jedenfalls in unserem Land –, hat die fortwährend Hochachtung der Intelligenz vor jeder anderen
Form von Begabung jeden Grund verloren und ist nur noch
pures Vorurteil. – Noch einmal sei es betont: Begabung bedeutet ja nicht eigene Leistung, sondern ist ein Zufallspro-
dukt. Wie niemand auf einen Lottogewinn „stolz" sein und
ihn als eigene Leistung ansehen könnte, so steht es auch mit
der Begabung. Niemand muß demnach vor einer fremden
Begabung Hochachtung empfinden und sich selbst daneben
als minderrangig sehen. Lediglich wirkliche eigene Leistung
verdient uneingeschränkte Anerkennung.

Kehren wir zurück zum Haß auf den Fremden. Wir hatten gefunden, daß hinter diesem Haß immer die geheime
Furcht steckt, in der Andersartigkeit des Fremden sei angemaßte Höherrangigkeit und somit Demütigung der eigenen
Person versteckt. Die moderne Vorurteilsforschung konstatiert völlig richtig, daß der Haß auf den Fremden sich stets
Scheinbegründungen sucht. Diese seien nichts anderes als

Vorurteile, so zum Beispiel: „Die Neger seien weniger intelligent als die Weißen; die Juden seien alle geborene Betrüger; Südländer seien arbeitsscheu; Zigeuner lebten vom Stehlen" und ähnliches mehr.

Die Vorurteilsforschung schlägt nun vor, zur Zerstörung solcher bösartigen Vorurteile gewisse aufklärerische Maßnahmen durchzuführen: etwa eine gemeinsame Kindererziehung, Kennenlernen des Fremden durch verstärkte Kontakte, durch Auslandsreisen, Aufklärung über fremde Sitten, Gebräuche und Anschauungen, und ähnliches mehr.

All diese Maßnahmen sind natürlich sehr gut gemeint, aber sie bedeuten doch nur ein Herumkurieren am Symptom, wodurch allerdings die eigentliche Krankheit nicht geheilt wird. Die Vorurteilsforscher selbst beklagen die Hartnäckigkeit von Vorurteilen, die oft durch solche Erlebnisse wie Auslandsreisen oder nähere Kontakte mit den Fremden nur noch bestärkt statt abgebaut werden. Aber selbst wenn es gelingt, durch mühsame Aufklärungsarbeit bei einem Voreingenommenen zum Beispiel sein Vorurteil über die mangelnde Intelligenz der Neger zu widerlegen, dann wird er sich keineswegs überzeugen lassen, sondern vielmehr ein neues Vorurteil suchen, womit er seine Animosität gegen Afrikaner scheinbar begründen kann.

Worauf es also ankommt, ist die Notwendigkeit, das Bewußtsein für die Gleichrangigkeit aller Menschen zu wecken. Deshalb glauben wir, jene Frage Albert Einsteins an Sigmund Freud beantworten zu können – jene Frage, ob es eine Möglichkeit gebe, „die psychische Entwicklung der Menschen so zu leiten, daß sie den Psychosen des Hassens und des Vernichtens gegenüber widerstandsfähiger werden?"

Ja, an eine solche Möglichkeit dürfen wir glauben, von ihr überzeugt sein. Aller Haß auf dieser Welt wird geboren aus dem Erdulden-Müssen von angemaßter Höherrangigkeit, also aus erlittener Demütigung, oder aus der Furcht davor. Die Vorbedingung, um den Haß verlöschen zu lassen, wäre also ein Zustand der gegenseitigen Gleichachtung unter den Menschen, eine Gesellschaft der Gleichen. Sie ist keine Utopie, sondern ein erreichbares Ziel. Beginnen wir endlich, sie aufzubauen, und zwar in der Praxis des täglichen Lebens: Erziehen wir unsere Kinder dazu, sich als Gleiche unter Gleichen zu sehen; erziehen wir sie dazu, sich selbst weder als minderrangig einzuschätzen noch sich Höherrangigkeit anzumaßen; erziehen wir sie dazu, den Fremden weder herabzusetzen noch als einen zu fürchten, der Höherrangigkeit beansprucht: Das wäre der erste Schritt auf dem Weg, der zum Verlöschen des Hasses auf dieser Welt führen würde.

Und es wäre auch der Weg zum Frieden, und zwar der einzige. Alle anderen vorgeschlagenen Wege führen lediglich in die Illusion oder in den Selbstbetrug.

Friede kann nur herrschen unter Gleichen, also auf einer Welt ohne Vorherrschaft der einen über die anderen, ohne Machtansprüche, ohne Höherrangigkeit der einen vor den anderen. Wenn die Menschheit diesen Zustand der Gleichheit nicht rechtzeitig aufzubauen versteht, wird sie untergehen.

BERND HÜPPAUF

Über den Kampfgeist

Ein Kapitel aus der Vor- und Nachbereitung eines Weltkriegs

I

Zu den beunruhigenden Ergebnissen der jüngsten Literatur über Rüstung und Friedenssicherung gehört die Einsicht in die Relativität von Krieg und Frieden, insbesondere die Erkenntnis, wie gleitend und schwer bestimmbar der Übergang aus dem bewaffneten Frieden in eine Vorkriegszeit ist. Selbst wer den Gedanken einer Friedenssicherung durch Abschreckung und Rüstung überzeugend findet,[1] wird doch mit Besorgnis eine politische Gegenwart erleben, in der zunehmend in Gedanken Krieg geführt wird. Die Grenzüberschreitung vom bewaffneten Frieden in eine Vorkriegszeit ist im 20. Jahrhundert stets durch Rüstung *und* durch eine Vorbereitung auf den Krieg in Gedanken und öffentlicher Sprache geschehen. In dem Jahrzehnt vor 1914 hatte sich in der Folge eines Rüstungswettlaufs ein weitgehendes militärisches Gleichgewicht des deutsch-österreichischen und des französisch-russischen Bündnissystems herausgebildet. Dies Gleichgewicht wurde weniger durch die militärische Überlegenheit einer Seite gestört als vielmehr durch nationale Selbstüberschätzung, ideologische Verblendung, ein Zurückweichen der Politik vor militärischem Denken und schließlich eine gewisse Geringschätzung des menschlichen Lebens und Sterbens – anderer. Die unscharfe Grenze zwischen Krieg und Frieden verschob sich damals und verschiebt sich stets nicht in erster Linie als Folge von Rüstung oder eines gestörten militärischen Gleichgewichts. Das Beispiel des Ersten Weltkriegs lehrt, wie tiefgreifend jedoch der Zustand des Denkens einer Zeit die Sicherung oder Gefährdung des Friedens beeinflußt.

Nun ist die Einsicht in die Relativität von Krieg und Frieden nicht neu. Ein integraler Teil des Vulgärdarwinismus war seit je die Überzeugung, daß das „Naturgesetz" des

Kampfs ums Überleben die menschliche Gesellschaft ständig in einem kriegsähnlichen Zustand erhalte und erhalten
müsse. In vergleichbarer Weise gibt es auf der nationalisti-
schen Rechten die weit verbreitete Überzeugung von der
reinigenden und verjüngenden Kraft des Kriegs, ohne den
der Friede faul werde.[2] So erschreckend sich die Verharmlo-
sung oder gar Verherrlichung des Krieges in solchem Denken darstellt, so wenig trägt es zur Erkenntnis der Zusammenhänge von Krieg und Frieden bei.

Auf der politischen Linken gibt es das Komplementärbild:
Krieg erscheint als die graduelle Radikalisierung einer
schon im Frieden menschenverachtenden Gesellschaft. Der
Krieg der Nationen setzt den Kampf der Klassen nach außen gewandt fort, und so erschien die Weimarer Republik
vielen ihrer linken Kritiker als die Fortsetzung des Weltkriegs mit anderen Mitteln. Die Menschen wurden nun statt
im Maschinengewehrfeuer durch Ausbeutung und un-
menschliche Arbeitsbedingungen, soziale Ungleichheit und
Mangel zerstört. Die Gewinner waren unter allen Umständen die gleichen Kapitalisten. Der drohende Holozid in einem künftigen Atomkrieg hat auch diese Auffassung einer
Relativität von Krieg und Frieden revisionsbedürftig gemacht. Davon abgesehen hat ihr schon immer die Gefahr
innegewohnt, von der bestimmten geschichtlichen Wirklichkeit abzulenken. Um sie soll es im folgenden Aufsatz gehen.

Die Überzeugung, daß der Begriff des Friedens von dem
des Krieges zu unterscheiden und daß der Frieden, selbst
wo er nur als Abwesenheit von Krieg zu verstehen ist, erhal-
tenswert sei, liegt den folgenden Überlegungen zugrunde.
Am Beispiel des Ersten Weltkrieges sollen einige Aspekte
der Frage untersucht werden, wie im Frieden der Krieg in
den Köpfen von Menschen vorbereitet wurde und wie der
kollektive Versuch, das Erlebnis eines Krieges zu verarbei-
ten, zur Einleitung eines neuen Krieges geriet. Den leiten-
den Gesichtspunkt geben dabei die Vorstellungen von Tod
und Sterben auf den Schlachtfeldern ab, und ich gehe spezifisch der Frage nach, wie dem Gedanken an einen vorzeiti-
gen und gewaltsamen Tod in einem ,modernen' Krieg vor
1914 durch die Ideologie der siegreichen Offensive und
nach 1918 durch das Unterdrücken der kollektiven Erinne-

rung an das Massensterben seine Bedrohlichkeit genommen
wurde.

II

Es ist erstaunlich zu sehen, in welchem Maß eine Faszination durch moderne Technologie bereits in der Phase vor
dem Ausbruch des Ersten Weltkrieges wirksam war. Der ra-
sante technische Fortschritt des späten 19. Jahrhunderts und
eine Reihe physikalischer Entdeckungen brachten einige,
meist zivile Experten um die Jahrhundertwende zu der
Überzeugung, daß ein künftiger Krieg sich von allen früheren Kriegen grundsätzlich unterscheiden werde. Sie sahen,
daß die traditionelle Vorbereitung auf einen Krieg durch
das Studium früherer Schlachten mit dem Ziel, deren Fehler
zu vermeiden, nicht länger zureichend war. Die Vorbereitung auf einen künftigen Krieg erschien ihnen zunehmend
als eine technologische Aufgabe, genauer gesagt, als das
Problem, Naturwissenschaften, Technik, die Armee und gewisse soziale und politische Strukturen zu vermitteln. Die
militärische Verwertung technologischer Innovationen
mußte das Wissen aus der strategischen Geschichte zunehmend obsolet werden lassen, da in der Folge des schnell
wachsenden technischen Könnens jeder künftige Krieg sich
von allen vorhergehenden grundsätzlich unterscheiden würde.

Es war in erster Linie das Werk J. Blochs, eines polnischen Bankiers und Eisenbahnspezialisten, das einen künftigen Krieg sehr früh als Problem moderner Technologie ent-
warf. Blochs Buch „Is War Now Impossible?" erschien 1899
als englische Übersetzung des ein Jahr zuvor publizierten
russischen Originals. Es hatte nur einen begrenzten Einfluß
auf die Berufsmilitärs, beeinflußte jedoch nachhaltig einige
Außenseiter und eine kleine, aber aktive und artikulierte
Gruppe von hohen Offizieren in England. Einer seiner
Schüler war der in Deutschland hauptsächlich als Roman-
cier bekannte, aber als Militärexperte der Zeit hervorragen-
de H. C. Wells. Dessen Interesse richtete sich seit etwa 1901
insbesondere auf zwei Gesichtspunkte zeitgemäßer Kriegführung, nämlich erstens den vermutlichen Einfluß der mo-

dernen Physik und Technik auf den Krieg, aus dem sich
der, wie er ihn nannte, *theoretisch gründlich abgesicherte
Krieg* („theoretically thorough war") oder auch *ideale Krieg*
(„ideal war") entwickeln ließe; und zweitens die Struktur
des Staates, der einen solchen Krieg erfolgreich kämpfen
könne.[3]

Wells übernahm von Bloch die Voraussage, daß moderne
Waffentechnik zu einem unentschiedenen Stellungskrieg
führen würde, daß der nächste Krieg ganze Völker einbe-
ziehen werde und daß gesellschaftliche Auflösungserschei-
nungen einem langwierigen Massenkonflikt folgen würden.

Aber Wells ging einen Schritt weiter als Bloch, den seine
Einsicht in die Waffentechnik und modernes Nachschubwe-
sen zu der Überzeugung gebracht hatte, daß ein ‚moderner'
Krieg nicht gewinnbar sei. Wells entwickelte dagegen die
Idee, daß nach der ersten Phase eines unentschiedenen Gra-
benkampfes eine zweite Phase einsetzen werde, in der jener
Staat den Krieg für sich entscheiden werde, der insbesondere effizient auf seine besonderen Anforderungen vorbereitet
sei.[4] Mit seinem wohlentwickelten Sinn für Science fiction
spekulierte er bereits 1903 aufgrund seiner, teilweise sehr
vagen Informationen, daß „bestimmte Waffen – der Panzer,
das Flugzeug und die Atombombe – entscheidend" für den
Ausgang eines künftigen Krieges sein werden.[5]

Blochs und Wells Kriegstheorien und ihre Auswirkungen
auf die damalige Strategie, den Einsatz von Flugzeugen
oder die Entwicklung von Panzern, sollen hier nicht weiter
verfolgt werden. Es soll lediglich noch angefügt werden,
daß Wells überzeugt war, nur eine starke und autoritär or-
ganisierte Gesellschaft mit einer machtvollen Elite könne einen kommenden Krieg gewinnen, da einzig sie die nötigen
komplizierten Koordinationen durchführen könne, die
Macht habe, der gesellschaftlichen Desintegration zu steu-
ern und längerfristiges Durchhalten zu erzwingen.

Für unseren Zusammenhang bedeutend ist die Beobachtung, daß die wenigen Experten, die ihr technisches Wissen
mit Einbildungskraft zu vereinen vermochten, das zentrale
Problem eines kommenden Krieges in der möglichst effi-
zienten Anwendung der neuesten Ergebnisse naturwissenschaftlicher Forschung und im Zusammenspiel von sozialen

Systemen unter einer autoritären Führung sahen. Wissenschaftliche, technische, militärische und politische Institutionen mußten koordiniert werden, um den ,idealen Krieg‘ zu ermöglichen und zu gewinnen. Der „menschliche Faktor" wurde dabei ignoriert. Abgesehen vom technischen Training, war von einer besonderen Vorbereitung der Soldaten und der Zivilbevölkerung nicht die Rede. Wie die Soldaten mit den außerordentlichen Belastungen des Lebens im Schützengraben in einer bewegungslosen Frontlinie, mit intensivem Beschuß aus Schnellfeuerwaffen und Geschützdonner, der Anonymität des Kampfes gegen unsichtbare Gegner – alles dies vorhersehbare und in ihrer reinen Faktizität tatsächlich vorhergesehene Konsequenzen des technologischen Kriegsszenarios – fertig werden sollten, wurde nicht als Problem erkannt. Vor allem aber machte sich niemand darüber Gedanken, wie Tod und Sterben auf einem ,modernen‘ Schlachtfeld aussehen mußten. Das Problem des Todes auf den Schlachtfeldern und damit der *Motivation* der Soldaten blieb eine Leerstelle im Bild, das die *Modernisten* von einem künftigen Krieg entwarfen.[6]

Die *Traditionalisten* – und sie stellten die große Mehrheit in der militärischen Führung und der akademischen Diskussion – waren in Illusionen über die Vorgänge auf einem ,modernen‘ Schlachtfeld befangen und zeigten sich auch in dieser Hinsicht als Produkte des Jahrhunderts des Nationalismus: Sie vertrauten darauf, durch nationale Identifikation und heroische Bilder vom Soldaten als Krieger eine todesverachtende Kampfmoral ihrer Soldaten erzeugen zu können. Im Verlauf des Krieges, der tatsächlich die meisten Voraussagen der technologischen Kriegstheorien bestätigte und einige noch übertraf, war ihre Reaktion auf den Zerfall dieses „moralischen" Kerns des Kampfgeistes die systematische Entwicklung einer vor der Wirklichkeit abschirmenden Propaganda.

Die Mehrheit unter den Militärs und Zivilisten, die an der Vorbereitung auf den Ersten Weltkrieg beteiligt waren, hatten nicht Blochs und Wells Phantasie und Beweglichkeit des Geistes. Für sie spielten die großen Schlachten der Geschichte noch immer die entscheidende Rolle. Sie wurden, zumal in Deutschland, wichtiger genommen als etwa der

russisch-japanische oder der Burenkrieg, an denen sich
Aspekte des ‚modernen' Krieges hätten studieren lassen. Im
Gegensatz zu den Modernisten, die aufgrund ihrer Kenntnis moderner Waffentechnologie defensive Strategien und
hohe Feuerkraft favorisierten, glaubten die Traditionalisten
an die unzweifelhafte Überlegenheit des Kampfgeistes über
die Technologie. In Frankreich galt seit 1912 die Überzeugung: „Wie mächtig die Waffen auch werden mögen, der
Sieg wird doch der Offensive zufallen, da sie die moralischen Kräfte stärkt, den Feind aufreibt und ihm die Hand-
lungsfreiheit raubt."[7] Nach dieser Auffassung fiel der modernen Kriegstechnologie die Rolle zu, die Ziele traditioneller Offensive schneller und leichter zu erreichen. Der
Schlieffenplan und sein französisches Gegenstück, Plan
XVII, folgten beide dem Glauben an die militärische Tradition und an den „Mythos der Offensive", wie Joffre einige
Jahre später sagte.

Generalstab und Heeresleitung in Deutschland waren aus
Gründen, die mit politischen Grundentscheidungen und der
gesellschaftlichen Rekrutierung von Offizieren zusammen-
hingen, eher noch traditioneller als die französische oder
englische Generalität. Eine Modernisierung des Heeres
(Maschinengewehre, Flugzeuge usw.) wurde verspätet oder
in unzureichender Weise eingeleitet, dagegen der Kampf in
geschlossenen Formationen in den Manövern beibehalten.
Mit wenigen Ausnahmen – Groener, Ludendorff, der jüngere Moltke – standen die höheren Offiziere Technik und Naturwissenschaften fremd bis ablehnend gegenüber. Es ist
kaum erstaunlich, daß in der Folge solchen Traditionalismus ihre Vorstellungen über ein modernes Schlachtfeld von
ebensolcher Ignoranz geprägt waren wie ihr Verhältnis zur
Technologie. Nachdem Schlieffen in den neunziger Jahren
aus der Entwicklung der Waffentechnik erste, allerdings
rein taktische Folgerungen für die Gefechtsfronten gezogen
hatte, setzte sich um 1910 zunehmend ein blinder Traditionalismus gegenüber den Herausforderungen der modernen
Kriegführung durch. „Ein völlig überholtes Kriegsbild
brach wieder hervor: mit den Klängen des Avanciermar-
sches sollte den ‚Schützen im Handgemenge ... neue Kraft
und Mut' gegeben werden."[8]

Äußerst aufschlußreich ist in diesem Zusammenhang die Debatte um H. Delbrücks Interpretation von Friedrich II Kriegführung.[9] Delbrück hatte Clausewitz' gegensätzliche Begriffe einer *Ermattungs-* und einer *Niederwerfungsstrategie* neu belebt und Friedrich den Großen als einen Vertreter der Ermattungsstrategie bezeichnet. Daran schloß sich ein mehr als 20 Jahre dauernder erbitterter Streit an, in dem führende Militärs und Militärtheoretiker Delbrücks These zurückwiesen und Friedrich II als offensiven Heerführer reklamierten. Es wurde recht bald offensichtlich, daß im historischen Gewand auch eine Kontroverse um die zeitgenössische Strategie ausgefochten wurde, obwohl darin die Vertreter der Offensive weitgehend unter sich blieben, so daß von einer echten Auseinandersetzung nicht die Rede sein konnte. Es ging im Kern darum, den Glauben an die Überlegenheit der Offensive zu rechtfertigen und mit geschichtlicher Erfahrung, vor allem durch die Autorität Friedrich II zu bestätigen. Beiträge wie die des Generals Colmar von der Goltz, Theodor von Bernhardis, des Generalstäblers Friedrich von Bernhardi, weiterer Offiziere und schließlich, weniger direkt, des Generalstabschefs von Schlieffen selbst sind anders kaum zu erklären. Schlieffen und die Mehrheit seiner Offiziere gingen davon aus, daß im Zeitalter der Massenheere die Mittel der Ermattungsstrategie, und das heißt im modernen Sprachgebrauch die Defensive, keinen Erfolg mehr einbringen könnten. In seinen Beiträgen zum „Krieg in der Gegenwart" und historischen Aufsätzen, vor allem in seiner vielzitierten Studie über die Schlacht von Cannae,[10] machte Schlieffen in einer Zeit, als der Erste Weltkrieg sich bereits abzeichnete, den Gedanken des „Vernichtungskrieges mit den Mitteln einer Umfassung und Vernichtung der Masse der gegnerischen Haupt-Streitkräfte [zum] Allgemeingut der Führungskompetenzen besonders des deutschen Generalstabs…"[11]

Einmal abgesehen von der Stichhaltigkeit der Argumente Delbrücks (die sich langfristig durchsetzten), zeigt die Hitzigkeit der Debatte, daß die beteiligten Offiziere (und einige Historiker) eine strategische und politische Glaubensfrage unter Absehung von Kenntnissen der militärischen Realität ihrer eigenen Gegenwart – und teilweise selbst der

Geschichte[12] – weniger diskutieren als stets aufs neue bestätigen wollten. Der Glaube an die Offensive, der durch Argumente leicht zu erschüttern gewesen wäre und zu den
größten Desastern des kommenden Krieges führen sollte,
wurde von Offizieren, die weder von der Rolle der Technik
noch von den Menschen auf den künftigen Schlachtfeldern
etwas wissen wollten, durch ihren vorurteilsbehafteten Blick
in die Geschichte immer wieder bestätigt.

Das Verhalten der Soldaten auf dem Schlachtfeld behan-
delte man, soweit es überhaupt Gegenstand von Überlegungen wurde, in ebenso traditionalistischer und unzureichender Weise. Abgesehen von der Angst der Soldaten vor ihren
eigenen Offizieren, die in allen traditionellen Armeen eine
wichtige Rolle spielt, wurde größtes Gewicht auf die sogenannte *Moral* der Truppe gelegt.

„Die Faktoren, die eine Gruppe Soldaten trotz drohendem Tod
zum Angriff auf den Feind bewegen, sind zweifellos moralische
und psychologische Faktoren. Sie sind der patriotische, persönliche
Wille zu erobern und ein Haß auf den Feind, der die Heimat bedroht... Der Wunsch zu erobern, Patriotismus und Opferbereit-
schaft sind persönliche Eigenschaften. Sie müssen im Herzen jedes
einzelnen Mannes durch Vererbung oder Erziehung verankert werden."[13]

Wie die französische so betonte auch die deutsche militärische Führung den *moralischen Faktor* für die Ausbildung und
den Kampf, und in der Truppenpraxis gab es gar die Tendenz zu „einer übersteigerten Auslegung des Begriffs vom
moralischen Wert dazu zu glauben, der Angriffswille breche
die Feuerkraft des Gegners."[14] Die Auswertung des Ersten
Balkankrieges führte nach 1913 im deutschen Heer offenbar zu einer noch gesteigerten Betonung der „moralischen
Widerstandskraft des Soldaten" als dem geeigneten Mittel
gegen die Macht moderner Waffen. Es gab wenige Ausnahmen. So beschäftigte sich der französische Generalstab aufgrund von Le Bons „Psychologie der Massen" (1895) offensichtlich mit psychologischen Aspekten der Kriegführung.
Abgesehen von solchen zaghaften Ansätzen, beruhte die
Vorbereitung eines Kriegs in diesem Bereich jedoch darauf,
den Soldatentod im offensiven Kampf mit dem Heldentod

fürs Vaterland zu identifizieren. Einer Vorbereitung der
Soldaten, und im Zeitalter der Massenheere bedeutete dies
großer Teile der Bevölkerung, durch nationale Identifikation und die Verbreitung stereotyper Feindbilder kam daher
besondere Bedeutung zu. Diese Ausgangslage war in allen
europäischen Gesellschaften der Zeit vor 1914 sehr ähnlich.
Deutschlands Streben nach kontinentaler Dominanz und einem „Platz an der Sonne" machte es allerdings insbesondere
notwendig, expansionistische und imperialistische Ziele zu
legitimieren und als Elemente einer Position der Verteidigung der eigenen berechtigten Interessen in die Öffentlichkeit zu tragen.

Eine Folge dieser ideologischen Vorbereitung des Kriegs
war, daß die große Mehrheit der Soldaten der Entente und
der Mittelmächte in der Überzeugung von der moralischen
Überlegenheit und der gerechten Sache ihrer Nation an die
Front ging. Sie alle glaubten, daß sie gegen Feinde kämp-
ten, die die Heimat bedrohten, selbst wenn der Augenschein
dagegen sprach. Offensivstrategien in Verbindung mit großer individueller Motivation ließen daher in der Anfangsphase des Kriegs ein Problem des Sterbens auf dem
Schlachtfeld kaum aufkommen. Erst mit dem Ende der offensiven Kriegsführung begann jedoch eine Krise der individuellen Motivation, und die Erfahrung der ‚modernen'
Front führte zum schnellen Zusammenbruch der traditionellen Konzeption eines heroischen Todes. Eine Leere entstand, die bis zum Ende des Krieges nicht gefüllt wurde.

Die Lage der Soldaten auf dem Schlachtfeld, wie Bloch
und Wells sie vorausgesehen hatten, war völlig anders. Sie
waren aus rein strategischen und technologischen Gründen
für eine kleine Armee von spezifisch vorbereiteten Soldaten
eingetreten.[14a] Sie mögen aber auch gespürt haben, daß eine
große Armee von Wehrpflichtigen in einem technologisch
fortgeschrittenen Krieg vor großen psychologischen Problemen stehen müßte, besonders Problemen der Motivation im
Angesicht des Massensterbens. Der Widerspruch blieb ungelöst: Auf der einen Seite war es wahrscheinlich, daß in einem zukünftigen Krieg Massenarmeen und ganze Bevölkerungen mobilisiert werden würden. Auf der anderen Seite
machte die moderne Waffentechnik es offensichtlich wün-

schenswert, den Krieg auf kleine Armeen von ‚Spezialisten‘ zu beschränken. In Deutschland kam noch das spezifische Moment einer Abneigung von Generalen und Politikern gegenüber Vergrößerungen der Armee aus Angst vor sozialdemokratischer Unterwanderung hinzu. Dieser Widerspruch wurde nicht gelöst, und so kamen psychologischen und ideologischen Faktoren, die diesen Widerspruch überdekken sollten, größte Bedeutung zu: Nationale Identifikation und stereotype Feindbilder sollten die Aufgabe übernehmen, den Kampfgeist der Soldaten aufzubauen. Einer von solchem Kampfgeist durchdrungenen Armee sollte zweifellos der Sieg über ‚bloße Technik‘ zufallen.

Zu den militärischen Aufgaben im bewaffneten Frieden gehörten daher eine intensive Öffentlichkeitsarbeit und besonders die Bemühung um die Jugend als den zukünftigen Soldaten. Neben der vaterländischen Erziehung an Schulen und Universitäten wirkten eine Reihe von Organisationen und Vereinen, seit 1911 besonders der *Jung-Deutschland-Bund* und der *Deutsche Wehrverein*. Sie standen unter dem Einfluß von Offizieren und warben für den Standpunkt des Militärs in aktuellen Fragen, wie der Heeresverstärkung; vor allem aber vermittelten sie patriotische Überzeugungen und verbreiteten die Standardvorstellungen der Zeit: die Bedrohung Deutschlands durch eine Einkreisung der europäischen Mächte, französische Revanchegelüste, zaristische Aggression und englischen Handelsimperialismus.

In einem Kapitel über „Heereskraft und Volkserziehung“ spricht von Bernhardi 1912 von der nötigen Reform der Volksschule und Einführung einer „obligatorischen Fortbildungsschule“ mit patriotisch-kriegerischen Bildungszielen. „Nur wenn die Volkserziehung in diesem Sinn wirkt, wird sie ein Soldatenmaterial heranbilden, das für die Schule der Waffen zweckmäßig vorbereitet ist und den echten soldatischen Geist mitbringt, aus dem die großen Taten erwachsen.“[15] Der Presse und einer „Propaganda der Tat“ schreibt er ähnliche Auswirkungen auf die kriegerische Bildung des Volkes zu.

Die Vorstellung, daß Deutschland einen besonderen Kulturauftrag in der Welt zu erfüllen habe, aber gleichzeitig von einer Welt von Feinden umgeben sei, gehörte zu den

populärsten Klischees vor allem unter den bürgerlich Gebildeten unter den Freiwilligen von 1914. Der Kampfgeist der
auf diese Weise ideologisch präparierten, aber von der politischen wie von der militärischen Realität weitgehend abgeschirmten Soldaten wurde im folgenden ersten ‚modernen‘
Krieg einem grausamen Realitätstest unterworfen. Die Soldaten waren diesem Krieg mental und psychisch unvorberei-
tet ausgeliefert, und ihr Problem, mit dem Massentod auf
den Schlachtfeldern fertig zu werden, kann als das Zentrum
des Zusammenbruchs dieser ‚moralischen‘ Vorbereitung gesehen werden.

Ein Blick auf die spätere Kriegs- und Rüstungsentwick-
lung des 20. Jahrhunderts zeigt, daß die technologischen
Modernisten die isolierte Randstellung, in der sie sich vor
1914 befanden, schnell verlassen haben. Seit der technischen
Modernisierung der Heere noch während des Ersten Weltkriegs sind sie stets mehr ins Zentrum der Militärpolitik und
Kriegsplanung gerückt. Der Erste Weltkrieg bildet in dieser
Hinsicht die Schwelle zur ‚modernen‘ Kriegsführung: Er
wurde noch immer mit der traditionellen Vorstellung begonnen und auch weitgehend durchgeführt, daß im Krieg
Menschen miteinander kämpfen und daß jede Waffe nur so
gut sei wie der Kampfgeist dessen, der sie führt. Die
Schlachtfelder wurden jedoch seit August 1914 zunehmend
von einer neuen Waffentechnologie erobert, der die Tendenz innewohnt, die Menschen und besonders den offensiven Kämpfer aus dem Geschehen zu verdrängen. Das Festhalten an der hergebrachten Konzeption eines ‚kämpferi-
schen‘ Krieges auf dem durch moderne Massenvernich-
tungsmittel bestimmten Kriegsschauplatz hat Millionen von
Soldaten das Leben gekostet. Die Anfangsphase des Krieges
und die großen Offensiven an der Somme und bei Verdun
sind die Symbole für den strategisch folgenlosen Einsatz
großer, durch ihren Kampfgeist ausgezeichneter Armeen,
die im feindlichen Geschoßhagel zusammenbrachen.

In der Folge dieser Erfahrung hat sich nun eine paradoxe
Entwicklung durchgesetzt. Die unglückselige Kombination
aus Traditionalismus und Modernismus, die den Ersten
Weltkrieg so verlustreich machte, wurde durch einen ins
kaum noch Kontrollierbare gesteigerten Einfluß der techno-

logischen Kriegsplanung abgelöst, dem sich nun die Traditionalisten zu unterwerfen scheinen. Die Folge des aufgelösten Widerspruchs war jedoch keineswegs, daß damit auch der Tod von Millionen, der den Ersten Weltkrieg zu einem so grauenhaften Ereignis der europäischen Geschichte gemacht hat, vermeidbar geworden wäre. Die Technisierung des Krieges hat lediglich das Verhältnis zwischen den Toten unter der Zivilbevölkerung und den Soldaten verschoben: Gehörten im Ersten Weltkrieg noch etwa 95% der Toten zum Militär, so waren es im Zweiten Weltkrieg noch etwa 52%. Schätzungen besagen, daß in den Kriegen in Korea und Vietnam das Verhältnis zwischen zivilen und militärischen Opfern schon etwa 80 zu 20 erreichte, und die Vermutung liegt nahe, daß in einem dritten Weltkrieg unter den Toten noch etwa 5% Soldaten sein werden. Allerdings verliert diese Schätzung ihre Relevanz, da der Megatod absolut ist und jede Relativierung einebnet.

Die These der Modernisten vor 1914, daß die Armee klein und ihre Feuerkraft hoch sein müsse, hat bis heute nichts von ihrer strategischen Gültigkeit verloren. Die Konsequenzen dieser Entwicklung haben allerdings zum Gegenteil dessen geführt, was Wells und die Modernisten unter seinen Zeitgenossen sich ausgemalt hatten. Die Konstellation scheint heute ähnlich wie damals. Es gibt die Traditionalisten, die davon überzeugt sind, daß neue Waffensysteme, Nuklearwaffen oder die Neutronenbombe, nichts anderes bedeuten als eine Weiterentwicklung traditioneller Kriegsführung durch besonders effiziente Mittel. Ihre Sprache verrät, daß diese Traditionalisten auch heute glauben, der Tod in einem solchen Krieg wäre ein heroischer Tod. Auf der anderen Seite stehen die Modernisten, für die die Planung eines ‚modernen' Krieges (das Wort vom „idealen Krieg" hat sich bisher nicht durchsetzen können) vorwiegend in den Schwierigkeiten besteht, die relevanten Systeme in Politik und Gesellschaft möglichst reibungslos zusammenzubringen. In ihrer Planung hat der Tod noch immer keinen Raum.

Der Unterschied zwischen dem technologischen Kriegsszenario von 1914 und heute ist allerdings gewaltig. Da die Zerstörungskraft heutiger Waffen eine Trennung von Front

und Hinterland aufhebt, ist einer stets kleiner werdenden
Zahl von Soldaten nun das Leben aller Menschen ausgeliefert. Diese Soldaten sind auch heute noch „Spezialisten" im
Sinn der technologischen Kriegstheorie der Jahrhundertwende; sie verstehen sich auf die Anwendung komplizierter
Waffensysteme, aber nicht aufs Sterben. Hinter der vagen
Formel einer *Selbstzerstörung der Menschheit* verbirgt sich daher die Konsequenz einer Entwicklung, die durch den Ersten Weltkrieg erstmals sichtbar wurde. Heute hat eine kleine Gruppe von „Spezialisten", die auf ihre Aufgabe nicht
besser vorbereitet ist, als es die Soldaten von 1914 waren,
die technischen Möglichkeiten erhalten, die lebenszerstö-
renden Verhältnisse einer Front über den gesamten Globus
auszudehnen. Diese Situation erhält eine so beängstigende
Bedrohung unter anderem darum, weil die Einsicht der Modernisten aus der Zeit des Ersten Weltkrieges, daß die Defensive der Offensive deutlich überlegen sei, bei den Gene-
ralstäben heute offenbar ebenso unbeliebt ist wie damals.
Die Quintessenz aus den scheiternden Abrüstungsverhand-
lungen und den darauf folgenden Nach- und Aufrüstungs-
runden scheint zu sein, daß Joffres „Mythos der Offensive"
unverändert weiterlebt und heute den Namen *Erstschlag*
trägt. Die Vermutung, daß führende Generäle der USA
trotz gegenteiliger Beteuerungen und der propagierten Strategie der NATO letztlich davon überzeugt sind, im Ernstfall garantiere allein der atomare Erstschlag das eigene
Überleben, ist häufiger ausgesprochen und kürzlich mit einer Reihe von Fakten untermauert worden.[16]

III

Die Todesbilder von Soldaten sind an anderer Stelle aus-
führlicher besprochen worden, und ich will mich hier auf einige Andeutungen beschränken.[17] Die Begeisterung des August und die *Ideen von 1914* gehören zu den gut dokumen-
tierten und ausführlich behandelten Phänomenen des Ersten Weltkriegs.[18] Die zeitgenössische Literatur von Musil
bis Toller vermittelt lebendige Eindrücke von der rauschar-
tigen Stimmung bei Kriegsausbruch. Die ‚moralische' Vorbereitung auf den Krieg hatte ihre Wirkung getan, eine Wir-

kung, der sich auch die Arbeiterbewegung nicht hatte entziehen können. Die *moralische Grundausstattung* der Soldaten, Patriotismus, abstraktes Feindbild und der Glaube an
den Verteidigungskampf, erzielte die erwünschte Wirkung
bei Ausbruch des Krieges: Disziplin, Angriffsgeist und To-
desverachtung zeichneten die Truppe in hohem Maße aus.
„Fürs Vaterland, für alles was mir bisher das Höchste war",
kämpfe er, schreibt 1914 ein einundzwanzigjähriger Student
nach Hause: „Für Dichtung, Philosophie, Kunst, Kultur
geht ja der Kampf. Er ist traurig aber groß... Der Tod ist
täglicher Genosse, der alles weiht."[19] Die Liebe zum Vaterland und der Glaube an eine spezifisch deutsche Kultur, die
der Feind „anzutasten sich anschickte", ziehen sich durch
deutsche und der Wunsch nach Befreiung des französischen
Bodens vom Aggressor und die Rettung der Zivilisation
durch französische Aufzeichnungen von Kriegsfreiwilligen,
die sich 1914 in Scharen „zu den Fahnen" melden. Viele von
ihnen wurden ohne angemessene Ausbildung an die Front
geschickt, wo manche ihren ersten Kampf nicht überlebten.
Es zeigte sich recht bald, wie hilflos die hohe Kampfmoral
den Maschinengewehren und Granatwerfern gegenüber-
stand. Langemarck lieferte für die deutsche Seite in diesem
Krieg das Symbol für die Unzeitgemäßheit der traditionellen offensiven Kampfmoral und gleichzeitig für den Zynismus einer militärischen Führung, die sich weder scheute,
Tausende enthusiastischer Freiwilliger ohne strategischen
Gewinn zu opfern noch aus deren Tod neue Munition für
die Fortsetzung der ‚moralischen Aufrüstung' der Heimat-
front zu gewinnen. Der Heeresbericht vom 11. November
1914: „Westlich von Langemarck brachen junge Regimenter
unter dem Gesange ‚Deutschland, Deutschland über alles!'
gegen die erste Linie der feindlichen Stellungen vor und
nahmen sie", formulierte ein militärisches Desaster auf eine
Weise, daß eine Legende vom Heroismus und der Unbesieg-
barkeit des deutschen Geistes, der sich in dieser Generation
verkörpere, entstehen konnte. Ein eigenes Generationsge-
fühl baute sich auf diesem geschickten Akt der Propaganda
auf und konnte noch ein Jahrzehnt nach dem Ende des
Krieges seine unfruchtbare Wirksamkeit entfalten und den
Kampfgeist einer neuen Generation wecken.

Langemarck ist jedoch nicht nur das Symbol für das Verdrängen der ‚modernen' Kriegsrealität zugunsten einer obsoleten Ideologie vom Heldentod. Es bezeichnet auch den Zusammenbruch dieser Ideologie bei den kämpfenden Soldaten. Dies Ende einer Illusion durchzieht wie ein roter Faden Briefe und Tagebücher. Der Brief eines Studenten faßt diese Entwicklung in die Worte: „Mit welcher Freude, mit welcher Lust bin ich hinausgezogen in den Kampf... Mit welcher Enttäuschung sitze ich hier, das Grauen im Herzen..."[20] Nach der „Feuertaufe" bei Dixmuiden und einem weiteren Sturmangriff fragt sich ein junger Kriegsfreiwilliger im Oktober 1914: „Wohin ist aller Mut geschwunden? Wir haben genug vom Kriegführen. Nicht feige braucht man zu sein, aber das Menschliche empört sich gegen diese Unkultur, dieses grauenhafte Schlachten. Weg, weg mit diesem Krieg!"[21]

Soldaten schreiben von ihrer Scham darüber, daß ihr Enthusiasmus so schnell verflogen ist, und werfen sich ihr *Versagen* gegenüber gefallenen Kameraden vor. Der ‚moralische Faktor', dem die militärische Führung eine zentrale Rolle für die Erhaltung des Kampfgeistes zugewiesen und den sie gegen jede Kenntnis von den Auswirkungen der Waffentechnologie und neueren Kriegsführung so nachdrücklich verteidigt hatte, erwies im Angesicht des Massensterbens seine Leere.

Es ist oft gesagt worden, daß diese Unfähigkeit mit der reinen Quantität zusammenhing. Es war aber doch wohl in erster Linie die neue Qualität des Todes, die niemand vorhergesehen hatte und auf die niemand vorbereitet war. Den quantitativen Aspekt faßt Cannadine sehr zutreffend zusammen. Er schreibt, daß der

„Wirklichkeit und Gegenwart des Todes nicht ausgewichen werden konnte. Jeder Soldat sah in einer Woche an der Front mehr davon als er sonst in einer vollen Lebensspanne zu erleben hätte erwarten können. Und gleichzeitig mußte die ständige Präsenz des Todes um ihn herum ihn dazu zwingen, seinem eigenen Tod ins Auge zu sehen – in einem Alter, in dem für Zivilisten der Tod unwahrscheinlich geworden war, und in einer Weise, die für alle, die nicht in den Gräben lagen, im wörtlichen Sinn unvorstellbar war."[22]

Diese ständige Präsenz des Todes und auch das ungefähre Wissen über die Gesamtverluste der gegnerischen und der eigenen Armeen waren zweifellos Faktoren. Gewichtiger jedoch für die Ausbildung des neuen Todesbildes war die Art des Sterbens, die nicht nur für diejenigen ohne Fronterfahrung unvorstellbar erschien, sondern für die die Soldaten selbst nicht die sinnlichen, mentalen und emotionalen Fähigkeiten hatten, um sie zu einem Teil ihrer eigenen Erfahrung zu machen. Die Vernichtungswalze dieses Krieges ist in der Literatur von Barbusse über Jünger zu Remarque beschrieben worden: Flammenmeere, Stunden und Tage ununterbrochenen Bombardements, bewegliche Vorhänge aus explodierenden Granaten, Gaswellen, eine mit Stahl und Blei nahezu gesättigte Luft und dazu die unzulänglichen Möglichkeiten für die Versorgung der Verwundeten und Gefangenen. Vor diesem gigantischen Vernichtungsapparat schrumpften die Männer zu Zwergen, und er beraubte ihren Tod seiner Bedeutung.

In diesem Krieg konnte der Tod kaum noch als Folge der Gewalt eines Feindes erlebt werden; er war anonym, hatte seine Verbindung mit dem individuellen Schicksal verloren und war zu einem Teil der Front geworden. Scharfschützen waren die Ausnahme, und auf den Schlachtfeldern dieses Kriegs erschienen sie wie Fossilien einer früheren Welt. Der Tod der Millionen war ein Tod ohne individuelle Gewalt gegen andere Individuen. Es war der Tod als Teil der Operationen einer zunehmend perfektionierten, anonymen und sich selbst lenkenden Zerstörungsmaschinerie, deren Macht sich auf die Zerstörung des Lebens selbst zu richten schien. Diese lebenszerstörende Macht ist in den verbreiteten Photos der völlig kahlen Erdoberfläche eingefangen, wo nicht einmal die mächtigen Baumstümpfe von einst undurchdringlichen Wäldern überlebt hatten, und wo die Erde durch explodierende Granaten um- und umgewühlt worden war. Die Intensität der Kämpfe auf engem Raum hat sich im Ersten Weltkrieg einem Punkt der absoluten Zerstörung wohl eher genähert als im Zweiten. Die Soldaten hinter der Zerstörungsmaschinerie waren gleichzeitig auch vor ihr, nämlich vor der des Feindes. Sie erfuhren den Tod einzelner Soldaten nicht als die Folge ihrer Hand am Abzug, son-

dern als einen integralen Teil der technisierten Zerstörung
von Leben, das die Männer an der Front überkommen hatte. Jeder Tag dieses Blutbads entlarvte aufs neue die Hohl-
heit der ‚moralischen‘ Werte, die vor den Soldaten den
Krieg rechtfertigen und ihre Kampfkraft stärken sollten.

Die Verständnislosigkeit gegenüber diesem Krieg und die
Frage: „Um was geht es denn eigentlich noch, wo der Krieg
schon längst entschieden?“ taucht früh auf und verfestigt
sich vor dem Ablauf des ersten Kriegsjahres.[23] Aus dem er-
warteten kurzen Feldzug einer *Niederwerfungsstrategie* war
der langwierige *Ermattungskrieg* geworden, in dessen Verlauf die militärische, aber auch die moralische Überlegenheit der Entente, die für die Befreiung besetzter Länder
kämpfte, immer stärker zur Geltung kommen mußte. Setzte
auf der Seite der Entente nach 1915 eine Kriegsmüdigkeit
ein, so gab es auf der Seite der Mittelmächte einen doppel-
ten Grund zur Kriegsmüdigkeit. Neben die zermürbenden
Lebensbedingungen an der Front und in der Heimat trat eine Krise der Motivation. Eine Antwort auf die bohrender
werdende Frage, um was denn eigentlich gekämpft und gestorben werde, hatten weder die Offiziere noch die Kirchen
anzubieten. Die ‚Antworten‘ der Dichter in der Welle
kriegsbegeisterter Lyrik oder der mythisierenden Prosa oder
der Propaganda, die während des gesamten Krieges an der
Glorifizierung des „Kampfgeistes“ festhielt, trafen bei Soldaten auf Verachtung, Zorn oder Zynismus. Der daraus folgende Riß zwischen Front und Heimat ist ein ständiges
Thema in Briefen und Tagebüchern von Soldaten.[24]

Es ist nicht leicht zu ergründen, was die Soldaten dazu
brachte weiterzukämpfen, nachdem der ‚moralische Faktor‘
sich aufgelöst hatte und einer inneren Leere gewichen war.
Die überzeugendste Erklärung scheint im Hinweis auf die
Routine der Front zu liegen. Die Front umgab die Soldaten
mit einem Netz an Verpflichtungen und Abhängigkeiten.
Sie bildete eine Sphäre mit spezifischen Normen und Gesetzen, in der die Kameradschaft in der Kleingruppe eine offenbar wichtige Rolle übernahm. Die Routine des Alltags an
der Front, zu der Schanzen, Essenholen, Munition tragen,
Stürmen und Sterben gehörten, scheint für die meisten Soldaten einen Grad der Gewöhnung erreicht zu haben, daß

nur wenige die Frage nach Alternativen zu diesem Alltag gestellt und noch weniger solche Alternativen gesucht haben.[25]

Zu dieser *Normalität* des Lebens an der Front gehörte die
Tendenz zur Entfremdung vom eigenen Tod und dem Leid
und Tod anderer. Für viele Soldaten bedeutete das Leben
unter den extremen Bedingungen einen weitgehenden Verlust ihrer Identität. Die Beziehungen zu ihrem eigenen früheren Leben und zur Welt jenseits der Front zerbrachen.[26]
Der Wahrnehmungs- und Handlungsraum reduzierte sich
langsam auf die unmittelbare Umgebung der Gräben und
Unterstände, und die Erwartungen ans Leben beschränkten
sich aufs bloße Überleben des nächsten Angriffs, der nächsten Stunden oder Tage. Als Folge des Verlustes ihres Er-
fahrungskontinuums erschien ihnen der Tod nicht mehr als
Teil ihres Lebens, sondern als Teil der sie umgebenden
Wirklichkeit. Die Erfahrung des Sterbens war konkret und
meinte die Leichen, die man vergraben oder über die man
hinwegrennen mußte, den Verwesungsgeruch, der tagelang
die Luft erfüllte, oder auch die Lücken, die plötzlich in den
eigenen Reihen klafften. Dieser Tod gehörte zu den Kon-
kreta der Front wie der Schlamm, die schreienden Pferde,
der Geschützdonner. Der Tod hatte seine Bedeutungsfülle
verloren. Er war zu einem von außen kommenden und zu
dieser Außenwelt gehörenden Ereignis geworden. Die
Angst vor dem Tod war die rein kreatürliche Angst vor den
Schmerzen des Gastodes oder den Qualen des langsamen
Todes durch Verschüttung oder als Folge von Verwundun-
gen. Der Tod der Soldaten gehörte nicht ihnen, auch nicht
dem Vaterland, sondern der Front.

Ein Heimaturlaub, ein Tag Erholung hinter der Kampfli-
nie oder auch nur das Betrachten eines Photos aus der Heimat während einer Kampfpause mochte das Bewußtsein der
eigenen Lage schlaglichtartig erhellen und die umfassende-
ren Zusammenhänge wieder spürbar machen. Aber wohl
nur wenige Soldaten haben solche Momente festhalten können. Für die anderen überstieg das Geschehen ihre psychischen, mentalen und sinnlichen Fähigkeiten, die nötig gewesen wären, um das Gesehene auch in Erfahrung umzusetzen
und sich selbst als den Mittelpunkt dieser Erfahrungswelt
zu erhalten. Die nicht entwickelte Fähigkeit, das Geschehen

an der Front in den Horizont menschlicher Erfahrung aufzunehmen, hinterließ die Soldaten in einem Zustand von
Taubheit, die ein englischer Beobachter eine „torpid condi-
tion"[27] nannte: Wahrnehmung, Denken, Handeln waren wie
bei Tieren im Winterschlaf geschwächt und verlangsamt.
Ein gewisser Verlust an Wirklichkeit war die Folge. Die
Fortsetzung des Kampfes war für viele Soldaten allein
durch eine Distanzierung ihres Ichs von der Wahrnehmung
des Menschlichen in ihrer Umgebung möglich. Die Grenze
zu den psychisch Kranken, die aus dem Heeresdienst aus-
schieden, und deren Zahl war beachtlich, war fließend. Soldaten berichteten oft von ihrer Stumpfheit gegenüber Wun-
den, Leiden, Tod bei anderen und sich selbst. Umgeben von
Sterbenden, Leichen und unter ständiger Todesdrohung
führten sie ihre Arbeiten aus, gruben Unterstände, verlegten
Draht und Leitungen, schleppten Munition und Proviant,
und hatten kaum Zeit, Distanz zu gewinnen und die uner-
hörte Welt um sich herum in ihre Vorstellung vom menschlichen Leben einzusetzen.
    Hier scheint ein Grund dafür zu liegen, daß die Realität
der Front, der Leidensdruck, die Bilder vom Töten und
Sterben, die Erfahrung quälender Hilflosigkeit offenbar
nach 1918 aus dem Bewußtsein vieler Kriegsteilnehmer wieder verschwand: Sie war nie ein wirklicher Teil dieses Bewußtseins gewesen, sondern war ein Fremdkörper in der Erfahrungswelt geblieben. Diese Beobachtung gilt gewiß nur
mit Einschränkungen, und individuelle, gruppen- und
schichtspezifische, wohl auch nationale Unterschiede müssen betont werden. Ausbildung, Erfahrungen und persönliche Haltungen, die vor dem Krieg ausgebildet worden waren, hatten einen erheblichen Anteil an der Art und Weise,
wie die Welt der Front aufgenommen oder vom Erfahrungs-
horizont ferngehalten wurde. Kritikfähigkeit, distanzieren-
des Urteil, klare weltanschauliche Position erleichterten es,
die eigene Identität zu bewahren und das menschliche Zer-
störungswerk Krieg so zu erfahren, wie es tatsächlich war.
Das frühe Erscheinen eines Romans wie „Le feu" (1917)
von H. Barbusse oder auch E. Jüngers „In Stahlgewittern"
(1920), in denen die Realität der Front mit großer Kraft,
wenn auch in entgegengesetzter Wertung, eingefangen ist,

belegt offensichtlich, daß die Empfindungslosigkeit gegenüber den Qualen und die eingeschränkte Wahrnehmung nicht alle Soldaten und nicht alle Soldaten in gleicher Weise befiel. Es hat während des Krieges und in der unmittelbaren Nachkriegszeit Versuche gegeben, die Todeserfahrung in den Horizont des kollektiven Bewußtseins aufzunehmen. Am Erfolg dieser Versuche läßt sich jedoch ernsthaft zweifeln.

Das Jahrzehnt nach 1918 war vielmehr dadurch charakterisiert, daß die Bilder vom Tod auf den Schlachtfeldern langsam verblaßten und die Erinnerung an die eigene Rolle, die offensiv handelnd und zugleich die des Opfers war, aus dem gesellschaftlichen Bewußtsein verschwand. Eine Einsicht in die geschichtlichen Hintergründe und sozialen Zusammenhänge des Ersten Weltkrieges wurde durch diesen Prozeß des Unterdrückens der eigenen Wahrnehmungen und Erinnerungen erschwert, wenn nicht gar verhindert. Das Umdeuten und Hinwegreden des Todeserlebnisses wird zu einer zentralen Leistung der gesellschaftlichen Bewußtseinsbildung. Auf dem Höhepunkt dieser Entwicklung setzte die „Schlachtfeldtouristik" ein. Die Erinnerung ans Sterben war schon wenige Jahre nach dem Ende des Kriegs so weit zurückgedrängt, daß auf den noch immer die Zeichen der Zerstörung aufweisenden Kriegsschauplätzen die distanzierte Haltung von touristischen Besuchern eingenommen werden konnte. Wenig erstaunlich ist es, daß gerade die Orte der heftigsten Kämpfe und grausamsten Tode – Flandern, Verdun, die Champagne – zu den beliebtesten *Attraktionen* gehörten. Die Immunisierung gegen die Ansprüche der eigenen Vergangenheit sollte total sein.

Die kritischen Zeitgenossen haben den Mechanismus einer Neutralisierung der eigenen Erfahrungen erkannt und bitter kommentiert: „Vergnügungstour über die Schlachtfelder" betitelt Hans Rothe seinen Bericht im *Tagebuch* (1925).[28] Sie haben diese Entwicklung jedoch weder gebremst noch haben sie verhindern können, daß sie sich gegen Ende der zwanziger Jahre mit einer aggressiven und irrationalen Umdeutung des kriegerischen Todes zu einem lebensspendenden Prinzip vermischte. Am Ende dieses Prozesses entstand der alte Kampfgeist neu; und wieder fühlte er sich umgeben von einer Welt von Feinden, denen das eigene Leben abgetrotzt werden mußte.

IV

Das in der Vorkriegszeit genährte illusionäre Bild von einem ‚modernen' Krieg und die daraus folgende ebenso illusionäre Einschätzung des Todes auf den Schlachtfeldern zeigten ihre verheerende Wirkung nicht allein während des Krieges. Nach 1918 und insbesondere zu Ende der zwanziger Jahre setzte ein heftiger Kampf um die Interpretation des Todes auf dem ‚modernen' Schlachtfeld ein. Es war nicht zuletzt das Zurückdrängen wirklichkeitsgerechter kollektiver Erinnerungen an den Krieg und eine phantastische Verklärung des Soldatentodes durch mythische und heroische Bilder, die erneut einen Kampfgeist heraufbeschworen, der zur Vorbereitung eines Krieges beitrug.

Nach einer Phase tiefer Kriegsmüdigkeit, die die Gesellschaft 1918 erfaßt hatte und in der die Bewältigung des Alltags – Probleme der Heimkehrer, die zerbrochenen Familien, Kriegskrüppel, materielle Not – im Vordergrund stand, gewannen alsbald Versuche, den Krieg in nationale und gesellschaftliche Kontinuitäten einzusetzen, eine gesellschaftliche Breitenwirkung. Diese Konstruktion eines politisch-nationalen *Sinnes* nahm früh revanchistische Dimensionen an, die während der ersten Jahre der Republik wohl noch ohne tiefgreifende Wirkungen waren, im Lauf der Jahre jedoch an Einfluß gewannen.[29]

Von der akademischen Geschichtsschreibung über die zunächst gelenkte und schließlich immer breiter werdende öffentliche Debatte über die „Kriegsschuldlüge" und den Dolchstoß in den Rücken des „im Felde unbesiegten" Heeres bis zu den Aktivitäten des Stahlhelms und der zahlreichen soldatischen Organisationen reichten die Beiträge zu dem umfassenden Versuch, den Ersten Weltkrieg für die nationale Geschichte zu vereinnahmen. Der Widerstand in Gedanken, Worten und Taten dagegen, die Absurdität und Barbarei des gerade beendeten Krieges zu vergessen und Krieg gesellschaftlich *akzeptabel* zu machen – ein Widerstand, zu dem französische, englische und deutsche Kriegsgegner wie Alain, Russell, Gumbel in der Mitte der zwanziger Jahre verstärkt aufriefen[30] – verlor ständig an Boden, und im Gegenzug setzte sich in Deutschland geradezu ein *Kult* des Soldatentodes durch.

Die kollektive Rehabilitierung kriegerischer Gewalt war die Folge der unbewältigten Niederlage von 1918 und der auf sie folgenden politischen und sozialen Konflikte. In dem Maße, wie es der deutschen Gesellschaft nicht gelang, ihre inneren Konflikte zu bewältigen, wuchs ihre Anfälligkeit für Aggression und für eine Zustimmung zum Krieg als einem Mittel der Politik. Ein zentrales Element in dieser Entwicklung war das Zurückdrängen der Erinnerung an das gewaltsame Sterben im Krieg.

Der gesellschaftliche Widerstand, der sich 1918/19 noch gegen die politischen Institutionen gerichtet hatte, die für die Entfesselung des Krieges verantwortlich waren, wandte sich in den zwanziger Jahren nach innen, gegen den Teil der kollektiven Erinnerung, der am schmerzlichsten die eigene Niederlage wachhielt: die Erinnerung an den qualvollen, erzwungenen, frühen Tod auf den Schlachtfeldern. Das Zurückdrängen dieser Erinnerung ermöglichte es den politischen Mächten, die Krieg und Massentod als ein legitimes Herrschaftsmittel ansahen, ihre gesellschaftliche Position zu verfestigen. Da der Ort, den das wirklichkeitsnahe Todesbild eingenommen hatte und nun räumte, auf einer traumatischen Erfahrung beruhte und auf einer tiefen Schicht des gesellschaftlichen Selbstbewußtseins lag, öffnete sich hier wohl ein Tor, durch das eine politische Macht, für die Krieg und Todesdrohung das entscheidende Herrschaftsmittel bildeten, tief in das Zentrum der Gesellschaft eindringen konnte. Mit dem Zurückdrängen der realistischen Todesbilder wurde die Wiederkehr des Kampfgeistes möglich, der bereits vor 1914 auf einer Verdrängung von Wirklichkeit aufgebaut war und der nun mit reinem Irrationalismus zusammenging.

Um 1927/28 beginnt ein intensiver Versuch von Autoren wie A. Zweig, Remarque, Renn, Glaeser, Koeppen und anderen, die Erinnerung an den Krieg als der Zeit sinnloser Qual und grausamen Tötens und Sterbens festzuhalten und ein Gegengewicht gegen die Vereinnahmung des Krieges durch nationalistische Traditionen zu schaffen. Es spricht einiges für die Annahme, daß es gerade diese Versuche einer rationalen Annäherung an den Krieg waren, die unter den spezifischen Bedingungen der Weimarer Republik zu einer Radikalisierung der Kriegsverharmlosung beitrugen. Der schnell eine gewisse Popularität gewinnende Ansatz zu einem Widerstand gegen die Heroisierung des Soldatentodes in öffentlichen Feiern, Gedenkstunden in Parlamenten und Organisationen, Enthüllungen von Kriegerdenkmälern und einer Flut von Publikationen, hat letztlich den nötigen Gegenpol für eine radikale und mit politischer Macht durchgesetzte Welle der Mythisierung und Irrationalisierung des Krieges geliefert.[31]

In Literatur, Massenkultur und politischer Agitation, wie sie Ende der zwanziger Jahre von der politischen Rechten oft mit Billigung oder gar Unterstützung der Institutionen der Republik verbreitet wurden, dominierte ein primitiver Todeskult, der in einem grotesken Mißverhältnis zur Komplexität der gesellschaftlichen Struktur stand, der er sein Entstehen verdankte. Tod wird als Leben und Niederlage als Sieg gedeutet. Aus den Toten des Krieges entstehe das Leben der Nation, und die Niederlage von 1918 sei in einem ‚höheren‘ Sinn der ‚wahre‘ Sieg gewesen.[32] Je größer das *Blutopfer*, desto kräftiger die Nation. „Euer Opfer von Langemarck bleibt immer unser Kraftquell“, versicherte einer der neuen jungen Kämpfer,[33] die diesen *Sieg* in der ‚höheren‘ mythischen Dimension in eine ‚neue‘ Welt hinübertrugen, wo sie den Krieg, den „Vater aller Dinge“[34] und die Quelle des Lebens zu einem permanenten Zustand erheben wollten. Das pervertierte soziale Handeln, als das der Krieg 1914 bis 1918 erfahren werden konnte, erscheint nun als die gesellschaftliche Norm für den Frieden. Franz Schauwekker, einer der erfolgreichsten Verherrlicher des Krieges, setzte 1930 über seinen Roman „Aufbruch der Nation“ das Motto: „Wir mußten den Krieg verlieren, um Deutschland zu gewinnen.“ Das Motto war tiefsinnig gemeint und spielte auf die Vorstellung einer Erweckung der nationalen Kraft durch den verlorenen Krieg an. In Wirklichkeit lag diesem Motto jedoch eine einfache politische Aussage zugrunde: Die Generäle und Nationalisten, verkrachte Politiker vom

Schlage Ludendorffs, die Deutschland 1914 in den Krieg geführt und ihn dann verloren hatten, übernahmen nun auch offen die politische Herrschaft in Deutschland. Ihr Kampfgeist war ungebrochen, und dafür, daß er sich in den Köpfen der anderen bald wieder festsetzen konnte, wußten sie zu sorgen. Die Selbstzerstörung dieser auf Realitätsverlust und Pervertierung der Begriffe von Tod und Leben beruhenden Herrschaft hat allzulange auf sich warten lassen und in einem weiteren Krieg über fünfzig Millionen Leben gekostet.

V

Ein aktualisierender Kommentar soll diesen knappen Überblick ergänzen.

Es besteht wenig Anlaß zur Hoffnung, daß die Grenze zwischen bewaffnetem Frieden und Vorkrieg heute klarer bestimmbar oder stabiler sei als in der hier besprochenen Vergangenheit. Unsere eigene Gegenwart ist von einem Rüstungswettlauf und gleichzeitigen Versuchen gekennzeichnet, die Bevölkerungen Europas und Amerikas an den Gedanken eines atomaren Krieges zu gewöhnen sowie das Wissen, daß ein Krieg zwischen den Großmächten zum Holozid führen muß, aus der Welt zu reden. Der Verbreitung des Glaubens, daß ein künftiger Krieg im Interesse von Idealen oder Menschen geführt und auch gewonnen werden könne, sollte ein sorgfältiger Blick auf das Sterben in früheren Kriegen gegenübergestellt werden. Gewiß wirken die 42-cm-Kanonen und klapprigen Panzer des Ersten Weltkriegs im Vergleich zur Wasserstoffbombe oder den weiteren Errungenschaften moderner Technologie geradezu vorsintflutlich. Und doch ist im Ersten Weltkrieg das erste ‚moderne‘ Schlachtfeld entstanden, auf dem Soldaten kaum zu sehen sind, aber die Toten nach Millionen zählen, auf dem menschliche Kampfkraft zu einem Anhängsel der Technik wird und die Zerstörung eine solche Dimension annimmt, daß der Sieg seinen Glanz verliert. Die Erfahrungen dieses ersten ‚modernen‘ Schlachtfeldes und was aus ihnen später wurde, haben an Aktualität kaum verloren. Zu dem Wissen über die Zerstörungskraft heutiger Waffen und der argu-

mentativen Auseinandersetzung mit einer Kriegsdrohung
muß die Vorstellungskraft hinzutreten. Die Bilder vom Tod
müssen das Wissen über die Tödlichkeit der Waffen ergänzen, wenn das erneute Aufleben des Kampfgeistes verhindert werden soll.

Anmerkungen

1 Vgl. dazu die überzeugende Argumentation in Dieter Senghaas,
Abschreckung und Frieden. Frankfurt 1969 und Anton-Andreas
Guha: Die Neutronenbombe oder die Perversion menschlichen
Denkens. Erw. Ausgabe 1982, bes. S. 41–75.

2 Die Kette der Beispiele ist lang, von Heinrich Leo bis Friedrich von
Bernhardis Werken vom Vorabend des Ersten Weltkriegs: „Vom
heutigen Kriege" und „Deutschland und der nächste Krieg" (Stuttgart, Berlin 1912), in denen er den Krieg bestimmte als „sittliche
Forderung" und unentbehrlichen „Faktor der Kultur" (S. 19). Vgl.
in diesem Zusammenhang auch: Wolfgang Mommsen: The Topos
of Inevitable War in Germany in the Decade before 1914. In: Germany in the Age of Total War, hrsg. v. V. Berghahn und M. Kit-
chen, London 1981, S. 23–45.

3 H. C. Wells: Anticipations of the Reaction of Mechanical and
Scientific Progress upon Human Life and Thoughts. Werke in 28
Bänden. Atlantic Edition. New York 1924–27, Bd. 4, S. 156–185.

4 T. H. E. Travers: Future Warfare: H. C. Wells and British Military
Theory 1895–1916. In: War and Society. A Yearbook of Military
History, S. 67–87; S. 71.

5 Ebda. S. 72. Vgl. Wells, The Land Ironclads. Werke Bd. 20, 1926,
S. 383–415 und The Possible Collapse of Civilisation. Ebda. S.
479–484.

6 Außenseiter und Kriegsgegner haben sich allerdings intensiv mit
den Wirkungen moderner Waffen und dem vermutlichen Schicksal
der Soldaten auf einem künftigen Schlachtfeld beschäftigt. Vondung weist auf die Ironie hin, daß v. Bernhardi (s. Anm. 2) im sel-
ben Jahr die „biologische Notwendigkeit" des nächsten Krieges beschwört, in dem Wilhelm Lamszus in seinem Buch „Das Menschen-
schlachthaus. Bilder vom kommenden Krieg" (Hamburg, Berlin
1912) die Schrecken eben dieses Kriegs ausmalt. S. Klaus Vondung,
Träume von Tod und Untergang. Präludien zur Apokalypse in der
deutschen Literatur und Kunst vor dem Ersten Weltkrieg. In: Joa-
chim H. Knoll und Julius H. Schoeps (Hrsg.): Von kommenden
Zeiten. Geschichtsprophetien im 19. und 20. Jahrhundert. Stuttgart,
Bonn 1978, S. 143–168.

7 Archives historiques de guerre, Oktober 1906. Zitiert nach D.

Porch: The French Army and the Spirit of the Offensive 1900–1914. In: War and Society. A Yearbook of Military History. London 1975, S. 136.

8 Bernd F. Schulte: Die deutsche Armee 1900–1914. Zwischen Beharren und Verändern. Düsseldorf 1977, S. 295.

9 Im 4. Band seiner „Geschichte der Kriegskunst" hat Delbrück selbst die Literatur zusammengestellt und einen knappen Abriß der Kontroverse gegeben. H. Delbrück: Geschichte der Kriegskunst im Rahmen der politischen Geschichte. Vierter Teil: Neuzeit. Berlin 1962 (Erste Auflage 1920), bes. S. 439–444 und 514–521.

10 Schlieffens Plan war die „Vernichtung der gegnerischen Hauptstreitkräfte durch Umfassung und Einkreisung nach dem Vorbild der Schlacht bei Cannae 216 v. u. Z. Wohl kein anderes kriegsgeschichtliches Werk hat die Militärkaste bis zum Zweiten Weltkrieg so beeinflußt wie seine Studie ‚Cannae'." Kurzer Abriß der deutschen Militärgeschichte. Von einem Autorenkollektiv. Berlin 1974, S. 209.

11 Otto Haintz: Einleitung zu H. Delbrück, Geschichte der Kriegskunst (s. Anm. 9), S. XIV.

12 Über Schlieffens „Cannae" schreibt Görlitz, daß der Stratege einen Umstand übersah: „Der geniale Sieg des Feldherrn der Carthager hatte auf den Gesamtablauf des Zweiten Punischen Krieges gar keinen Einfluß. Er verhinderte durchaus nicht die Niederlage Karthagos nach fast fünfzehn Jahren weiteren Ringens." Walter Görlitz: Kleine Geschichte des deutschen Generalstabs. Berlin 1977, S. 144.

13 Simon: L'instruction des officiers, l'éducation des troupes et la puissance nationale, Paris 1905, S. 172.

14 Bernd F. Schulte: Die deutsche Armee (s. Anm. 8), S. 294.

14a In einer scharfen Kritik der allgemeinen Wehrpflicht fordert Wells eine „highly trained class of war experts". The Common Sense of Warfare. Werke Bd. 20, S. 462–478; S. 473.

15 Friedrich von Bernhardi: Deutschland und der nächste Krieg. Stuttgart, Berlin 1912, S. 291.

16 Vgl. insbes. Daniel Ford: The Button. New York 1985.

17 Bernd Hüppauf: „Der Tod ist verschlungen in den Sieg". Todesbilder aus dem Ersten Weltkrieg und der Nachkriegszeit. In: Bernd Hüppauf (Hrsg.): Ansichten vom Krieg. Vergleichende Studien zum Ersten Weltkrieg in Literatur und Gesellschaft. Königstein 1984, S. 55–91.

18 Hermann Lübbe: Politische Philosophie in Deutschland. Studien zu ihrer Geschichte. Basel und Stuttgart 1963, S. 173 ff. Zuletzt: Reinhard Rürup: Der „Geist von 1914" in Deutschland. Kriegsbegeisterung und Ideologisierung des Krieges im Ersten Weltkrieg. In: B. Hüppauf (Hrsg.): Ansichten v. Krieg (s. Anm. 15), S. 1–30.

19 Philipp Witkop (Hrsg.): Kriegsbriefe gefallener Studenten. München 1928, S. 18.

20 Ebda. S. 101.

21 Ebda. S. 110.

22 David Cannadine: War and Death, Grief and Mourning in Modern
    Britain. In: Joachim Waley (Hrsg.), Mirrors of Mortality. Studies in
    the Social History of Death. London 1981, S. 187–242; S. 208.

23 Ph. Witkop (s. Anm. 17), S. 192.

24 Vgl. dazu R. J. Lifton: Home from the War. New York 1975.

25 Oskar Maria Grafs Bericht aus dem Krieg bestätigt ex negativo die
    große Bedeutung dieses Netzwerks an Beziehungen. Der Erzähler,
    der sich von Anfang an nicht in diese ‚Normalität‘ der Front einbe-
    ziehen läßt und seinen Weg konsequent bis ins Irrenhaus verfolgt,
    wird von seinen Kameraden mit Unverständnis und Furcht betrach-
    tet und, nachdem er ihre ‚Hilfs‘-Angebote abgewiesen hat, gemie-
    den. O. M. Graf: Wir sind Gefangene. Ein Bekenntnis. München
    1978.

26 Zum häufig diskutierten Identitätsproblem von Soldaten des Ersten
    Weltkriegs s. jetzt Anthony Ellis: Krieg und Nachkriegszeit als so-
    ziale Situation in Australien. In: B. Hüppauf (Hrsg.): Ansichten
    vom Krieg (s. Anm. 15), S. 92–107.

27 Lord Moran: The Anatomy of Courage. London 1945, S. 34 f.

28 Hans Rothe, Vergnügungstour über die Schlachtfelder. In: Das Ta-
    gebuch, Berlin 6. Juni 1925. Ernst Glaeser, Kriegsschauplatz 1928.
    In: E. G. (Hrsg.): Fazit. Ein Querschnitt durch die deutsche Publi-
    zistik. Frankfurt 1929, S. 56–75.

29 Für den Vergleich der Entwicklung in England und Frankreich am
    Beispiel des „unbekannten Soldaten“ und „Armistice Day“ s. Bernd
    Hüppauf: War and Death: The Experience of the First World War.
    In: Mira Crouch and Bernd Hüppauf (Ed.), Essays on Mortality.
    Sydney 1985, S. 65–87.

30 Seit 1924 erscheinen in Deutschland die ersten Anti-Kriegsfilme
    („Namenlose Helden“, „Antikriegskundgebungen“) und lösen hefti-
    ge Abwehrreaktionen auf der politischen Rechten aus. Das gleiche
    gilt für die publizistischen Aktivitäten Gumbels, Tucholskys, Os-
    sietzkys, für Ernst Friedrichs Antikriegs-Museum und seine Foto-
    sammlung „Krieg dem Kriege“ (1924) sowie Bilder und Graphiken
    von Dix, Heartfield, Kollwitz: Zehn Jahre nach dem Kriegsaus-
    bruch findet ein heftiger Kampf zwischen Pazifisten und Kriegsver-
    herrlichern um das kollektive Bild vom Krieg statt. – Zur Anti-
    Kriegsbewegung s.: Helmut Donat und Karl Holl: Die Friedensbe-
    wegung. Organisierter Pazifismus in Deutschland, Österreich und
    in der Schweiz. Düsseldorf 1983.

31 Vgl. dazu Karl Prümm: Das Erbe der Front. Der antidemokratische
    Kriegsroman der Weimarer Republik und seine nationalsozialisti-
    sche Fortsetzung. In: H. Denkler und K. Prümm (Hrsg.): Die deut-
    sche Literatur im Dritten Reich. Themen – Traditionen – Wirkun-
    gen. Stuttgart 1976, S. 138–164. Michael Gollbach: Die Wiederkehr

des Weltkrieges in der Literatur. Zu den Frontromanen der späten
zwanziger Jahre. Kronberg 1978.

32 Im englischen Sprachgebiet hat sich der Begriff einer „civil religion"
ausgebildet, der den aus christlichen, jüdischen und griechischen
Elementen zusammengesetzten und profanen Totenkult dieser Jahre gut trifft. Vgl. Guy Freeland: Death and Australian Civil Religion. In: Essays on Mortality, hrsg. v. Mira Crouch und B. Hüppauf, Sydney 1985, S. 105–120.

33 Edwin Erich Dwinger: Die letzten Reiter. Jena 1935, S. 116. Der
Kontrast zwischen der Glorifizierung des *Blutopfers* in Deutschland
und dem Mythos der *lost generation* in England könnte nicht krasser
sein. Bis in den Zweiten Weltkrieg hinein wirkte in England die
Idee, daß auf den Schlachtfeldern in Frankreich eine Generation getötet wurde und damit für die Gesellschaft verlorenging.

34 „Der Krieg, aller Dinge Vater, ist auch der unsere… Und immer,
solange des Lebens schwingendes Rad noch in uns kreist, wird dieser Krieg die Achse sein, um die es schwirrt." Ernst Jünger: Der
Kampf als inneres Erlebnis. In: E. J., Werke, Bd. 5, Stuttgart 1960,
S. 13.

HANS NICKLAS

Die politische Funktion von Feindbildern

> Feinde zu haben ist die älteste Ge-
> wöhnung des Menschen und folg-
> lich das stärkste Bedürfnis.
>
> Nietzsche

Die Liturgie des Kalten Krieges

Sechs ehemalige Generale und ein Admiral aus NATO-
Staaten haben in einem Memorandum über die Politik der
NATO zu der Frage, was uns bedroht, an erster Stelle genannt: „Ein Feindbild, das die Menschen dem Friedensge-
danken entrückt, sie auf konfliktbetonte und kriegerische
Denk- und Verhaltensweisen festgelegt und damit für ein
kooperatives Zusammenleben aller Völker untauglich
macht".[1] Die Generäle haben damit einen Gedanken aufge-
griffen, den Erich Fromm schon in den 60er Jahren geäußert hat. Da es, abgesehen von den ideologischen Differenzen und dem Problem der Sicherheit selbst, keinen Grund
für irgendeinen objektiven Streit zwischen den Vereinigten
Staaten und der Sowjetunion geben könnte, der die Risiken
und Kosten, denen sie sich gegenseitig unterwerfen, recht-
fertige, sei das Schlimmste, was die UdSSR und die USA
voreinander zu fürchten hätten, die Furcht selbst.[2] Die beiden Supermächte nehmen sich wechselseitig in den stero-
typen Masken des Bösen wahr und reagieren in den für diese Situation vorgegebenen rituellen Formen.

Die Feindbilder gehören von Beginn an zur „Liturgie des
Kalten Krieges" (John Kenneth Galbraith). Sie sind konstitutiver Bestandteil des Abschreckungssystems. Da Abschrek-
kung nur dann funktioniert, wenn derjenige, der abgeschreckt werden soll, daran glaubt, daß die Waffen, mit denen gedroht wird, auch eingesetzt werden, entwickelt sich
eine wechselseitige Drohrhetorik; es werden die Waffen
vorgezeigt, so wie man im mittelalterlichen Strafprozeß dem
Angeklagten zunächst die Werkzeuge vorgeführt hat, mit
denen er dann gefoltert wurde. Die Abschreckungspolitik

gleicht „einem Duell von Drohungen und Gegendrohungen zwischen Machteliten vor den Augen und Ohren ihrer eigenen Bevölkerungen."[3]

Noch aus einem weiteren Grund sind die Feindbilder für das Abschreckungssystem unentbehrlich: Sie liefern gleichsam die moralische Rechtfertigung für die Entwicklung immer schrecklicherer Waffensysteme. Wenn der Satz von der Verhältnismäßigkeit der Mittel einen Sinn haben soll, so ist die Herstellung und Dislozierung von Massenvernichtungsmitteln, die Tausende oder Millionen Menschen verstümmeln und töten können, nur dann moralisch zu rechtfertigen, wenn der Feind, auf den sie gerichtet sind, einem Teufelsbild gleicht. Die absoluten „Vernichtungsmittel erfordern den absoluten Feind, wenn sie nicht absolut unmenschlich sein sollen".[4]

Der amerikanische Psychologe Charles Osgood nennt das Denken, das dem Abschreckungssystem zugrunde liegt, „Neandertaler-Mentalität".[5] Dieses archaische Denken stattet den Gegner jeweils mit den entgegengesetzten Eigenschaften aus, die es sich selbst zuschreibt: Man selber hält sich für friedlich; infolgedessen muß der Feind aggressiv sein. Das gleiche Verhalten wird verschieden bewertet – je nachdem, ob der Freund oder der Feind Akteur ist: Wenn der Freund rüstet, so dient dies der Verteidigung; rüstet der Feind, so plant er einen Krieg. Die Neandertaler-Mentalität hat paranoide Züge: So wie der Psychotiker hochkomplexe, in sich stimmige Wahngebilde konstruiert, die nur den einen Fehler haben, nicht mit der Realität übereinzustimmen, so ist jeder einzelne Schritt des Abschreckungssystems logisch und rational, das System als ganzes ist jedoch von aberwitziger Irrationalität.

Der Ost-West-Konflikt, die Aufspaltung der Welt hat das Freund-Feind-Verhältnis globalisiert. Die Feindbilder haben sich von konkreten Staaten gelöst und eine unbestimmte Abstraktheit gewonnen; sie richten sich gegen das gegnerische System als Ganzes, das in allen seinen Eigenschaften dem Freundsystem als entgegengesetzt verstanden wird. So ist ein Wandel von den nationalstaatlichen Feindbildern („Erbfeind Frankreich") des 19. Jahrhunderts, die eine enge Beziehung zu den nationalen Stereotypen hatten, zu systembezogenen festzustellen, die eher als ideologische Unterschiede verstanden werden („Weltkommunismus").

In früheren Kriegen – bis hin zum Ersten Weltkrieg – hatten Feindbilder insofern eine funktionale Bedeutung, als sie dazu beitrugen, Tötungshemmungen zu überwinden. Der Haß hatte im Ersten Weltkrieg seinen fatalen Sinn und mußte durch Greuelpropaganda erzeugt werden, da ohne ihn dem Kumpel von der Ruhr wohl kaum klar zu machen gewesen wäre, weshalb er sein Bajonett in den Leib des französischen Weinbauern stoßen müsse – und umgekehrt. Der technisierte Krieg scheint Feindbilder und Haß unnötig zu machen, da die Kombattanten sich immer weniger unmittelbar gegenübertreten. Bei der Bedienung der höchst komplizierten Waffensysteme werden Emotionen wie Haß und Angst dysfunktional; für das Abschießen einer Rakete oder das Zünden einer Atombombe ist eher eine naturwissenschaftlich-technische Laborgesinnung notwendig. Edward Greys humane Vision eines Krieges ohne Haß scheint seine perverse Erfüllung zu finden.

Georg Leber hat als Verteidigungsminister konsequenterweise die Auffassung vertreten, die Bundeswehr benötige kein Feindbild.[6] Etwas anderes sei es mit dem Begriff „Feindlage"; auf ihn könne der Soldat nicht verzichten. Die Ersetzung des Begriffs „Feindbild" durch „Feindlage" signalisiert die Veränderung der Funktion der Feindmarkierung. Das Feindbild als totales wird zum generellen Interpretationsschema für die politische Realität.

Diese Totalisierung des Freund-Feind-Schemas ist schon bei dem Staatsrechtler der Weimarer Zeit und geistigen Vorbereiter des Nationalsozialismus, Carl Schmitt, vorgezeichnet. Schmitt benutzt dieses dichotomische Muster zur Definition des Begriffs der Politik. Eine politische Frage sei dann gegeben, wenn sie „stark genug ist, die Menschen nach Freund und Feind effektiv zu gruppieren."[7] Der Feind ist nach Carl Schmitt „eben der andere, der Fremde, und es genügt zu seinem Wesen, daß er in einem besonders intensiven Sinn existentiell etwas anderes und Fremdes ist."[8] Carl Schmitt hat übrigens auch schon auf die innenpolitische Feindmarkierung hingewiesen: Der innere Feind als Hilfstruppe, fünfte Kolonne des äußeren Feindes.

Die Psychologie des Feindbildes

Das Feindbild stellt eine mehr oder weniger strukturierte
Ganzheit von Wahrnehmungen, Vorstellungen und Gefühlen dar, die unter dem Aspekt der Feindschaft vereinheit-
licht einem Menschen, einer Gruppe von Menschen oder
Völker und Staaten entgegengebracht werden – so etwa
könnte eine wissenschaftliche Definition des Feindbild-Be-
griffs lauten.[9] Um uns in der Welt zurechtzufinden und
handeln können, müssen wir die Vielzahl der Informationen
selektieren, ordnen und kategorisieren. Die hochkomplexen
Wirkzusammenhänge der Politik sind schwer durchschau-
bar, wir müssen sie auf einfache Ursache-Wirkungszusam-
menhänge reduzieren. Es ist sehr viel einfacher, sich mit
starren, monokausalen Ableitungen zu begnügen, statt sich
mit der Sisyphusarbeit der Verarbeitung von Wechselwir-
kungen herumzuschlagen.[10]

Die Vorurteile sind die Schneisen durch den Dschungel
der Realität. Aber es wäre falsch, Vorurteile und Stereotypen gewissermaßen als die Normalformen des Denkens zu
akzeptieren, wie dies etwa Duijker und Frijda tun:

„Es kann kaum geleugnet werden, daß Stereotype die Funktion haben, die Welt unserem Zugriff zugänglicher zu machen, eine Funktion, die sie mit vielen Formen von Verallgemeinerungen teilen…
Es wäre unrealistisch, das Denken in Stereotypen zu mißbilligen,
denn das hieße, das Denken selbst mißbilligen.“[11]

Wir denken zwar in einem Geflecht von Vorannahmen,
Vereinfachungen und Vorurteilen, aber mit dem Ziel, uns –
wenn auch nur um ein geringes – daraus zu entwinden. Die
„Normalitätsthese“ der Vorurteile läßt sich schon deshalb
nicht halten, weil gezeigt werden kann, in welchen Situationen Menschen stärker vorurteilhaft und stereotyp denken
und sich verhalten. Dies sind Situationen der Krisen und
Katastrophen. In solchen Extremsituationen brechen die
höheren Ich-Leistungen zusammen, und die Menschen greifen nach den Krücken der Vorurteile, weil sie Denkerspar-
nis und Angstreduktion versprechen.

Die stereotypen Formen der Wahrnehmung und Interpretation politischer Vorgänge werden im Sozialisationsprozeß erworben, in den Interessen, soziale Erfahrungen und politische Tradition eingehen. Der Kategorisierungsprozeß ist also sozial vermittelt, d. h. dem einzelnen werden eine Reihe solcher stereotypen Muster – etwa durch die Massenmedien – zur Verfügung gestellt, deren er sich bedienen kann. Das hat für den einzelnen den Vorteil, daß er der Mühe der eigenen Information und Orientierung enthoben ist und sich der Zustimmung der eigenen Gruppe sicher sein kann. Nach solchen im Kopf vorhandenen Wahrnehmungs- und Interpretationsmustern bilden sich die Vorstellungen über die politischen Ziele anderer Gruppen und Staaten und die Beurteilung ihrer Verhaltensweisen, so wenig sie auch mit der Realität übereinstimmen mögen.

Sind die Kategorisierungsmuster erst einmal etabliert, dann erweisen sie sich als außerordentlich stabil. Die erste Folge ist, daß der Informationsaustausch mit der mit einem Feindbild belegten Gruppe abgebrochen wird. Der Antisemit wird den Kontakt mit Juden, der Rassist den mit Negern meiden. Die Berührungsangst bewirkt also, daß da, wo neue Erfahrungen besonders nötig wären, die Möglichkeit dazu abgeschnitten wird. Der „Feind" hat also gar keine Möglichkeit, das Vorurteil über ihn zu berichtigen. Die zweite Folge ist, daß das Feindraster die Wahrnehmungen filtert: Es werden nur diejenigen durchgelassen, die zum vorhandenen Bild passen. Diese selektive Wahrnehmung verhindert, daß etwa Informationen ins Bewußtsein dringen, die das etablierte Schema gefährden könnten. Gelingt das nicht – etwa weil die abweichenden Informationen nicht zu übersehen sind – dann setzt ein Uminterpretationsprozeß ein, d. h. die Fakten werden so lange neu interpretiert, bis sie in das abwertende Bild passen. Viele Beispiele für diese Methode der Uminterpretation ergaben sich bei der Analyse der Reden des amerikanischen Außenministers John Foster Dulles, dessen stabiles Feindbild von der Sowjetunion ihn zu einer unerreichten Meisterschaft in der Uminterpretation politischer Ereignisse befähigte. So interpretierte er den österreichischen Friedensvertrag als einen Beweis dafür, daß die Politik der Sowjetunion im Hinblick auf Westeuropa gescheitert sei und daß das Sowjetsystem vor dem Zusammenbruch stehe. Die Entlassung von 1,2 Millionen sowjetischer Soldaten im Jahr 1956 schrieb er der wirtschaftlichen Schwäche der UdSSR zu und bewertete den Vorgang als äußerst gefährlich, weil die nun entlassenen Soldaten in der Rüstungsindustrie beschäftigt werden würden.[12]

Übrigens scheinen gerade die „Spezialisten" in den Regierungen besondere Hemmungen zu haben, neue Informationen in bezug auf ihr Spezialgebiet aufzunehmen und ihre Auffassung zu verändern. Als Erklärung bietet sich an, daß sie ein einsichtiges Interesse daran haben, ihre ursprüngliche Meinung als zutreffend zu erweisen, da ihre Reputation darauf beruht.[13]

Das Freund-Feind-Schema ist nicht nur als Kategorisierungsinstrument bei der Perzeption und Interpretation politischer Ereignisse wirksam, sondern es beeinflußt auch das politische Handeln, da das Verhalten nicht durch die reale Situation, sondern durch deren Wahrnehmung und Deutung gesteuert wird. Selbst völlig neben der Realität liegende Interpretationen können Wirklichkeit werden, wie der amerikanische Soziologe Richard Mertow am Mechanismus der self-fulfilling-prophecy gezeigt hat: Die Wahrnehmung eines anderen Akteurs als Feind führt zu feindlichen Signalen, die von der Gegenseite wahrgenommen und – feindlich – beantwortet werden. Diese Antwort wird als Bestätigung der ursprünglichen Interpretation genommen, so daß ein Eskalationsprozeß in Gang kommt, der die zunächst falsche Interpretation Realität werden läßt.

Welche Funktion hat ein Feindbild für eine Gesellschaft, einen Staat? Zwei Funktionen sind hier zu nennen: Der gemeinsame Feind stärkt den inneren Zusammenhalt von Gruppen, Gesellschaften und Staaten, und er bietet zugleich ein Objekt für die Abfuhr von Aggressionen, die so gefahrlos nach außen abgeleitet werden können.

Die erste Funktion – die der Integration – hat der US-Amerikaner Konrad Lewin in seinem Buch „Bericht vom Eisberg über die Möglichkeit und Wünschbarkeit des Friedens" satirisch auf die Spitze getrieben. Er gibt sich als Herausgeber des Berichts einer geheimen Kommission von Wissenschaftlern aus, die im Auftrag der Regierung die Auswir-

kungen einer totalen Abrüstung untersucht. Das Ergebnis
des fiktiven Berichts: Eine totale Abrüstung ist aus den verschiedensten ökonomischen, gesellschaftlichen, politischen
Gründen unmöglich – es sei denn, es wird ein neuer Feind
gefunden, der einen glaubwürdig bedrohlichen Charakter
besitzt. Nur dann sei ein Übergang zum Frieden ohne Störung des Gesellschaftssystems denkbar.[14] Die Wissenschaft-
lerkommission ist nicht sehr einfallsreich bei der Suche nach
einem solchen Feind. Aber wie wäre es mit der Invasion von
einem anderen Stern?

Die zweite Funktion, die Ableitung innergesellschaftlich
entstandener Aggressionen nach außen, auf einen äußeren
Feind, ist ein alterprobtes Rezept.[15]

Feindbilder in den Massenmedien

Den Massenmedien kommt eine wichtige Funktion bei der
Verbreitung und Stabilisierung des Freund-Feind-Schemas
zu. Hatte sich die Aufklärung von der Ausweitung des Zei-
tungs- und Druckwesens eine Ausbreitung von Wissen und
Information und damit einen starken Bundesgenossen im
Kampf gegen Dogmatismus, Obskurantismus und Vorurteile versprochen, so hat die Dialektik der Entwicklung dazu
geführt, daß heute die Massenmedien einerseits enorme, für
die Aufklärungszeit unvorstellbare Möglichkeiten der Verbreitung von Informationen besitzen, andererseits aber diese Möglichkeiten ebenso dazu benutzen, Aufklärung zu verhindern und die „selbstverschuldete Unmündigkeit" (Kant)
zu festigen.

Das Freund-Feind-Muster bestimmt in den Massenme-
dien weithin, wie das politische Geschehen perzipiert und
interpretiert wird. Dieckmann spricht von einer bipolaren
Struktur des politischen Vokabulars, das die Tendenz zeige,
„die Vielfalt von Möglichkeiten auf ein Entweder-Oder, ein
Für-mich oder Gegen-mich, auf das Freund-Feind-Verhält-
nis zu reduzieren".[16] Anton-Andreas Guha kommt in einer
Untersuchung der Presseberichterstattung über den NATO-
Beschluß vom 12. Dezember 1979 zu dem Ergebnis, daß die
Presse ein dichotomisches Weltbild produziere.[17]

Eckart Spoo beschreibt, wie auf allen Gebieten – auch den scheinbar unpolitischen wie dem Sport – sich das Freund-Feind-Schema durchsetzt:

„Das Wort ‚wir‘ taucht täglich in den Papieren auf, mit denen der Journalist arbeitet. Es steht in Presseverlautbarungen, die er auf den Tisch bekommt und die man ihm in der Erwartung zugeleitet hat, daß er sie weitertransportiert. Da ist z. B. von ‚unserer Nationalmannschaft‘ die Rede. Wieso ist das eigentlich ‚unsere‘ Nationalmannchaft? Bin ich daran in irgendeiner Weise beteiligt? In welcher Weise? Ich, Eckart Spoo, habe gar kein Interesse an Fußball. Ich habe mich nie mit ‚Bomber‘ Müller oder ‚Kaiser‘ Franz, mit Bernd Schuster oder Karl-Heinz Rummenigge identifizieren können. Aber daß dies ‚unsere‘ Nationalmannschaft sei, verkündet die Presse jahraus, jahrein, und darin steckt System.
Ich zitiere aus einer Fußball-Reportage der BILD-Zeitung: ‚Mit 5:0 Toren verprügelte unsere Nationalmannschaft gestern abend Mexiko.‘ Diese Art Identifikation findet gerade in BILD tagtäglich statt, aber nicht nur dort. Wer in den Sportteil anderer Zeitungen schaut, wird dort Ähnliches finden. Wir sind wir, und deswegen ‚verprügeln‘ wir mit Begeisterung Mexiko. Die Begeisterung wächst mit der Verachtung oder dem Haß, den wir gegenüber den anderen empfinden. Darum müssen die anderen in der Sportberichterstattung diffamiert werden. Eine italienische Fußballmannschaft wurde in der BILD-Zeitung einmal als ‚ein Haufen giftiger Zwerge‘ tituliert. Oft bemüht sich BILD schon tagelang vor einem Spiel, die Emotionen anzuheizen. Ich erinnere mich an eine Schlagzeile vor den Olympischen Spielen in München, die lautete: ‚Helft uns und brüllt uns zur Medaille.‘“

Solche Darstellungen, die in „BILD“ plakativ deutlich werden, aber auch in der seriösen Presse – dort allerdings scheinbar differenzierter – zu finden sind, üben täglich das Freund-Feind-Schema ein und verfestigen es. Dabei ist es gar nicht entscheidend, ob das Thema ein explizit politisches ist oder ob es sich um Alltagsthemen wie Sport oder Unterhaltung handelt. Die Wahrnehmung des Alltags, die Erfahrungen oder Scheinerfahrungen des alltäglichen Lebens – oder was die Massenmedien dafür ausgeben – bilden das Modell für die Interpretation politischer Prozesse. Untersuchungen haben gezeigt, daß die Verarbeitungsformen des Alltagsbewußtseins das Modell abgeben für die Wahrnehmung und Interpretation auch politischer Ereignisse, gerade wenn sie der unmittelbaren Erfahrung entzogen sind wie diejenigen der internationalen Politik. Es wäre falsch, dem einzelnen Journalisten Schuld zu geben, ihm individuell zuzurechnen, was vom gesellschaftlichen System produziert wird. Eckart Spoo:

„Das Fatale in unserem Beruf ist, daß wir Journalisten immer in Gefahr sind, zu solcher Propaganda beizutragen und solche Wirkungsmechanismen im Publikum zu bestätigen, ohne uns dessen bewußt zu sein. Vor allem wenn wir gezwungen sind, sehr schnell zu arbeiten, können wir oft die Behauptungen, die wir dem Leser, Hörer, Zuschauer übermitteln, nicht hinreichend überdenken und überprüfen, so daß uns nicht klar wird, was wir damit anrichten können. Wir selbst haben kein originäres Interesse, das Publikum zu verdummen, zu verängstigen, in falsche Fronten zu treiben. Aber das heißt nicht, daß es ein solches Interesse nicht gäbe."[18]

Wie kann der Teufelskreis durchbrochen werden?

Wenn es auch das Interesse der Manipulation gibt, so darf doch nicht übersehen werden, daß es sich bei den systematischen Verzerrungen der Wahrnehmung durch Vorurteile um gesellschaftlich bedingte Phänomene handelt, die in der Regel ihre Ursache nicht in individueller böser Absicht, sondern in Strukturen unserer Gesellschaft haben. Die vorstehenden Überlegungen dürfen nicht kurzschlüssig dahin interpretiert werden, daß Frieden allein auf dem Wege des Abbaus irrationaler Bewußtseinsstrukturen und verzerrter Wahrnehmungen zu erreichen wäre; denn es sind sozioökonomische Prozesse und daraus sich ergebende Strukturen des politischen Systems, die diese Verzerrungen bewirken.[20] Es gibt reale Interessengegensätze, „Gegner" in der Politik, und es ließe sich auch der Beweis führen – und er ist geführt worden – daß Feindbilder die Folge realer Interessengegensätze sind.[21] Aber das ist nur die halbe Wahrheit. Es gilt zu erkennen, daß es sich um einen Kreisprozeß handelt, wobei Realität und Perzeption der Realität ineinandergreifen und sich wechselseitig bedingen. Die Realität produziert die Feindbilder, und die Stereotypen modeln die Realität nach ihrem Bild – und umgekehrt. So entsteht ein Teufelskreis, bei dem nicht auszumachen ist, was zuerst war, Henne oder Ei. Deshalb ist der Abbau von Vorurteilen und Feindbildern ein psychologisch verkürzter Weg zur Herstellung von Frieden. Der systemische Zusammenhang von antagonistischer Realität und dychotomischem Freund-Feind-Denken fordert eine gleichzeitige Änderung von Sein und Bewußtsein.

Anmerkungen

1 Gert Bastian, Johan Christie, Francisco da Costa Gomes, Georgios Kommanakos, M. H. von Meyenfeldt, Nino Pasti, Antione Sangninetti: Memorandum an die Außen- und Verteidigungsminister, an die Befehlshaber und Stabsoffiziere der NATO. In: Blätter für deutsche und internationale Politik 26 (1981), S. 1431.

2 Erich Fromm: Argumente zur einseitigen Abrüstung. In: Donald Brennan (Hrsg.): Strategie der Abrüstung. Gütersloh 1962, S. 213 ff.

3 Dieter Senghaas: Abschreckung und Frieden. Studien zur Kritik organisierter Friedlosigkeit. Frankfurt/M. 1969, S. 185.

4 Dieter Senghaas: a.a.O., S. 77.

5 Charles Osgood: An Alternative to War and Surrender. Urbana 1962.

6 Georg Leber: Verteidigung ohne Haßerziehung. Die Soldaten der Bundeswehr brauchen kein Feindbild! In: Politik und Kultur. Berlin 1974, 3.

7 Carl Schmitt: Der Begriff des Politischen. Leipzig 1933, S. 37.

8 Carl Schmitt: a.a.O.

9 Hans Nicklas: Artikel „Feindbilder". In: Dieter Nohlen (Hrsg.). Pipers Wörterbuch zur Politik, Band 5: Internationale Beziehungen, hrsg. v. Andreas Boeckh. München 1964, S. 148 ff.
Änne Ostermann/Hans Nicklas: Vorurteile und Feindbilder. Weinheim ³1984, S. 44 ff.

10 Reinhold Berger: Vorurteile – erkennen, verstehen, korrigieren. Köln 1976, S. 64 f.

11 H. C. J. Duijker/N. H. Frijda: National Character and National Stereotypes. Amsterdam 1960, S. 125.

12 David J. Finlay/Ole R. Holsti/Richard R. Fagen: Enemies in Politics. Chicago 1967, S. 25–96.

13 R. Bauer: Problems of Perception and the Relations between the United States and the Soviet Union. In: Journal of Conflict Resolution 5 (1961), S. 223–229.

14 Deutsche Ausgabe unter dem Titel: Leonard Lewin (Hrsg.): Verdammter Frieden. München 1968.

15 Vgl. Talcott Parsons: Aggressivitätsreservoirs in der Sozialstruktur der westlichen Gesellschaft. In: Uwe Nehrlich (Hrsg.): Krieg und Frieden im industriellen Zeitalter. Gütersloh 1966, S. 104–126.

16 W. Dieckmann: Information oder Überredung. Marburg 1964.

17 Anton-Andreas Guha: Beispiel „Grauzone". Anmerkungen zur Presseberichterstattung über militär- und verteidigungspolitische Fragen. In: Studiengruppe Militärpolitik (Hrsg.): Aufrüsten um abzurüsten? Reinbek 1980, S. 94–106.

18 Eckart Spoo: Freund und Feind in der Presse. Journalisten sollen Verständnis für andere wecken. In: Fritz Michael (Hrsg.): Die tägliche Mobilmachung oder: Die unfriedlichen Strukturen der Massenmedien. Göttingen 1984, S. 11 f.

19 Eckart Spoo: a.a.O., S. 14.

20 Hans Nicklas, Klaus Jürgen Gantzel: Außenpolitische Freund-Feind-Bilder in der Bundesrepublik 1949–1971. In: Deutsche Gesellschaft für Friedens- und Konfliktforschung (HSFK), Forschung für den Frieden. Boppard 1975, S. 232.

21 Z. B. J. Bernard: The Social Study of Conflict. In: The Nature of Conflict. UNESCO, Paris 1949, S. 54.

SVEN PAPCKE

Der gewollte Feind

Zum Weltbild bei Carl Schmitt

> Er nennt's Vernunft und braucht's
> allein,
> Nur tierischer als jedes Tier zu
> sein.
>
> Goethe, Faust

„Die deutsche Bourgeoisie kann sich nicht durch eine faschistische Partei stellvertreten lassen. (...) Sie kann die Herrschaft einer totalitären Partei nicht brauchen" (S. 545).

So stand es im Februar 1933 im Heft Nr. 5 des „Archivs für Sozialwissenschaft und Sozialpolitik" zu lesen, dem angesehensten Soziologenblatt jener Tage. Unter dem Titel „Zur Soziologie des Faschismus" (S. 513 ff.) versuchte der Berliner Sozialhistoriker Franz Borkenau – Stipendiat des „Instituts für Sozialforschung" in Frankfurt – nachzuweisen, daß diese Ultra-Rechts-Bewegung durchschlagende Erfolge nur dort erringen könne, wo Unterentwicklung herrsche. Bedingungen also, wie sie in Italien, Spanien oder auch in Ost- und Südosteuropa, nicht aber im hochindustrialisierten Deutschland vorlägen; hier wäre der Faschismus heller „Wahnsinn" (Borkenau). Als der Artikel erschien, erweitert um eine wohl noch im Januar verfaßte Fußnote, wonach der Autor weiterhin zu seiner Deutung stand, war das Kind, allen Beschwörungen vernünftigen, interessen-geleiteten Verhaltens zuwider, bereits in den Brunnen gefallen. Das deutsche Bürgertum spielte den sprichwörtlichen „Zauberlehrling", der mit dem „braunen Besen" schon fertig werden wollte; ein böser Trugschluß, denn der herbeigewünschte Nationalsozialismus begann jene Stabilität zu bedrohen, derenthalben man ihn unterstützt hatte. Wie dem auch sei: Mit der nächsten Nummer sah sich das altehrwürdige Heidelberger „Archiv" eines Max Weber eingestellt, und der Verfasser der hoffnungsfrohen Prognosen über die politische Vernünftigkeit des Mittelstandes war bereits auf der Flucht aus seiner deutschen Heimat.

Selbsteinschüchterung

„Die ökonomisch funktionierende Gesellschaft hat Mittel genug, ... ‚Störer' ... unschädlich zu machen" (S. 31), beruhigte der bekannte Staatsrechtler Carl Schmitt 1927 in seiner Streitschrift „Der Begriff des Politischen" (Schmitt 1) die Leser. Im weiteren strich er heraus, daß sich „politisches Denken und politischer Instinkt ... theoretisch und praktisch an der Fähigkeit bewähren, Freund und Feind zu unterscheiden" (S. 48). Wie ließ sich die Ansicht der Ordnungsbefähigung Weimars mit der Meinung vereinen, alle Politik beruhe auf Verfeindung? Lag überhaupt ein Widerspruch vor? „Die Menschen lieben im allgemeinen, wenigstens solange es ihnen erträglich oder sogar gut geht", so Schmitt (S. 46), „die Illusion einer ungefährdeten Ruhe". Darin deutete sich ein Feind-Bild an, das mit doppeltem Boden arbeitet. Verweist doch die Sorge über eine *illusionäre* Normalität auf jene „metaphysisch orientierte Dramatisierung des wirklichen Lebens" (Kurt Lenk), die eine gefilterte Wahrnehmung der Realität verrät. „Das Normale beweist nichts", heißt es bei Schmitt dementsprechend an anderer Stelle (3, S. 22), „die Ausnahme ... alles". Hinter der glatten Fassade lauern Abgründe, in extremis erst offenbart sich ihr Geheimnis.

Die Weimarer Republik erlebte eine Blüte exzentrischer Gesellschafts-Auslegungen, die Epoche badete in Feind-Seligkeit. Gerade der Sozialdarwinismus, der seit langem den Menschen als „Raubtier" (Treitschke) und seine Einrichtungen als „Erzwingungsstäbe" (Max Weber) begriff, sah sich in den 20er Jahren, freilich maliziös, ausgefeilt. Bisher hatte diese Weltsicht ihre Befunde nicht „naturalisiert", hatte sie vielmehr als Anreiz verstanden, „das Wilde" gesellschaftlich zu kontrollieren. In diesem Sinne verstanden noch Sigmund Freud (1930), Helmuth Plessner (1931) oder auch Sigmund Neumann (1932) ihre Feind-Betrachtungen eher als Ertüchtigung, diesem Konfliktstoff nüchtern zu begegnen. Für Carl Schmitt (5, S. 141) hingegen hatte „das Politische keine eigene Substanz", wie es 1930 hieß, Politik und Feindschaft verschmölzen. Auf diese Weise sahen sich jedoch die Regeln der Vergesellung einer unterstellten Gewaltsamkeit ver-

pflichtet. Politik geriet zur Dompteur-Sache! Das gab aber
durchaus Sinn. Vermochte solcher „Animalismus" doch
„sekuritätsbedürftige Menschen zu erschrecken" (1, S. 46)
und solchermaßen die Nachfrage nach „Schutz" erheblich
zu steigern.

Es lebe der Feind

Die Feind-Lehre zieht eine furchteinflößende Spur durch
die Geschichte. Wenngleich Verfeindung axiomatisch ist,
war ihr Verständnis in den Epochen doch wesentlich verschieden. Dabei gibt es den *konkreten Feind* seit Urzeiten.
Im Wettstreit um knappe Güter trat immer derjenige als
„Feind" in Erscheinung, der eine Ich-oder-Du-Entschei-
dung erzwang. Der Selbsterhaltungstrieb, also jener „cona-
tus sese conservari" eines Hobbes oder Spinoza, bestimmte
stets denjenigen zum Widersacher, der das eigene Überleben herausforderte. Dieser Feindbegriff war sachlich, enthielt keine Projektionen, sondern betraf die eigene Existenz.
　　Das Feind-Verständnis erfuhr eine Erweiterung mit dem
Aufkommen einer Art von *Feind a priori*. Durchaus abgelöst
von greifbaren Verteilungskämpfen vollzog sich eine Ideologisierung der Feindschaft. Zuerst in den Religionskriegen
des 16. Jahrhunderts wahrzunehmen – wo freilich „Bekeh-
rung" noch Rettung verhieß –, wurden diese Feindmerkma-
le in den europäischen Revolutionswirren seit 1792 weiter
abstrahiert. Im Zuge einer Entwicklungs-Verschiebung zwischen Feudalismus und Industrialismus kam es schon seit
1789 zu inner- wie zwischenstaatlichen Weltanschauungs-
konflikten, in denen der Feind gleichsam a priori feststand.
Gehörte er doch zu einer anderen Gruppe, und diese durchaus zufällige Lage brandmarkte ihn. Diese Verfeindungs-
Pauschalisierung wird seit dem 19. Jahrhundert durch den
Marxismus noch verstärkt, der im Rahmen seiner Ge-
schichtslehre die „Edlen" ebenso festlegt wie die „Schurken"
– ganz egal, wie sich die Mitglieder solcher Schablonen
selbst begreifen. Politik ähnelt antiken Tragödien: Sie ist ein
Rollenspiel von „Charaktermasken", die außerstande sein

sollen, Distanz zu gewinnen. Feindschaft wird solchermaßen „bühnengerecht", was jenseits vom guten oder bösen
Willen der Betroffenen eine Manierierung der Feindschaft
begünstigt hat, worauf mit Blick auf den Parteimarxismus
nicht eben wenige Beobachter von Karl Renner bis Otto
Bauer voller Sorge aufmerksam gemacht haben. So fragwür-
dig der Begriff vom „Feind a priori" freilich war, immerhin
blieb auch diese Auffassung noch in Grenzen. Zum einen
bestand ein Friedensziel (die Aufhebung antagonistischer
Klassen), zum anderen war die Feindzuschreibung nicht
völlig starr, da sie von Großgruppen ausging. Fast alle be-
deutenden Köpfe des Sozialismus waren „Schichtwechsler",
also eingemeindete ehemalige „Feinde".

Ganz anders die Konstellation, die Carl Schmitt mit seiner Feind-Bestimmung geschaffen hat. Hier wird ein *ge-
wollter Feind* beschworen – je nach Bedarf kann alle Welt
dazu werden, nach 1933 etwa jeder „Artfremde" (Schmitt).
Diese Feindschaft besteht abgehoben, wenn nicht gar unabhängig von gegenständlichen Problemen, die Feindanspra-
che ist amorph. Der Feind wird gesucht, weil er für den See-
lenhaushalt der eigenen Gesellschaft eine Ventil- und Steue-
rungsfunktion wahrnimmt.

Die Verangstung in Europa seit der Epoche der Französischen Revolution war erheblich. „Durch sozialistische Lehren ist die Furcht zu einer konservativen Macht ersten Ranges geworden", darauf hat schon 1859 Ludwig August von
Rochau (S. 148) hingewiesen. Dieser psychologische
Grundton sah sich durch biographische Ereignisse oft ak-
zentuiert. Carl Schmitt beispielsweise erlebte den Zusammenbruch des Wilhelminismus in der Münchener Räterepu-
blik, „er fühlte sich das erstemal persönlich bedroht" (Eber-
hard Straub). Hinfort warnte er vor jeder „bis zum Selbstmord gehenden Neutralität" der Staatlichkeit (6, S. 5), vor
allem gegenüber einem „mit einer humanitären Ideologie
bewaffneten Feind" (1, S. 47), der durch Schönrednerei die
Sicherheit zu untergraben hoffte. So wie die Tagespolitik
aussah, richtete sich Schmitt auch gegen Ansprüche der so-
zialdemokratischen Reformgruppierungen in Weimar; ihnen gegenüber wünschte er sich vor allem einen starken
Staat, der „in seinem Inneren keinerlei staatsfeindliche,

staatshemmende oder staatsspaltende Kräfte aufkommen"
(5, S. 186) lassen sollte.

Angst sieht sich durch Krisen geschürt, vor allem in Not-
zeiten, die den Alltag erschüttern. In Weimar wurde sie ver-
tieft durch die offenkundige Hilflosigkeit der Demokratie,
sich gegen Extreme zur Wehr zu setzen. Bezogen auf die
Eliten, erklärte sich diese Schwäche freilich weniger aus ihrer Unfähigkeit, das „Prinzip Demokratie" (etwa durch die
Ausweitung seiner gesellschaftlichen Geltung) zu festigen;
vielmehr sah sich in diesen Kreisen die Angst gerade durch
jene seit 1918 eröffnete Chance für die Unterschichten aus-
gelöst, erstmals ihre Ansprüche – wenn auch im pluralen
Rahmen – im politischen Entscheidungsprozeß anzumel-
den. Das galt bald als Sünde wider den Geist von Recht und
Ordnung. So sollte die These von der allseitigen Verfeindung, die diese Furcht spiegelt, nicht nur die Normalität in
Verruf bringen, auch die klassische Wechselwirkung zwischen Angst, Schutz und Gehorsam sah sich berufen. „Mas-
senangst führt zu Panik, zum Chaos oder – zur Führer-
schaft", so deutete im Jahr 1929 Generaloberst Hans von
Seeckt (S. 183) diese Emotionalisierung, in Übereinstim-
mung mit der Lagesicht von Carl Schmitt.

Um Gehorsamsbereitschaft zu wecken, mußte die Misere
abgrundtief, die Angst himmelhoch sein. „Der Mut eines
tapferen Mannes ist nicht die höhere Einheit aus Depression und Exaltation", wehrte Carl Schmitt noch 1912 (2,
S. 226) ab, genau um diesen Weltschmerz aber geht es am
Ende doch. Jener „Zustand der parlamentarischen Dauer-
lähmung", aus der Moritz Julius Bonn (1, S. 135) bereits
1925 die Diktatur entspringen sah, war ja nichts als die Folge einer überheblichen Gesprächs- und Kompromiß-Ver-
drossenheit. „Die faktischen Zustände sind so unbefriedigend, so abnorm und infolgedessen so wenig stabil", hieß es
1925 bei Schmitt (5, S. 41), „daß die Sehnsucht nach Frieden und Stabilität täglich stärker wird". Es entstand freilich
ein „tödlicher Zirkel" (Schmitt), wenn im gleichen Atemzug
diese Sehnsucht nach Ordnung als selbst-zerstörerisch galt,
weil sie die gegebenen Zustände erhalten und kalmieren
wollte. Wie das? Gemessen an jenen „abgestandenen Phra-
senresten beschwingter Vorzeit", von denen Bruno Frank

1928 in seiner „Politischen Novelle" zu berichten wußte,
wirkte der Weimarer Alltag freilich glanzlos und vergäng-
lich; daher wurde seine Stabilisierung von Schmitt (a.a.O.)
voll Häme als „Verewigung der mangelnden Stabilität" bezeichnet, diesem Status quo wäre allemal das Chaos vorzuziehen, aus dem vielleicht dereinst kühne Lösungen erwachsen könnten. Nicht zuletzt diese gewollte Verfeindung
schuf aber erst jenen „Braukessel trüb schäumender Böswilligkeit" (Frank), als der sich die Weimarer Zeit im Rückblick darstellt.

„Wer ein Volk retten will, kann nur heroisch denken", so
resümierte Adolf Hitler seinen Erfolg auf dem „Ersten Parteitag der geeinten Nation" 1933 in Nürnberg, und er
sprach aus, was viele dachten. Weil nicht Teil-Kritik, sondern die Totalverwerfung der Weimarer Demokratie an-
stand, mußte das Vorfindliche dämonisiert, „dem Gemeinen
ein hoher Sinn, dem Gewöhnlichen ein geheimnisvolles
Aussehen, dem Bekannten die Würde des Unbekannten,
dem Endlichen der unendliche Schein" (Novalis) verliehen
werden. Im großen Wurf führte daher auch bei Schmitt
(1, S. 29) „die Notwendigkeit der innerstaatlichen Befrie-
dung" unabweisbar zur „innerstaatlichen Feinderklärung".
Roß und Reiter wurden freilich nicht genannt. Die generelle
Feindklausel – der „gewollte Feind" also – förderte vielmehr
auf dem Boden eines „politischen Vitalismus" (Kodalle) die
allgemeine Verwirrung und damit die Ichstärke des Inter-
preten, durch dessen Prognosen erst in Gang gesetzt wurde,
was sie voraussagten. „Die Politik ist das Schicksal"
(Schmitt 1, S. 21), der Feind metaphysisch, und da er der
Phantasie entsprang, konnte der so Etikettierte an seiner
Lage nichts ändern. Laut Schmitt (1, S. 13 f.) war *alles,*
„auch was ‚Recht', ‚Ordnung' und ‚Frieden'" bedeuten
konnte, selbst schon „konkret durch den Feind bestimmt".
Hatten derart mithin „alle politischen Begriffe einen p o l e -
m i s c h e n Sinn" (a.a.O.), dann ließ sich über ihren Gehalt
nicht streiten, der Eigensinn des Definierenden war unzu-
gänglich. Folgerichtig verbot Schmitt sich selbst und allen
anderen, die Feindschaft etwa auf tatsächliche Anlässe zurückführen zu wollen, weil das einer Eingrenzung gleichkä-
me. Die Begriffe in diesem Feld wären vielmehr „geistiger

Art" (1, S. 9). „Der politische Feind braucht nicht moralisch
böse, er braucht nicht ästhetisch häßlich zu sein; er muß
nicht als wirtschaftlicher Konkurrent auftreten", hieß es daher folgerichtig (1, S. 7 f.). „Er bleibt ein Anderer, ein
Fremder." Wer war das? Warum war er das? Wer setzte
das zu schützende Gut fest? Solche Fragen ließen sich „prinzipiell" nicht beantworten, sie lösten sich von Fall zu Fall
(„okkasionell"), mithin nach der jeweiligen Feind-Perzep-
tion des Bestimmenden. Diese Fragen schienen damals nicht
nur unwesentlich, sie waren überdies riskant, hatte Schmitt
doch eine „Parteilichkeit" im Vorfeld seiner Feind-Sicht eingebaut, die bereits denjenigen abstempelte, der solche Deu-
tungen in Frage stellte. Wie ist das zu verstehen? Sein
Feind-Modell wurde unabweisbar, indem Carl Schmitt aus-
führte, daß „bei aller politischen Entscheidung selbst die
bloße Möglichkeit richtigen Erkennens ... und damit auch
die Befugnis mitzusprechen und zu urteilen nur auf dem
existenziellen Teilhaben ... beruht" (1, S. 8).

Panik im Mittelstand

„An der unbestrittenen Irrationalität der ... Masse findet
die Wissenschaft eine Grenze. Sie kann nicht das Irrationale
den Gesetzen der Ratio unterwerfen; wohl aber kann sie,
die Existenz des Irrationalen anerkennend, versuchen, soziale Lebensvorgänge bis auf ihre letzten irrationalen Elemente zu zergliedern" (S. VIII).
Aus diesem Forschungsvorhaben von 1925 des bekannten
Soziologen Theodor Geiger über Irritationen des politischen Alltags wurde freilich seinerzeit nichts. Die Sozialwissenschaften haben sich Geigers Erkenntnis keineswegs zu
eigen gemacht, wonach es unsinnig sei, „unter dem Anschein der Wissenschaftlichkeit alles abzulehnen, was sich
nicht rational deklinieren läßt" (a.a.O.). So kann es im
Rückblick auch wenig verwundern, daß die „gelehrte Welt"
– auch deren kritischer Teil – von den periodischen Schüben
der Unvernunft überrascht wurde, wenn sie nicht gar daran
teilhatte. Man denke nur an die philosophischen Moden in
den 20er Jahren mit ihrer Lust am Dumpfen, die von den fa-

schistischen Bewegungen zur Lenkung der öffentlichen Phantasie so meisterhaft gehandhabt wurden.

„Der deutsche Kapitalismus hat 1933 einer irrationalen Ideologie den Vorzug gegeben, die die Bedingungen der technischen Rationalität aufrechterhält, aber gleichzeitig alle Formen der substantiellen Rationalität zerstört." Derart hat Ernst Fraenkel (S. 241) das Rätsel zu lösen versucht, das den eingangs zitierten Franz Borkenau bereits verwirrte. Sicherlich wäre der deutsche Kapitalismus entwicklungsgeschichtlich ohne die „Machtergreifung" ausgekommen. Es gab keine Notwendigkeit der Diktatur, keine Kapital-Logik, die Hitler aus dem Hut zauberte! Die Art und Weise, wie Reichskanzler Brüning schmerzende Einschnitte in die sozialpolitischen Errungenschaften ohne ernste Gegenwehr der Arbeiterbewegung vornehmen konnte, belegt unmißverständlich, daß den „Realisierungschancen" der Unternehmer kaum solcherlei Hindernisse im Wege standen, die einzig und allein ein brauner Beelzebub beiseite räumen konnte. Vielmehr gefährdete im Lauf der Zeit die Unberechenbarkeit „der Bewegung" auch alle Zweckrationalität, die anfangs für ein Bündnis zwischen Ruhr und Braunau gesprochen haben mag. Klarsichtige Köpfe wie der Münchener Sozialökonom Bonn (2, S. 52 ff.) haben das beizeiten erkannt: Nachdem die Arbeiterschaft 1918 aus Furcht vor dem Durcheinander gesellschaftliche Umbauten scheute, etablierte sich zügig eine „neue Wirtschaftsfeudalität" (Bonn), die eher durch weltwirtschaftliche Turbulenzen denn durch den Treuebruch der Unterschichten gefährdet war.

„Hitler hatte einen großen Verbündeten, den Wahnsinn der Zeit." Mit dem Nazi-Verehrer Erich Czech-Jochberg (S. 20) gilt es diesen Hintergrund im Auge zu behalten, will man jene „Metaphysik" erfassen, die laut Eugen Kogon (S. 25) in den „Rauhjahren des Dritten Reiches" vorherrschte und die „dem Verstand allein kaum mehr begreifbar ist". Alle Kosten-Nutzen-Rechnungen jener Kräfte, die sich der „braunen Jakobiner" (Emil Franzel) bedienen zu können glaubten, waren dem Zeitgeist entsprechend irrational getrübt. Ohne dieses Moment blieben die politischen Optionen jener Zeit unverständlich. „Der Boden der Profits ist

vulkanisch", umschrieb Fritz Sternberg (S. 310) 1926 die
Ausgangslage: Die allgemeine Labilität steigerte sich erheblich durch das Abstürzen ganzer Segmente der Gesellschaft
in Inflation und Wirtschaftskrisen. Diese Verluste erhöhten
„die Anfälligkeit" (Emil Lederer) der gefährdeten Mittel-
schichten, aber auch von Teilen der gehobenen Unterschichten für die Neuordnungs-Romantik der Nazis nicht
unbeträchtlich. All das erklärt freilich nicht, wieso auch die
„Direktionskräfte" (Otto Kirchheimer) der Wirtschaft nach
dem Führer riefen. Denn die Neigung, in wirrenreichen Zeiten von seiner Obrigkeit Schutz zu erwarten, findet sich
nicht nur bei den Deutschen. Auch in den westlichen Demokratien nimmt im Krisenfall die „soziale Platzangst" (Geiger) zu. Es kann also nur darauf ankommen, daß die maß-
gebenden Eliten die Nerven behalten und – qua besserer
Einsicht – an der Demokratie (wie Schumpeter gezeigt hat)
als einzig rationaler Form der Konfliktaustragung festhalten. Warum aber betrugen sich die maßgeblichen Kreise in
Weimar wie eingebildete Kranke und entschieden sich in einer Lage, die (wie ein Blick auf Frankreich oder auch die
USA zeigt) viele Auswege bot, für den „Kleinleutemachia-
vellismus" (Reck-Malleczewen)?

    „La normalité nous tue!" Dieser Angstruf des Liberalis-
mus hat zwei Wurzeln. *Zum einen* verrät er ein Erschrecken
über die „dürftigen Zeiten" eines marktwirtschaftlichen Alltags, dessen „Entzauberung" schon Max Weber schaudern
ließ. Die Unterwerfung des „Wirtschaftsmenschen" unter
Sachzwänge nimmt dem Dasein alle Träume, sieht man von
der Kauflust ab, die in Zeiten des Abschwungs obendrein
verhärmt. Auf diesen „sozialpsychologischen Habitus der
Gegenwart" (Lederer) haben von Freud bis Riesman unzäh-
lige Kulturkritiker hingewiesen, meist mit dem Zusatz, daß
dies taedium vitae nach Kompensationen im Illusionären
verlangt, die die Eintönigkeit des Berufsalltags sprengen.
Ein Rückblick auf die ansteckende Kriegshysterie des Jahres
1914 mag andeuten, daß die Langeweile den Übermut in
sich birgt wie die Wolke den Regen. *Zum anderen* fördern
Krisenzeiten das Rückzugsverhalten; die politische Gegenwart beruht jedoch auf der Handlungsbereitschaft ihrer
Teilnehmer. Phasen großflächiger Unruhe bewirken erfah-

rungsgemäß, „daß man der Autonomie müde wird", wie
Paul Tillich (S. 41) beobachtet hat, „Mündigkeit" nicht länger gefragt ist. Eins kam seinerzeit zum anderen: Die mangelnde Zustimmung zur Republik förderte die allgemeine
Bereitschaft, sein Schicksal vertrauensvoll in starke Hände
zu legen. Um den in Wahrheit „magischen Charakter"
(Vondung), mithin die schicht-unspezifische Anziehungs-
kraft des Nationalsozialismus zu verstehen, fehlen aber
noch einige Zutaten des deutschen Katastrophen-Syn-
droms.

Montesquieu behauptete 1748 im 11. Buch seines „Esprit
des lois", daß es zwei unterschiedliche Staatszwecke gebe,
zwischen denen man wählen müsse. Einmal könne das
Staatswesen der „liberté politique" verpflichtet sein, zum anderen der „gloire de l'état". Solche Alternative hat sich allerdings in der deutschen Geschichte nicht eröffnet. Die Ver-
äußerung der Individuen an fremde Machtzwecke – mithin
ein politischer Aristotelismus –, behielt hierzulande die
Oberhand, nachdem sich das Bürgertum voller Schrecken
vom kühnen, aber garstigen Emanzipations-Gebaren der
Franzosen distanziert hatte. „Herr ist, der uns Ruhe
schafft", hat Goethe (Faust II) resigniert. Hegel hat als
„deutscher Nationalphilosoph" (Rosenkranz) dieser verkehrten Staatszweckauffassung ein papiernes Gerüst errichtet, stabiler als die „schimmernde Wehr" späterer Tage. Die
Lage Weimars war mithin nicht nur fatal, weil die Republik
das Elends-Erbe des Zweiten Reiches antrat; auch nicht
nur, weil die Konjunktur stotterte. Weimar hatte sich vor allem mit dieserlei politischen Fehlhaltungen herumzuschlagen. Gerhard Szczesny (S. 10 ff.) sprach vom „Puerilismus"
der deutschen Eliten und meinte ihre Unfähigkeit und Un-
willigkeit, die Dinge nüchtern zu sehen. Man lebte hierzulande lieber in einem Wolkenkuckucksheim, in das sich das
von Minderwertigkeitskomplexen gepeinigte Selbstbewußtsein des Bürgertums geflüchtet hatte, seit es Mitte des
19. Jahrhunderts geduckt worden war. Eine unerfüllte
Großmannssucht brach sich in wagnerianischen Überlegen-
heitsphantasien Bahn, die von der Identifikation mit des
Reiches Schwert und Glorie lebten, also gerade von jenen
Symbolen, die die eigene Ohnmacht verkörperten. So ist es

in diesem Zusammenhang vielleicht nicht übertrieben, von
„bürgerlichem Selbsthaß" (Krockow) zu sprechen, bewun-
derte man doch mit Wonne, was einen nicht erwachsen werden ließ.

Der Untertan war freilich in der Weimarer Zeit überfor-
dert, und Irritationen gerieten deswegen leicht zu Unruhe
und Angst, die wiederum Aggressivität begünstigten. Angst
scheint eine Grundbefindlichkeit deutscher Politik zu sein,
sie bildet ein emotionales Reservoir, endemisch und jederzeit abrufbar. Sie ist aber auch eine Rechtfertigung der Ordnung. „In Gefahr und großer Not/Bringt der Mittelweg den
Tod" (Friedrich von Logau). Alles in allem verlangt der „au-
toritäre Ausgleich für existentielle Spannungen" (Erich
Franzen) nach krassen Lösungen, denn im Schlamassel helfen erklärtermaßen keine halben Sachen. „Wir sehen ein
Nichts", klagte Ludendorff (S. 219) nach der „Novemberre-
volution" von 1918. Wo „Nichts" war, sollte Sinn entstehen,
das gelang freilich nur im Kopfsprung in die „Magie des Ex-
trems", wie sich Hermann Rauschning 1938 ausdrückte.

„Die Zivilisation ruht nicht auf der Vernunft, sondern auf
Emotionen" (Benjamin Kidd). Diese Vermutung wird durch
die von Max Weber verzeichneten Rationalisierungs-Schübe
bestätigt, durch die das Alltags-Wissen immer marginaler
wird. Je mehr die Sozialwelt dem Menschen über den Kopf
wächst, desto vager werden die Zusammenhänge erkannt,
desto drastischer sehen sie sich am Ende mit Hilfe von Vorurteilen bewältigt. Das traf in Weimar nicht nur für das Ge-
baren des Mittelstandes zu; auch die Unterschichten ver-
hielten sich „eindeutig illiberal" (Tillich), auch hier konnte
die Demokratie mit ihrer „labilen geistigen Struktur" (Geiger), ihrer mühseligen Weise des Interessenausgleichs keine
besonderen Sympathien erwecken. Doch schlimmer: Das
Gefühl, politisch im Labyrinth zu stecken, erreichte auch
die Spitzenschichten. Sie verloren den Überblick und ließen
sich ins Bockshorn jagen, obwohl sie doch den Wirrwarr
politisch verwerten wollten. „Für das Entstehen und Wachsen einer Bewegung auf politischem Gebiet ist die Illusion
einer Gefahr", so Erwin von Beckerath 1927 (S. 10), „unter
Umständen ebensosehr Anlaß wie die Gefahr selber". Das
aber hatte seinerzeit zur Folge, daß sich Angst und Sorge

ausbreiteten, die nach Sicherheit riefen, unabhängig von faßbaren Gründen und womöglich durchaus ökonomischen Belangen zuwiderlaufend. Die so entstandene Macht-Brunst jener Tage hat Leopold Schwarzschild (S. 21) wohl gemeint, wenn er hervorhob, daß sich dieses Streben „als vollkommen selbständiges, selbstherrliches, selbstzweckliches Faktum präsentieren" kann.

Einer, der auszog, das Fürchten zu lernen

Der Göttinger Rechtsphilosoph Julius Binder hat 1929 die „tiefe Sehnsucht nach dem Führer" dokumentiert, „die unser Volk erfüllt" (S. 5). Diese Sehnsucht spiegelte die aufgerührte Angst, entsprach aber auch einer Schwäche für das Verschleierte, die den noch bestehenden Parlamentarismus entsetzlich profan fand. „Weil die Deutschen uneinig sind, brauchen sie einen Führer" (Heinrich Herrfahrdt). Und: „Das Gefährliche ... beherrscht jetzt die Gegenwart", derart brachte Ernst Jünger 1932 die wachsende Erregung (S. 58) auf einen Nenner. In dem „Der Einbruch elementarer Mächte in den bürgerlichen Raum" betitelten Teil IV seines Bucherfolges „Der Arbeiter" schilderte Jünger die breite „Flucht aus der Freiheit" (Fromm), die sich als Vernunfts-Verachtung auslebte. In kindischer Weise mischten sich „intellektuelles Abenteuerertum" (Schmitt über Schmitt), Angstneurosen und Zustandsekel, man wollte einfach mit Nietzsche seine „Häuser an den Vesuv bauen"! Hatte nicht schon Spengler zu Beginn der Weimarer Ära den Zeitgeist beschworen mit seinem: „Zu einem Goethe werden wir Deutschen es nicht wieder bringen, aber zu einem Cäsar" (2, S. 19)? Die Verweigerung steigerte sich zum Abscheu, die Gegenwart mitzuverantworten. Darum sollte sich ein Größerer kümmern, der wisse, wohin die Reise gehe.

„Der Wahn wird zu einer ungeheuren Energiequelle", so erläuterte Carl Schmitt (2, S. 38) diese entstehenden Neuordnungs-Schwärmereien, „und treibt den einzelnen Menschen wie ganze Völker zu überschwenglichen Hoffnungen und Taten". Hier sah sich ein „politischer Gewaltästhetizis-

122

Sven Papcke

mus" (F. L. Neumann) beschrieben (und vertreten), der als „okkasioneller Dezisionismus" (Löwith) – wie Carl Schmitts „konkretes Ordnungsdenken" im Dritten Reich zeigen sollte – doch sehr genau wußte, wo „Feinde" saßen. Zugleich entwickelte sich eine Faszination am Regellosen, eine Art von „antibürgerlicher Bürgerlichkeit" (Krockow) also, die beschwingt zerstörte, was sie trug. Der herbeigeredete Autoritarismus warf den Liberalismus als Voraussetzung aller – auch der geistigen – Autonomie achselzuckend auf den Müll. Als Lakai der Macht half das anti-aufklärerische Literatentum am Ende mit, die „Käseglocke der Ideologie über eine übelriechende Praxis zu stülpen" (Franzen). Diese Mittäterschaft entsprang keineswegs nur der „Verzweiflung", wie Hannah Arendt entschuldigend meinte, eher schon der mangelnden politischen Erfahrung, ganz sicher aber dem Spaß am Verruchten. Angst, Langeweile und Maulheldentum ergaben eine explosive Mischung, wie Carl Schmitts Unterminierung der parlamentarischen Demokratie in Weimar belegen mag, die jener von Julien Benda bloßgestellten trahison des clercs kräftig Vorschub leistete.

„Vor dem Forum des Geistes hat unsere wissenschaftliche Arbeit nichts zu fürchten, nichts zu verhehlen und nichts zu bereuen" (S. 22). So im Jahr 1950 Carl Schmitt in einer weinerlichen Selbstrechtfertigung mit dem Titel „Ex captivitate salus" (Schmitt 7). Argwöhnische Stimmen gelten ihm nun schlicht als „viel zu primitiv, um einen Diagnostiker von einem Propheten zu unterscheiden" (S. 73). Freilich, „der Weg des Geistes führt auch durch Irrtümer" (S. 23), er habe sich insgesamt gesehen aber nichts zuschulden kommen lassen, eher schon umgekehrt: Der preußische Staatsrat und SS-Brigadeführer Schmitt, Erz-Rechtfertiger des „Preußenschlages" vom Sommer 1932 und des „Röhm-Putsches" Mitte 1934, der inner-universitäre Juden-Aufspürer und Wegbereiter völkischer „Großraumtheorien", sei ein „bejammernswürdiger Hiob" (Niekisch), ein Verfolgter sui generis, hätten doch übelwollende Kollegen wie Reinhard Höhn oder Otto Koellreutter gegen ihn intrigiert, habe gar das Organ der SS – „Das schwarze Korps" – am 10. Dezember 1936 unter dem Titel „Es wird immer peinlicher" Nachteiliges über ihn verbreitet. Carl Schmitt im Rückblick voll

Selbstmitleid: „Der Geist hat seinen Stolz, seine Taktik, seine unveräußerliche Freiheit und … sogar seine Schutzengel, und er hat das alles nicht nur in der Emigration, sondern auch … in den Fängen des Leviathan selbst" (S. 16). Geraten solchermaßen die Pfadfinder und Helfershelfer des „Banditenstaates" (Reck-Malleczewen) zu den eigentlichen Opfern, dann findet eine Vermengung von Ursache und Wirkung, von Schuld und Leid statt, die als Verhüllung verständlich, als vorgebliche Wirklichkeit abstoßend ist. Bei Carl Schmitt, wie auch beim Philosophen Heidegger oder beim Dichter Benn, erweist sich die Triftigkeit der Behauptung von George Steiner, wonach der intellektuelle Kotau von 1933 schlimm genug war, der wirkliche Sündenfall dieser Geister aber erst nach 1945 beginnt, als es in der sogenannten „Stunde Null" nichts zu erklären, zu bekennen oder sogar zu bereuen gab, sondern Schweigen und Selbstgerechtigkeit herrschten.

„Die Deutschen werden dem Unglück seelisch kaum besser gewachsen sein", so sah es der Kunsthistoriker Karl Scheffler (S. 369) kurz vor Kriegsende kommen, „als sie es den lauten Erfolgen in den ersten Kriegsjahren waren. Alle werden versichern, nicht innerlich beteiligt gewesen zu sein an Gewalt und Missetat, und am niedrigsten werden sich die Rädelsführer benehmen." Diese Vermutung trifft auch auf Carl Schmitt zu, der nach eigenem Bekunden „in die Sicherheit des Schweigens" auswich, in ein Refugium im Sauerland, das er nicht eben bescheiden „San Casciano" taufte, wie den Exilsitz Machiavellis nach dessen Vertreibung aus Florenz im Herbst 1512. Die eigene, literarisch und prozessual betriebene „Kampfansage an den Moralismus" (Theodor Schieder) verdrängt er, Carl Schmitt sieht sich keineswegs als bedeutender „Ideologe des Schwindels" (F. L. Neumann), dessen „blutige Schlauheit" dem liberalen Rechtsstaat einst den Boden unter den Füßen wegzerren half, wie Ernst Bloch sich ausdrückte. Für Helmut Ridder gehören einige jener Schriften, die dieser „böse Dämon" (Edgar Salin) nach seinem Übertritt zur NSDAP im Mai 1933 verfaßte – so „Der Führer schützt das Recht" (1934) oder auch „Die deutsche Rechtswissenschaft im Kampf gegen den jüdischen Geist" (1936) – „zu dem Niedrigsten, was je einer

Juristenfeder entflossen ist" (S. 319). Damit gewann aber, wie Karl Löwith 1939 im Exil notierte, „der talentierte Streber Schmitt" einen „kaum zu überschätzenden Einfluß" auf das politische Denken und vor allem die Gesetzgebung des Dritten Reiches, das für ihn einfach der „gerechte Staat" war. Carl Schmitt, ein Anpasser?

„Bei Nostitzens in Zehlendorf zu Abend. Die Atmosphäre ... ist ganz nationalsozialistisch durchsetzt (...) Der junge russische Tänzer Koschelnikow, der im Hause wohnt, kam von einem Tee beim Berliner Universitätsprofessor Carl Schmitt... Dieser habe sich ganz mit dem Nationalsozialismus abgefunden... (und) die Regierung Papen als sehr schädlich für die Nazis bezeichnet." So lautet eine Tagebucheintragung Harry Graf Kesslers von Donnerstag, dem 14. Juli 1932 (S. 676). Das zeigt, Schmitts Sympathien für stramme Lösungen sind älteren Datums. Zur landläufigen Abneigung der damaligen prophètes du passé gegenüber der Demokratie als einem Moloch, der „das deutsche Volk verschlingt und vernichtet" (Georg von Below), addierten sich bei Schmitt Schreckerlebnisse, die jene sowieso im bürgerlichen „Sozialfeld des Bewußtseins" (Voegelin) verbreitete „Pseudo-Angst" (Alfred Adler) noch vertieften. Sein Begriff eines „völkischen Totalstaates" zielte mithin gegen die linke Romantik einer „Diktatur des Proletariats" – das wäre der vielbeschworene cas réel! –, der Freund-Feind-Mythos aber bildete die Generalantwort auf die marxistische Klassenkampftheorie. Diese Furcht vor dem angeblich jederzeit drohenden roten Orkus mündete nicht nur bei Carl Schmitt in Sekuritätspsychosen, politisch mithin in einen „Extremismus der Mitte" (Lipset); Angst und Verfeindung betrieben also jene „Heroizität des Nichts" (Alfred Delp), die von Gottfried Benn bis Hans Freyer ihre Verkünder hatte und die dem nach 1933 staatstragenden Nihilismus den Weg ebnete. „Es gibt Zeiten, zumal nach schweren inneren Erschütterungen, in denen es der Volksmasse tiefinneres Bedürfnis ist, eine Faust über sich zu fühlen", glaubte der Berliner Sozialwissenschaftler Ludwig Bernhard (S. 132) 1924 zu wissen. Diese Suche nach einer festen Hand rechtfertigte Schmitt mit der parlamentarischen Dauerkrise, welche in Wirklichkeit nur diese Suche spiegelte. Aber Schmitt begriff

das Italien Mussolinis seit 1922 als „Lösung", welche die
Wiederherstellung der „Suprematie des Staates" gegenüber
allen Sozialgruppen vorexerzierte (8, S. 111). Der italienische Kurs, den Carl Schmitt unter dem Titel „Gesunde
Wirtschaft im gesunden Staat" 1932 den führenden Wirt-
schaftsvertretern andiente, war hierzulande freilich nur-
mehr als Langzeitwirkung der Machtaneignung einer „geschlossenen, ordensmäßigen Organisation" zu bewerkstelli-
gen. Solchermaßen geriet der Faschismus für Schmitt schon
in Weimar zum „heroischen Versuch, die Würde des Staates
und der nationalen Einheit gegenüber dem Pluralismus öko-
nomischer Inhalte zu halten" (S. 108).

Ich sehe eine alte Welt zerfallen;
aus Schutt und Asche, Dunst und Todeslallen
gebiert sich Aufriß, Umriß neuen Baus.
Hier hilft nicht Kunst, Zierat in Trümmerhallen.
Verspielt, verloren, was einst hob
aus dieser Nacht ins Licht des Götterblaus.
Was ist, das war. Die Würfel sind gefallen.

Mit Josef Weinhebers „Heroischer Triologie" von 1930 läßt
sich jene Stimmung treffen, die auch Carl Schmitt kolpor-
tierte und die mit Gottfried Benn verlangte, der Acheron
möge endlich den Olymp überwältigen. Es galt niederzurei-
ßen, um neu gestalten zu können, wobei sich nicht allein
Carl Schmitt einbildete, das erflehte „Reich der niederen
Dämonen" (Niekisch) beeinflussen zu können. Der Wahn
wuchs den Vordenkern bald über den Kopf, übrigens ein
Effekt, den ein prüfender Blick auf das factum brutum des
italienischen Experiments hätte unschwer erkennen lassen.
Doch, bekannte Schmitt (4, S. 123) selbst: „Keine noch so
klare Gedankenführung kommt gegen die Kraft echter,
mythischer Bilder auf".
    In seiner Apologie aus dem Jahr 1950 berief sich Carl
Schmitt nachdrücklich auf sein wissenschaftliches Werk zu
Zeiten des „gesetzlichen Unrechts" (Radbruch); und auch
darauf, daß er sich rasch innerlich wieder vom braunen Um-
bruch gelöst habe. Wie war es damit in Wahrheit bestellt?
Greifen wir auf eine Veröffentlichung aus dem Jahr 1938

zurück. In seinem „Leviathan in der Staatslehre des Thomas
Hobbes" behandelt der Autor ein Thema, das dem Druck
der Zeitgenossenschaft enthoben scheint. Nun, der Leser erhält ziemlich wenig Aufschluß über den Weisen von Mal-
mesbury, dafür aber allerlei Rechtfertigungen für die Be-
strebung, den „braunen Leviathan" einem wackeligen De-
mokratie-Versuch vorzuziehen. Schmitt lud dabei eifrig auf
die Schultern des englischen Staatsphilosophen, was ihn
selbst bewegte, und ließ zugleich einen rüden Antisemitismus mitschwingen, Geist vom Geiste der Entstehungszeit
des Buches. Interessant, daß diese Arbeit jüngst neu aufge-
legt wurde, man spekuliert wohl auf die untergründige
Schmitt-Renaissance, die verblüffenderweise inzwischen
auch unter ehemals distanzierten Köpfen modisch zu werden scheint, worauf Christian Graf Krockow voll Sorge hingewiesen hat. In einer merkwürdigen Verwechslung über-
lappen sich bei Carl Schmitt die Auslegung von Hobbes und
die Bemächtigung der eigenen Umwelt durch den Nationalsozialismus: „Atomisierte Einzelne finden sich in ihrer
Angst zusammen", wird erklärt (4, S. 51), „bis das Licht des
Verstandes aufleuchtet und ein auf die allgemeine und un-
bedingte Unterwerfung unter die stärkste Macht gerichteter
Konsens zustande kommt". War jener „entfesselte Wotan"
(Toller) in Berlin wirklich ein wegweisendes „Licht des Verstandes", das die Bürger aus ihrer Angst vor der Bürde der
Individualität führte? Keineswegs eine unzutreffende Vermutung, zieht man die Folgerungen in Betracht, die Schmitt
dem Leser anbietet. Die Staats-Konstruktion des Hobbes sei
„heute noch modern", heißt es. Denn „daß die rebellische
Gefährlichkeit und der Eigensinn des Individuums mit Hilfe
des Verstandes ... überwunden werden müsse, leuchtet ...
ohne weiteres ein" (S. 57). Schmitt bietet eine Polizei-Inter-
pretation von Hobbes, die sehr fraglich wirkt; überdies voll-
führt er eine bezeichnende Kompetenz-Reduktion des Verstandes auf eine strikte Machtrolle. „Gegenüber dem Leviathan ... ist der Versuch eines Widerstandes praktisch völlig
aussichtslos", bemerkt Schmitt (S. 71) mit Blick auf seine
nationalsozialistische Umgebung; solcher Versuch sei aber
auch verwerflich, fehle doch der Aufmüpfigkeit jede
Rechtsgrundlage, nachdem „der Verstand" die Notwendig-

keit der Unterwerfung einmal festgestellt hat. Um die Don-
quichotterie solchen Freiheitsverlangens zu untermalen, ent-
wirft Carl Schmitt eine Art von „Verinnerlichungspflicht"
der Staatshoheit durch die Untertanen, die derart zu bloßen
Statisten einer (wie im Falle des Dritten Reiches) folie de la
groupe degradiert werden.

In diesem Kontext entflammt noch einmal der Antisemitismus (der „artfremde Feind"), da Schmitt dem wurzellosen
Geist der Juden von Spinoza bis Friedrich Julius Stahl vor-
hält, mit Hilfe einer tolerant-neutralen Auffassung vom
Staat die innige Beziehung von Mensch und Obrigkeit zu
verderben, und zwar, wie es heißt, „mit dem unbeirrbaren
Instinkt dafür, daß eine solche Unterminierung und Aus-
höhlung der staatlichen Macht zur Lähmung des fremden
und zur Emanzipation des eigenen jüdischen Volkes am besten dient" (S. 92 f.). Auch die „Auseinandersetzung deutscher Weisheit mit jüdischer Distinktionstaktik" habe dagegen nichts vermocht, erst unter den obwaltenden Zuständen
im Dritten Reich befinde sich die Sache wieder im Lot. In
Übertragung seiner Freund-Feind-Trennung setzte Schmitt
1938 nicht nur die Polemik gegen den „Pluralismus aller Arten der indirekten Gewalt" fort, sondern auch die Polemik
gegen die „gehorsams-zersetzende jüdische Mentalität", in
Kenntnis der praktisch-politischen Folgen.

Gleich und gleich gesellt sich gern,
Wer du bist, zeigt dein Begleiter,
Aus dem Knecht kennt man den Herrn,
Aus der Fahne ihre Streiter.
Was du billigst, ob nur fern,
Ist nach Tagen oder Wochen
Dein, als ob du's selbst gesprochen.

Mit diesen Zeilen Grillparzers von 1835 läßt sich dieses
„Schrifttum" in die „Pöbelliteratur" (Grillparzer) einreihen.
Daran ändert auch eine noch so elaborierte, geradezu kab-
balistische Verstiegenheit – „Mythomanie" (René König) –
wenig, so das angestrengte Rätselraten Carl Schmitts, wer
nun wen überschatte, der „Leviathan" den „Behemoth" – also der Staat die Revolution – oder aber umgekehrt.

Interessenausgleich

„Es ist, als wenn in der Politik der Scheuerteufel, mit dessen
Horizont der Deutsche ohnehin schon am besten auszukommen versteht, ganz allein das Ruder führen dürfte, als
ob wir mit Wissen und Willen Menschen werden *sollten,* die
‚Ordnung' brauchen und nichts anderes als Ordnung, die
nervös und feige werden, wenn diese Ordnung einen Augenblick wankt, und hilflos, wenn sie aus ihrer ausschließlichen Angepaßtheit an diese Ordnung herausgerissen werden" (S. 414). Aber selbst Max Weber, der sich 1909 in
Wien derart über seine Landsleute wunderte, konnte
schwerlich voraussehen, daß solche „Ordnungsliebe" (Fichte) Kulturumbrüche wie 1918 nicht nur überdauern, sondern daß sie durch das zeitweilige Machtvakuum noch verstärkt würde. Wie sollte Max Weber auch das fanatische
Moment darin erkennen, da sogar seine politische Hoffnung in die gleiche Richtung wies: Als Ausweg aus den
Richtungskämpfen erträumte der bedeutende Soziologe
nach 1918 eine „Führerdemokratie", in der sich das verstörte Ich am heldischen Charisma aufrichten könnte – fraglos
auf Kosten von Selbstwertgefühl und Verantwortlichkeit für
die Gegenwart und ihre Anforderungen.

„Deutschland ist ohne freiheitliche Tradition, ihm fehlt
das wirkliche Bürgerbewußtsein", klagte Carl von Ossietzky
(S. 707) noch 1932, „ihm fehlt auch der Stolz des Zivilisten
gegenüber der Uniform. Immer wieder ist dem deutschen
Untertan ... eingebleut worden, daß es Frevel am Volke sei,
dem Militarismus irgend etwas zu verweigern. Das ist in der
Republik um kein Jota besser geworden".

Wer sich in Deutschland anschickte, die gängige Ordnung anzukratzen, galt daher als „Feind", der nicht nur die
heiligen Güter der Nation, sondern gleich auch den allgemeinen Seelenfrieden aufs Spiel setzte. So wurde der Spießbürger ein ums andere Mal zum Orakel! An diesem begrenzten Horizont seiner Mitbürger verzweifelte schon
1861 der linksliberale Mitbegründer des hiesigen Genossenschaftswesens, Hermann Schulze-Delitzsch (S. 13): „Um
nur die bedrohte Gesellschaft zu retten, gibt man lieber den
politischen Fortschritt preis und wirft sich jeder noch so

willkürlichen Gewalt in die Arme, welche ... Schutz vor dem gefürchteten Umsturz verspricht." Die Angst vor dem Plebs verwandelte sich in Berserkertum und endete als Kopfsprung in den „politischen Infantilismus" (G. L. Mosse), und wiederum die „Obhut" (Forsthoff) im stato forte verwandelte die Gesellschaft in eine einzige Kinderstube... Da auch die Eliten dieser Weltsicht anhingen, folgten ihre Handlungen keineswegs zwingenden Rendite-Kalkülen! War dann aber die Faschismus-Auseinandersetzung jener Jahre im Sinne von George Bataille (La structure psychologique du fascisme, 1933/1934) nicht tatsächlich nur in Form einer politischen „Dämonologie" zu betreiben?

In seiner Erzählung „A Descent into the Maelström" hat Edgar Allan Poe 1841 beschrieben, wie Angst die Gefahr zu erhöhen pflegt. Bei Poe geht der „raving maniac through sheer fright" unter, wohingegen sein Gefährte, der aller Drangsal zum Trotz die Nerven behält und die Gefahrenquelle nüchtern untersucht, Auswege aus der Not findet. Solches Verhalten setzt freilich den Willen zur Bewältigung der Krise voraus, bedingt weiter, daß das Bewußtsein nicht schon der „Romantik" erlegen ist, die sich bei Carl Schmitt als „Produkt bürgerlicher Sekurität" beschrieben sieht. Wenn freilich Angst und Widerwille vor der Realität so weit gehen, daß das Heil einzig „in der Fähigkeit zum Mythos" zu liegen scheint (Schmitt 5, S. 11), dann hat sich der Intellekt als Wegweiser aus dem Irrgarten verabschiedet, er trägt vielmehr zur Panik bei. So folgt – wie im Feind-Kult ersichtlich – einer Flucht aus der Unsicherheit der Sprung in die Abhängigkeit! Zur Ordnungsstiftung reicht allemal „der Henker" aus, was der von Schmitt verehrte Joseph de Maistre zu Anfang des 19. Jahrhunderts schon klar erkannt hat (S. 66). Das Denken schüchtert sich bei solcher gezielten Emotionalisierung am Ende also selbst ein, es berauscht sich an seiner eigenen Infragestellung.

Es gab Gegenstimmen und Einsprüche gegen solche Hysterisierung der politischen Bühne. Carl Schmitts Beschwörung der Gewalt behielt zwar die Oberhand, aber seine Logik der Feindschaft ist viel weniger überzeugend, als es der historische „Erfolg" seiner Lehre im Frühjahr 1933 vermuten läßt. Jener „Untergang Europas in der Entfremdung gegen seinen eigenen rationalen Lebenssinn" (Husserl) stand damals keineswegs vor der Tür, da gewaltlose Konfliktlösungen vorlagen, die wesentlich „kostengünstiger" waren als das faschistische Gewaltmodell, das schon Franz Borkenau für obsolet hielt. Derartige Modelle des „Interessenausgleichs" als Weg aus der Krise wurden zur gleichen Zeit, als Carl Schmitt seine Drohphantasien unter die Leute brachte, etwa von Hans Kelsen, Hermann Heller oder auch Karl Mannheim ausgearbeitet. In diesen Entwürfen hat freilich die „Feind-Dimension" keinen grundsätzlichen Stellenwert, vielmehr geht es um die Einsicht, daß zielbedachter Interessenkampf die Gesellschaft nicht zerstört, sondern eine notwendige Form der engagierten Mitgestaltung darstellt.

Angst ist hierzulande beliebig abrufbar und stellt eine politische Größe ersten Ranges dar. Das führt auch der Einfluß von Carl Schmitt vor Augen, der im Feind-Bild den zentralen Auslöser solcher Emotionen auf den Begriff brachte. Die durch die Generationen vermittelten kleinmütigen Verhaltensstile haben bis in unsere Tage hinein einen eingeschüchterten „Staats"bürger geprägt. So mag es scheinen – wie Nietzsche es sah –, daß der Deutsche sich erst einmal gegen die Vernunft und damit leider auch gegen die Selbstzivilisierung entscheidet, wenn sich der Himmel verdüstert. Wohl war das „wahre Deutschland", so hat Heinrich Mann 1919 seine Landsleute in Schutz genommen, zu allen Zeiten ein geduldiges, tätiges, der Gerechtigkeit ergebenes Volk. Keine Frage: Das Deutschland Heinrich Heines oder jenes „Athene-Deutschland" von Gerhart Hauptmann lebte und lebt. Aber, wie drückte sich Gustav Stresemann (S. 318) so verbittert aus: „Es ist Deutschlands Unglück, daß die Brunnenvergiftung eine so gewaltige Stimme hat und die Vernunft nur so leise vor sich hinspricht."

Literatur

Beckerath, Erwin von: Wesen und Werden des fascistischen Staates. Berlin 1927
Binder, Julius: Führerauslese in der Demokratie. Langensalza 1929

Bernhard, Ludwig: Das System Mussolini. Berlin 1924
Bonn, Moritz Julius: 1) Die Krisis der europäischen Demokratie. München 1925
–, 2) Das Schicksal des deutschen Kapitalismus. Berlin ²1930

Czech-Jochberg, Erich: Adolf Hitler und sein Stab. Oldenburg i. O. 1933

Fraenkel, Ernst: Der Doppelstaat (1940). Frankfurt 1984

Geiger, Theodor: Die Masse und ihre Aktion. Stuttgart 1926

Jünger, Ernst: Der Arbeiter. Herrschaft und Gestalt (1932). Stuttgart 1982

Kessler, Harry Graf: Tagebücher 1918–1937. Frankfurt 1961
Kogon, Eugen: Gericht und Gewissen. In: Frankfurter Hefte, 1. Jahrgang/Nr. 1 (April 1946), S. 25 ff.

Ludendorff, Erich: Meine Kriegserinnerungen. Berlin ⁵1940

Maistre, Joseph de: Les soirées de Saint-Pétersbourg, ou entretiens sur le gouvernement temporel de la providence. 2 Bde., Paris 1822, hier Band 1

Ossietzky, Carl von: Rechenschaft. In: Die Weltbühne vom 10. Mai 1932; 28. Jahrgang/1. Halbjahr, Nr. 10, S. 689 ff.

Ridder, Helmut: Ex oblivione malum. In: Heinz Maus (Hrsg.), Gesellschaft, Recht und Politik. Neuwied/Berlin 1968, S. 305 ff.
Rochau, Ludwig August von: Grundsätze der Realpolitik (1859). Frankfurt u. a. 1972

Scheffler, Karl: Die fetten und die mageren Jahre. Leipzig ²1948
Schmitt, Carl: 1) Der Begriff des Politischen (1927). Hamburg 1933
–, 2) Politische Romantik (1919). Berlin ³1968
–, 3) Politische Theologie (1922). München/Leipzig ³1934
–, 4) Der Leviathan in der Staatslehre des Thomas Hobbes (1938). Köln-Lövenich 1982
–, 5) Positionen und Begriffe im Kampf mit Weimar – Genf – Versailles, 1923–1939. Hamburg 1940
–, 6) Staat, Bewegung, Volk. Hamburg 1933
–, 7) Ex captivitate salus: Erfahrungen der Zeit 1945/1947. Köln 1950
–, 8) Wesen und Werden des fascistischen Staates. In: Schmollers Jahrbuch, Bd. 53 (1929), S. 107 ff.
Schulze-Delitzsch, Hermann: Schreiben an die Wahlmänner des III.

Wahlbezirks in Berlin vom 28. 2. 1861. In: Schriften und Reden, hrsg. F. Thorwart. 4 Bde., Berlin 1909/1911; hier Bd. 2 (Berlin 1910), S. 11 ff.

Schwarzschild, Leopold: Das Ende der Illusionen. Amsterdam 1934

Seeckt, Hans von: Die Zukunft des Reiches. Berlin 1929

Spengler, Oswald: 1) Jahre der Entscheidung (1933). München 1961 –, 2) Pessimismus? Berlin 1921

Sternberg, Fritz: Der Imperialismus. Berlin 1926

Stresemann, Gustav: Zit. von Antonia Vallentin, Stresemann. Vom Werden einer Staatsidee. Leipzig 1930

Szczesny, Gerhard: Europa und die Anarchie der Seele. München 1946

Tillich, Paul: Die sozialistische Entscheidung (1932). Offenbach ²1948

Weber, Max: Gesammelte Aufsätze zur Soziologie und Sozialpolitik. Tübingen 1924

Karl Grobe-Hagel

Einkreisungsangst? Verfolgungswahn?

Sowjetische Kriegsängste

Politische Stereotype haben ein langes Leben, ein längeres als rationale, differenzierte Untersuchungen politischen Verhaltens. Werden sie dann auch noch von wohlmeinenden Freunden vorgebracht, werden sie verzeihende, rechtfertigende Erklärungsmuster, dann sind sie gar nicht mehr zu beseitigen; dann werden sie zu wirklichen Motivationselementen des Gegenstands, den sie anfangs nur verkürzend, vielleicht karikierend bezeichnet haben. Dann gewinnen sie am Ende, da sie die Handelnden ergriffen haben, die Wirkungskraft politischer Ideen; und dann sind sie bald Bestandteil des politischen Überbaus, der diese Stereotype gar nicht hervorgebracht hat.

Die Sowjetunion, wie vor ihr das Rußland der Zaren, leidet unter Einkreisungsangst – das ist ein solches Stereotyp. Wer ist es, der da leidet? Die Machtelite? Das Volk? Ein Abstraktum, genannt: Der Staat? Ein ethnisch-ideologisches Kontinuum, das gar unabhängig von Staaten und Grenzen existiert? Oder aber: Ist die stereotype Formel schon zu einer politischen Idee geronnen, die etwas bewegt, anderes verhindert? Oder auch: Kommt der verkürzende Satz aus einer historischen Erfahrung, die, über Generationen weitergegeben, tatsächlich das Denken und Handeln politischer Akteure bestimmt?

Zwei Jahre nach dem Besuch Bundeskanzler Willy Brandts in Moskau stand ich im sowjetischen Zentralasien, in Samarkand, vor dem Mausoleum Gur Emir. Dort ist Timur-i Lenk beigesetzt, Tamerlan; ein Weltherrscher, der um 1400 vom Bosporus bis in die nordindischen Ebenen Schrecken und Terror verbreitet hatte, der aus den Schädeln erschlagener Gegner dreißig Meter hohe Pyramiden in Delhi hatte aufschichten lassen; ein Diktator des ausgehenden Mittelalters, vor dem Orient und Okzident zitterten. Timur-i Lenk hatte gleichwohl Samarkand zum kulturellen Zentrum gemacht. Diese Erinnerung hält sich.

Vor dem Gur Emir sprachen mich einige Junge Pioniere an, Russen und Usbeken, vielleicht zwölf, vierzehn Jahre alt. Als sie hörten, daß ich aus der Bundesrepublik hergereist war, wurden sie ernst: „Wird es Krieg geben?" Ich beruhigte sie mit dem Hinweis auf die Kanzlerreise nach Moskau, auf bestehende Verträge. „Aber wir meinen doch keinen Krieg mit Deutschland", sagte der Wortführer. „Die Chinesen – werden die Chinesen Krieg mit uns machen?" Ich versuchte ihn abermals zu beruhigen mit dem Hinweis auf die Armut jenes Landes, auf seine notwendige Wiederaufbauarbeit nach Kriegen, Bürgerkriegen und langer Revolution. Aber sie waren nicht überzeugt. In jenem Jahr 1972 hatte man ihnen in der Schule anderes erzählt.

Es war da ja auch der Zwischenfall am Ussuri gewesen im März 1969, ein besonderer Zwischenfall nach einer Reihe von über 6000 Grenzkonflikten seit 1949; es hatte auf beiden Seiten Tote gegeben und weltweites Aufsehen, sorgsam gepflegt von beiden Konfliktparteien. Den einen, der herrschenden chinesischen Fraktion, diente der Ussuri-Zusammenstoß zum Beweis, daß „die Revisionisten" die chinesische (Kultur-)Revolution erdrosseln wollten; vor dem Neunten Parteitag, der Lin Biao und seine ultralinke Gruppe an der Macht bestätigen sollte, kam das gerade gelegen, um den „einheimischen Revisionisten", denen, „die den kapitalistischen Weg gehen", eine leidlich belastende Freundschaft nachzusagen und sie rhetorisch-demagogisch zu erledigen. Den anderen, in Moskau, war der Zwischenfall auf andere Weise nützlich; denn er schien ein unwiderlegbares Argument, angesichts vermeintlicher chinesischer Bedrohung nun den Entspannungsprozeß an der entgegengesetzten, der westlichen, Grenze zu verteidigen gegen eine immerhin bestehende Rüstungsfraktion.

Da wäre dann das Einkreisungs-Stereotyp: Entspannung, geboren aus der Notwendigkeit, einen Zweifrontenkrieg zu vermeiden. Wer so argumentierte, mußte sich freilich in die Gesellschaft jener Kalten Krieger schicken, die von Westeuropa her mit „der chinesischen Karte" spielen wollten (und riefen nicht in der Bundesrepublik die Gegner der Oder-Neiße-Grenze und der Ostverträge nach jenem chinesischen Druckmittel?). Dahinter aber schimmerte eine atavistische

Erfahrung auf, die Rußland vor sieben Jahrhunderten mit einem Eroberervolk aus dem östlichen Zentralasien gemacht hatte – den Mongolen.

Zweihundert Jahre lang hatte die Goldene Horde, Nachfahren der Reiterheere Dschingis Khans, die russischen Stämme beherrscht. Rußland ist in steter Auseinandersetzung mit den Mongolen („unter dem Tatarenjoch") zu staatlicher Einheit gekommen, die „Sammlung russischer Erde" unter den Moskauer Fürsten war zu einem guten Teil Abwehr und Emanzipationskampf gegen die asiatischen Eroberer. Nun aber Chinesen und Mongolen zusammenzuwerfen, bedeutet ein neues Stereotyp zu schaffen. Auch in China waren die Mongolen Fremdherrscher gewesen: Die Yüan-Dynastie seit Kublai Khan (ab 1278) war Fremdherrschaft. Anders als in Rußland aber ging sie in China allmählich in einer höheren Zivilisation auf. Längst vor ihrem Untergang (1368) war sie sinisiert. Diesem Prozeß war eine Spaltung unter den mongolischen Weltherrschern vorangegangen: Just die expansiven Kräfte unter ihnen hatten den Sinisierungsprozeß nicht mitgemacht, sich gegen Kublai Khan und seine Nachfolger gestellt, und diese waren vom Reiterleben, vom kriegerischen Nomadisieren abgekommen. *Chinesische* Herrscher haben nie nach russischem Territorium gegriffen. Umgekehrt: Die russische Expansion nach Zentral- und Nordostasien erst hat zu engerer Berührung der russischen mit der chinesischen Zivilisation geführt, auch zu militärischen Scharmützeln – und zu den ersten Verträgen, die Chinesen mit Europäern schlossen von gleich zu gleich, in Nertschinsk 1689 und noch in Kjachta 1727. Danach erst, vor nicht mehr als 125 Jahren, gab es Gebietsstreit: als Murawjow-Amurski nach 1858 die Stammlande der Qing-Dynastie zwischen Baikalsee und Wladiwostok eroberte (und die Träger der Qing-Dynastie, die Mandschu, waren, seit 1644, Fremdherren in China).

Hier erweist sich die stereotype Vorstellung, Russen und Chinesen seien Erbfeinde, als unhistorisch. Eher könnten die Turkvölker und die Mongolen-Nationen Zentralasiens beide, Russen und Chinesen, als ihre Unterjocher in der Gegenwart ansehen: in den zentralasiatischen Sowjetrepubliken und in der Burjäto-Mongolei, in Xinjiang und am Süd-

rand der Wüste Gobi, wobei auch die Frage zu überdenken
wäre, wie frei, wie souverän denn die Mongolische Volksrepublik mit ihren anderthalb Millionen Menschen wirklich
ist.

Das Chinesische Kaiserreich war so wenig Erbe des Staates der Dschingiskhaniden, wie die Volksrepublik China
sein Erbe ist. Und doch hält sich wie in keinem anderen
Land in der Sowjetunion die latente Angst vor Bedrohung
von dort. Von anderen Elementen dieser Angst wird zu reden sein. Und was die Lehrer den Jungen Pionieren von
Samarkand mitzuteilen hatten, wird nicht nur „Mongolen-
angst" gewesen sein, auch wenn es ein damals vielzitiertes
Gedicht Jewgenij Jewtuschenkos gibt, das diese Angst arti-
kuliert und wider die Chinesen wendet. Immerhin: Es sollte
zu denken geben, daß eine siebenhundert Jahre zurücklie-
gende bittere Erfahrung vom einen auf den anderen Nachbarn transponiert werden kann.

Andere Elemente der Konfrontation sind aktueller. China
ist, erstmals seit zweihundert Jahren, eine sich wirtschaftlich
rasch entwickelnde Macht. Und es ist ein Staat, der sein
Selbstverständnis, seine politische Ideologie, aus denselben
Quellen herleitet wie die sowjetische Macht. Doch handelt
es sich in beiden Fällen um marxistische Ideologie?

Unter den Bedingungen des Zarenreichs, dessen soziale
Krise zur revolutionären Entladung heranreifte, entstand eine Partei eigenen Typs. Aus der – im westlichen Exil leben-
den, mit den westeuropäischen sozialistischen Diskussionen
vertrauten – intellektuellen Führung hat sie ihre Kapitalis-
muskritik übernommen, aus dem illegalen Kampf im Lande
selbst den disziplinierten, verschwiegenen, mißtrauischen
Parteiarbeiter; von den Lenins die Fähigkeit (wenn auch
nicht immer die Bereitschaft), alle möglichen Fragen auszu-
diskutieren, von den Stalins die Entschlossenheit, die fertigen Antworten und Rezepte in politisches Handeln umzusetzen. Nach der Oktoberrevolution fand sich diese duali-
stisch entstandene Partei an der Macht, aber allein: Die
Bauernschaft wandte sich nach der ersten Landverteilung
von der revolutionären Bewegung ab und stand auch unter
starkem anarchistischem, also staatsfeindlichem Einfluß; die
Arbeiterschaft, kaum als junge Klasse formiert, litt unter

dem Untergang der Industrie; die demokratisch-bürgerliche Intelligenzija emigrierte; die einst Mächtigen kämpften gegen das neue System. Die neue Machtelite stellte sich, um bestehen zu können, gegen die Gesellschaft, schloß sich von ihr ab und verwandelte die analysierende Theorie Marx' und Engels' in eine „Anleitung zum Handeln" (Lenin, vor allem aber Stalin). Das Volk war Objekt ihres Willens, der durch Massenorganisationen („Transmissionsriemen") in es hineingetragen werden mußte. Die neue Machtelite ist hermetisch, und sie allein verwaltet die Ideologie.

In China ist die neue Machtelite hingegen aus einem dreißigjährigen Massenkrieg gegen eine reiche, mächtige Minderheit hervorgegangen, die nur drei Prozent des Volkes umfaßte (soviel, wie bestenfalls 1918 auf der Seite der Bolschewiki standen). Sie ist, als kämpfende Partei, von den Bauern an die Macht getragen worden und hat sich erst in einem langsameren Prozeß vom Volk gelöst – am meisten von den Intellektuellen, und selbst dies nicht ganz. Sie hat ihre Diktatur aufgerichtet, indem sie, was aus ihrer Theorie folgte, sich an das einzige Sozialismus-Modell hielt, das ihr 1949 zur Verfügung stand: das der Stalinschen Sowjetunion.

Dies Modell paßte nicht auf China. Hierin liegt einer der Gründe für den chinesisch-sowjetischen Bruch von 1957/60, der parteipolitisch bis heute unvermindert tief ist. In der ersten Abkehr vom Modell UdSSR wurde die Partei Mao Zedongs voluntaristischer, als es China guttat; davon zeugen die Millionenopfer des Großen Sprungs und die der Kulturrevolution. In beiden Fällen haben indes Kräfte in der Partei selber radikale Umkehr bewirkt; einen solchen Wende-Prozeß, wie China ihn 1957 nach der Hundert-Blumen-Periode, 1962 nach dem Großen Sprung, 1966 mit der Kulturrevolution und wieder 1976 nach dem Ende der linken Parteiherrschaft viermal erlebte, kennt das Sowjetvolk nur aus der Literatur. In China ging dabei der allgemeinverbindliche Charakter der Parteiideologie in Scherben, aus denen ein neuer Sozial-Pragmatismus entstand; in der Sowjetunion mag die ideologische Allgemeinverbindlichkeit an der Realität scheitern, ist aber noch immer konstitutiver Bestandteil des Gesellschafts- und Herrschaftssystems.

In diesen grundsätzlichen Unterschieden liegt der Kern der Herausforderung, die die sowjetische Machtelite jetzt von China her aufziehen sieht. Kommen dann noch meßbar rasche ökonomische Erfolge Chinas hinzu, ferner Erfolge im Verhältnis zwischen dem großen Han-Volk und den Minoritäten (die gerade sechs Prozent der chinesischen Bevölkerung stellen), dazu weltweite Anerkennung und militärische Kraft zur Selbstverteidigung auch gegen Supermächte, so geht dies alles allmählich an die Wurzeln des sowjetisch-machtelitären Selbstverständnisses. (Es wäre wiederum ein Stereotyp der billigeren Art, hieraus zu folgern, der Konflikt wäre ideologisch; er ist es *auch,* aber nicht in erster Linie.)

Was diejenigen, die letztlich das Denken und Fühlen des Sowjetvolkes bestimmen, da im Süden und im Osten aufkommen sehen, ist sicherlich nicht: das aggressive Erbe der „Tataren". Aber auch nicht: der potentielle Freund durch dick und dünn. Sondern eher: Unberechenbares, Eigenwilliges. Etwas also, das veranlaßt, auch Sicherheitsüberlegungen anzustellen (was ebenso für die Mächtigen auf der chinesischen Seite der Grenze gilt).

Antagonistisch aber muß dieser Gegensatz nicht sein; nichts ist da, das sich nicht, Ausgleichswillen und den Wunsch zur Konfliktminimierung vorausgesetzt, auf ein – für beide Seiten – erträgliches Maß hinunterregeln ließe. Dennoch bleibt jener Rest, der bewirkt, daß die Sowjetunion (genauer: ihre tonangebende Machtelite) die längste Landgrenze des Staates als nicht ganz sicher betrachtet.

Wie steht es an der entgegengesetzten Grenze, der westlichen? Auch hier ist die Geschichte von Auseinandersetzungen geprägt, sehr lange Zeit mit dem polnisch-litauischen Staat. Und auch hier hätte sich ein Stereotyp entwickeln können. Zuletzt gab es dafür 1920 Anlaß. Der aus der Sozialdemokratie Polens stammende Nationalist Pilsudski hatte die Traumata, die aus den polnischen Teilungen seit 1772 herrühren, ins Offensive gewendet. Er ließ die damals beträchtliche Militärmaschine des jüngst erst wieder Staat gewordenen Polen gegen die erst zwei Jahre alte Russische Föderation rollen, proklamierte Grenzen, die denen von 1772

entsprechen sollten, Polen also in Schußweite vor der ukrainischen Hauptstadt Kiew, die den Russen, sofern sie ein wenig historische Kenntnis haben, als Keimzelle des ersten
russischen Staates (noch vor der Spaltung der ostslawischen
Stämme in Russen, Ukrainer und Bjelorussen) bekannt und
bedeutend ist. Er forderte, die Randstaaten des revolutionären Rußland sollten sich eher mit Polen denn mit Räte-Ruß-
land föderativ zusammenschließen; ein Warschauer Ein-
fluß-System unter Einschluß der drei baltischen Staaten
(Estland, Lettland und natürlich Litauen), Bjelorußlands
und der Ukraine, wobei von Bjelorußland nicht viel übrig-
geblieben wäre angesichts der Pilsudskischen Grenzideen,
während die Ukraine, deren Bauern (also die Mehrheit der
Bevölkerung) den anarchistischen Tendenzen der Sozialre-
volutionäre, Machnos und in einem fernen Widerschein
Kropotkins, gar Bakunins anhingen, ein vom industriestär-
keren Polen abhängiger Satellitenstaat gewesen wäre. Pil-
sudskis Militärunternehmen scheiterte rasch, doch die pol-
nische Ostgrenze verlief mitten durch ukrainisches und bje-
lorussisches Sprachgebiet.

Daraus resultiert noch heute eine gewisse Spaltung mindestens der Ukraine; denn die westlich der Grenze Leben-
den waren eher vom polnischen Katholizismus als vom rus-
sisch-orthodoxen Glauben beeinflußt; die Ukraine trägt
noch polnisch-litauisches Erbe mit sich herum. Man kann
auch heute die Bedeutung religiöser Traditionen spüren,
wenn sich ukrainische Autonomisten aus dem Untergrund
zu Wort melden, so wenige sie auch sein mögen. Und Litau-
en gar ist bis heute ein – in religiösen Begriffen – katholi-
sches Land.

Die polnischen Volksbewegungen der siebziger Jahre und
auch nach 1980 werden dort sehr wohl registriert; wenigstens die ältere Generation ist ja durchaus noch in der Lage,
polnischen Rundfunksendungen zuzuhören und sie zu verstehen. Und mehr: Ein Aufflackern einer spezifisch ukrainischen Spielart des Sowjet-Nationalismus hat sogar zu Füh-
rungskrisen in Kiew geführt. Der ukrainische Parteichef
Pjotr Schelest, einer der wichtigsten Männer im Moskauer
Politbüro, veröffentlichte 1970 ein Buch, in dem er den sozialistischen Aufbau in der Ukraine feierte – ohne auf die

damals stark propagierte These von der Integration der verschiedenen Völker der UdSSR zur Sowjet-Nation einzugehen, geradezu in herausfordernder Weise ukrainische subnationale Besonderheiten herauskehrend. Das mag ein Mittel gewesen sein, die eigene Hausmacht in Auseinandersetzungen in Moskau darzustellen; die ukrainischen Kommunisten, die in der Moskauer Zentrale aufstiegen, waren vor und nach ihm sämtlich „entnationalisiert", also Sowjet-Nationalisten. Es mag wirklich nicht mehr gewesen sein. Doch daß sich dies dann als Instrument zur eigenen Durchsetzung alter regionaler, autonomistischer, ukrainisch-nationalistischer Formeln bediente, zeigt die unterschwellige Verbreitung solchen Denkens deutlich genug. Aber Schelest wurde 1972 gestürzt.

Auch in den drei baltischen Sowjetrepubliken (die sämtlich einen hohen Anteil russischer Bevölkerung haben) kommen immer wieder solche Tendenzen an die Öffentlichkeit, die als anti-kommunistisch oder anti-sowjetisch zu bewerten überzogen wäre, die aber die nationale Eigenart der Esten, Letten und Litauer kenntlich machen und bei Mißtrauischeren gewisse Besorgnisse vor Entwicklungen wekken, an deren Ende Separatismus stehen könnte – so wenig realistisch dieser auch ist, so wenig Bedeutung Artikel 72 der Verfassung von 1977 („Jeder Unionsrepublik bleibt das Recht auf freien Austritt aus der UdSSR gewahrt") haben mag. Dennoch: Da es augenscheinlich erhebliche Widerstände gegen den zentralisierenden Kurs auf Verschmelzung der Nationalitäten zur Sowjetnation gibt, sind die Zentralisten (und andere gibt es dort nicht) in der Moskauer Spitze der Machtelite außerordentlich empfindlich gegen jede öffentliche Äußerung in diesem Sinn.

Wirkt da vielleicht doch ein Stereotyp, das auf die historischen Erfahrungen mit den westlichen Nachbarn bis hin zu Pilsudski zurückgeht? Unabhängig von einem anderen, das mit den Deutschen zu tun hat?

Hinter den polnischen Grenzen lag ja immer eine nach Osten expansive Macht: das Heilige Römische Reich, der Deutsche Bund, das Reich Bismarcks, zuletzt dasjenige Hitlers. Nur mit dem Deutschen Bund und der ersten deut-

schen Demokratie (der von Weimar) hat Rußland keine
schlimmen Erfahrungen gemacht, sonst im besten Fall ambi-
valente. Deutsche saßen in der „Nemjezkaja Sloboda", der
„Deutschen Vorstadt" von Moskau, und kontrollierten den
West-Handel; davor hatten Deutsche, und zwar Vertreter
des Städtebundes der Hanse, in Nowgorod ihr den Handel
monopolisierendes Kontor; Ritter des Deutschen Ordens
verunsicherten die Westgrenzen; vor Allianzen, die „die
Deutschen" mit Gegnern Rußlands schlossen, war man nie
sicher, andererseits hatten die Deutschen „den Mond erfunden", waren eine technisch und ökonomisch weit überlege-
ne Größe; jenseits der Möglichkeit, sie zu kontrollieren,
war es auch unmöglich, sie zu permanenten Verbündeten zu
machen; und als der russische Nationalstaat über seine
Grenzen geschritten war, unter den Romanow-Zaren das
Schwarze und das Weiße Meer erreicht, die Ostsee-Grenze
gesichert und Sibirien unterworfen hatte, gab es dann wieder an vielen neuen Grenzen Zusammenstöße, Interessenkonflikte.

Deutsche Heere stießen am Ende des Ersten Weltkriegs
weit nach Rußland hinein, besetzten Transkaukasien, was
beinahe zum Verlust Georgiens, Armeniens und des Öls von
Baku geführt hätte. Hitlers Wehrmacht kesselte Leningrad
ein, belagerte Moskau und Stalingrad und ließ bei ihrem
Rückzug verbrannte Erde hinter sich. Nie hatte in einem
Krieg ein Volk so viele Opfer bringen müssen wie das sowjetische zwischen 1941 und 1945. Aus solchen Erfahrungen wachsen Erbfeindschaften. Doch Anti*deutsches* hat sich
in der Sowjetunion nachher nicht entwickelt – statt dessen
Anti*faschistisches* (übrigens in das ideologische System pas-
send, das den Faschismus als letzte Konsequenz des Kapitalismus versteht, als Mittel zur Herrschaftsstabilisierung).

Das Verhältnis der Sowjetunion zu „den Deutschen" ist
noch immer ambivalent: einerseits die unbeschreiblichen Erfahrungen mit zwei deutschen Invasionen; andererseits die
weiterbestehende Hochachtung vor dem Volk der Goethe
und Heine, der auch technisch-wissenschaftlichen Denker
und nicht zuletzt: der Marx und Engels. Daher der Stalin-
Satz, daß die Hitlers kommen und gehen, das deutsche
Volk aber bleibe; daher auch die immer wiederholte be-

schwörende Formel, von deutschem Boden dürfe nie wieder
ein Krieg ausgehen.

Die Spaltung Deutschlands nach 1949 könnte es Propa-
gandisten erleichtern, diese Ambivalenz zu neuem Stereotyp
zu machen: hie die „guten Deutschen“, die in der friedlich-
sten Absicht den Sozialismus aufbauen und mit der Sowjetunion brüderlich verbunden sind: die in der DDR; da die
„bösen Deutschen“, die den Kapitalismus restauriert haben
und aufrüsten, Revanchisten sind und Gefahr bringen: die
in der Bundesrepublik. Doch auch dieses Stereotypenpaar
ist so nicht entstanden; ein erstaunliches Faktum. Schließlich war es die Ostpolitik Willy Brandts und Helmut
Schmidts, die von Entspannung ausging, von der Fortexi-
stenz der nach 1945 und 1949 entstandenen Grenzen in Europa; sie konnte Ängste abbauen, und dies um so mehr, als
unter Federführung des CDU-Außenministers Gerhard
Schröder vorher und zunächst auch unter der Kanzlerschaft
Helmut Kohls nachher Elemente desselben Ausgleichsstre-
bens mit der osteuropäischen Vormacht vorhanden waren.
War wenigstens an der europäischen Grenze die Einkreisungsfurcht gegenstandslos geworden?

Daß sie es nicht geworden ist, geht auf einen größeren
Zusammenhang zurück. Als größte Bedrohung sieht die So-
wjetführung – und mit ihr die gesamte veröffentlichte Meinung – die Politik der USA an. Es geht hier nicht darum,
Motive der USA zu untersuchen, die auf einem revolutions-
ängstlichen ideologischen Komplex (die Sowjetunion: Vormacht der Weltrevolution; oder: Moskau als Hauptstadt einer expansiven, nach Weltherrschaft strebenden Macht) zu-
rückgeführt werden könnten. Es geht hier um sowjetische
Motive.

Von den USA sieht die Sowjet-Machtelite sich am meisten und permanent bedroht. Die USA haben von allen
Großmächten am längsten gezögert, mit dem Sowjetstaat
diplomatische Beziehungen aufzunehmen. Seit den Zeiten
Woodrow Wilsons haben US-Präsidenten antikommunistische Politik betrieben; Interventionen in den allerersten Jahren nach der Revolution, nur kurzfristige Zusammenarbeit
mit der Sowjetunion in der Anti-Hitler-Koalition, dann wieder Kalter Krieg, „Roll back“- und „containment“-Strate-

gien; seit den sechziger Jahren die weltweite Raketenrüstung, Demonstrationen der militärischen Macht (das Überfliegen der Sowjetunion durch U 2-Aufklärungsflugzeuge, von denen eines am Vorabend einer geplanten Gipfelkonferenz abgeschossen wurde, der Aufbau von Paktsystemen und Stützpunktnetzen rings um die Sowjetunion, der Einsatz publizistischer Mittel von Kurzwellensendern bis zu Pressekampagnen, die die Schlagkraft der USA unablässig demonstrieren, schließlich die Stationierung eurostrategischer Raketenwaffen in Westeuropa); ständige Auseinandersetzungen auf allen politischen und diplomatischen Feldern – mögen die USA, wenigstens die Präsidenten und ihre engeren Berater, dies alles auch als defensiv ansehen: Die Politiker im Kreml und im Gebäude des Zentralkomitees, die Militärs an den Akademien und in den Stäben gehen in der UdSSR von der Möglichkeit aus, daß es eben auch offensiv sei, was sie da weltweit sich entwickeln sehen.

Man muß auch hier an den ideologischen Zusammenhang denken. Ideologie ist ja nicht nur ein Mittel, die Welt zu interpretieren und die Verwalter der Ideologie zu den nahezu unfehlbaren Vordenkern einer Gesellschaft zu machen. Ideologie kann auch eine Form des Selbstverständnisses sein, und selbst wenn sie, im Sinne von Karl Marx, falsches Bewußtsein ist, ist sie doch Bewußtsein.

Das revolutionäre Pathos ist der Sowjetunion seit Stalins Zeit abhanden gekommen – das weltrevolutionäre. Seit den frühen zwanziger Jahren sprach die Kommunistische Partei der Sowjetunion nicht mehr von der Weltrevolution als einer aktuellen Möglichkeit. Sie machte sich daran, den „Sozialismus in einem Land" aufzubauen. Das enthielt ein starkes Element der Selbstisolation; in keinem anderen Land der Erde hatte die Revolution gesiegt, überall setzte sich der Kapitalismus erfolgreich zur Wehr, in Deutschland nach 1919, in Ungarn, in Italien; am Niedergang der spanischen Revolution von 1936 hatte die Stalinsche Führung ihren Anteil: Sie wollte sich nicht in eine weitere Auseinandersetzung hineinziehen lassen, die Kräfte gekostet und Risiken der sofortigen Konfrontation mit den kapitalistischen Staaten – ob bürgerlich-demokratisch oder nationalsozialistisch-faschistisch – enthalten hätte. Der Revolution in der Dritten

Welt hatte sie verständnislos gegenübergestanden: Was
denn konnte Revolution in vorkapitalistischen Ländern anderes sein als eine *bürgerliche* Revolution, die zunächst einmal den Kapitalismus bewirken würde? Die Auffassung Leo
Trotzkis (und auch der Chinesen, der Indonesier, der La-
teinamerikaner), die nationale Emanzipation und die Vorbereitung des sozialistischen Umsturzes seien *ein* Prozeß,
war in der innerparteilichen Auseinandersetzung in der
KPdSU und damit auch in der Kommunistischen Internationale zur Häresie erklärt worden. Stalin und seine Wegge-
nossen mögen das nicht beabsichtigt, nicht einmal bedacht
haben: Indem sie aber erklärten, Sozialismus müsse nun in
einem einzigen Land aufgebaut werden, weil andernorts
keine Revolution gesiegt habe, machten sie die Verteidigung
der UdSSR zur alleinigen Aufgabe der Kommunisten. Folg-
lich ordneten sie jede kommunistische Politik den kurzfristigen Erfordernissen der sowjetischen Außenpolitik unter.
Und wenn es deren Erfordernis war, die „Sozialfaschisten"
zu bekämpfen (was wiederum sowjet-innenpolitische Zusammenhänge hatte), dann konnten auch Links-Bündnisse
außerhalb der sowjetischen Grenzen nicht geschlossen werden; dann war ein Zusammengehen etwa der KPD mit der
SPD gegen die Nazis falsche Politik: Ultralinks war die Linie.
  Späterhin der Versuch, mit den westeuropäischen Demokratien zu einem Anti-Hitler-Bündnis zu kommen: Da verbot sich revolutionäre kommunistische Politik in Frankreich, England, Spanien erst recht. Dann der Molotow-Rib-
bentrop- (oder Stalin-Hitler-)Pakt: Desorientierung der
eben noch auf die antifaschistische Volksfront eingeschwo-
renen internationalen Kader, und wer nun noch solidarisch
zur Komintern stand, der stand dazu, weil er und indem er
sich mit der *sowjetischen* Politik solidarisierte. Erst nach
dem Überfall Hitlers auf die UdSSR konnte sich in Frankreich die Résistance, noch später in Italien die Resistenza
entwickeln, in Frankreich als *nationale* Bewegung und weniger als soziale (in Italien mit ähnlichen Akzenten nach dem
Sturz Mussolinis durch Badoglio).
  Mittlerweile war das sowjetische Modell des Sozialismus
das alleinverbindliche geblieben; von der Sowjetunion ler-

nen hieß siegen lernen, lernte jeder Kommunist. Und selbst
nach den Konferenzen von Teheran, Jalta und Potsdam, als
das militärisch siegreiche Sowjetsystem seine politischen Inhalte und seine gesellschaftlichen Formen auf die östliche
Hälfte Mitteleuropas übertrug, galt dies so noch.

Da mußte denn jeder Versuch, eigene nationale Wege
zum Sozialismus einzuschlagen, Häresie sein; schlimmer:
Da entstand unter den Sowjetführern, die längst von der
Unfehlbarkeit der eigenen (ideologischen) Diagnosen überzeugt waren, der Verdacht, „der Imperialismus" mische sich
ein. Die Nationalkommunisten von Anton Ackermann über
László Rajk bis Władysław Gomułka wurden verurteilt, weil
sie angeblich „mit dem US-Agenten Noel Field" revolu-
tionsfeindliche Kontakte unterhalten hatten; auch hinter Jo-
sip Broz Tito witterte man amerikanische Hintermänner,
der aber war außerhalb der sowjetischen Jurisdiktion, weil
er im Zuge einer eigenen Revolution an die Macht gekommen war. Das Einkreisungs-Stereotyp war übermächtig.
Ihm fielen diejenigen Kommunisten in Ostmitteleuropa
(und ebenso in den kommunistischen Parteien im Westen)
zum Opfer, die am ehesten noch ihre Parteien hätten popu-
lär, wenigstens nichts volksfern halten können.

Es herrschte ja Kalter Krieg. Es hatten ja britische und
amerikanische Spitzenpolitiker von der Befreiung Osteuro-
pas gesprochen. Auch heißer Krieg brach aus, in Korea, in
manchen Kolonien. Und dort, wo revolutionäre Prozesse
sich entwickelten, in China zum Beispiel und in Indochina,
unterstützten und bewaffneten die USA die alten Herr-
scherschichten und ihre Armeen. In Griechenland halfen sie
(und Großbritannien), einen Bürgerkrieg gegen die kommunistisch dominierte Volksfront des Generals Markos zu gewinnen. Das Stereotyp der amerikanischen Offensive gegen
die Revolution vertiefte sich; und indem allmählich „die Revolution" verblaßte, zumal die siegreichen Revolutionäre
von China über Algerien bis Guinea nicht daran dachten,
den sowjetischen Wegen zu folgen, vertiefte und veränderte
es sich zur Einkreisungs-Besessenheit.

War es wirklich grundlose Besessenheit? War es nicht
auch Analyse? Nach der sowjetischen politischen Theorie,
die „mächtig ist, weil sie wahr ist", geht keine Gesellschafts-

formation freiwillig unter; das steht so bei Karl Marx. Auch
der Kapitalismus verzichtet nicht auf seine Existenz; das
war und ist täglich nachzuweisen. Letztlich aber wird der
Sozialismus siegen; denn der Kapitalismus, auch als Imperialismus, muß an seinen immanenten Widersprüchen zu-
grundegehen. Aber keineswegs kampflos; die Klassenkämp-
fe werden sich verschärfen, und die kapitalistische, imperialistische Bourgeoisie wird den Klassenkampf gegen das Proletariat weltweit führen. Das Proletariat müßte den ersten –
und nun nicht mehr einzigen – sozialistischen Staat verteidigen; daß es dies nicht tut, liegt daran, daß es (mittels der
Ausbeutung der Entwicklungsländer) korrumpiert worden
ist und daß seine eigenen reformistischen Erfolge (im ge-
werkschaftlichen Lohnkampf) es mit dem Imperialismus
versöhnt haben. Doch wenn der Imperialismus ins Hinter-
treffen kommt, dann wird er in einer letzten Entscheidungs-
schlacht alle Mittel einsetzen, um den Sozialismus auszurot-
ten. Steht nicht schon bei Marx, daß alle Geschichte Geschichte von Klassenkämpfen ist und daß diese immer nur
auf zweierlei Weise enden können: entweder mit dem Sieg
der bisher unterdrückten (also neuen) Klasse oder mit dem
Untergang beider? Also: Ist es nicht historische Unabwend-
barkeit, daß der Imperialismus – höchstes und letztes Sta-
dium des Kapitalismus, wie Lenin geschrieben hat – letztlich
wenigstens bestrebt sein wird, den Sozialismus in seinen eigenen unausweichlichen Untergang mitzureißen? Ist das
„sozialistische Armageddon" nicht eine von zwei und nur
zwei Möglichkeiten?
     In der letzten Konsequenz des sowjetischen Bildes von
der Welt und von der eigenen Gesellschaft kann es also nur
zu einer entscheidenden Auseinandersetzung zwischen den
beiden Vormächten kommen: der sozialistischen Sowjetunion und den imperialistischen USA. Und weil der Imperialismus eben nicht kampflos abtritt, muß er sich auf den
entscheidenden Krieg vorbereiten, den er dann vor allem
gegen die Sowjetunion führen wird. Selbst die Relativierung, daß der Krieg vermeidbar sein kann, läßt keinen
Zweifel an der Notwendigkeit der letzten „ideologischen"
Auseinandersetzung. Hier hat denn auch jede Koexistenz
ihre Grenzen; ideologische Koexistenz kann es nicht geben,

der Kampf zwischen Sozialismus und Imperialismus geht weiter, auch wenn er möglicherweise in letzter Konsequenz nicht militärisch geführt wird.

Unter diesem Aspekt wird letztlich die Politik der USA wahrgenommen. Sie kann inhaltlich nicht anders als antisozialistisch sein. Das Konfrontations-Stereotyp ist kein bloß geopolitisches oder geostrategisches, es ist ein „geosoziales".

Indessen sind sich weitere Kreise der sowjetischen Führung der materiellen und (im weiteren Sinne) „kulturellen" Rückständigkeit ihres Landes gegenüber den weitestentwickelten kapitalistischen Staaten durchaus bewußt, und dieses Bewußtsein wächst mit der genaueren Kenntnis der Entwicklungen jenseits der eigenen Grenzen und derer des eigenen Machtbereichs. Die Leistungsfähigkeit der sowjetischen Volkswirtschaft erreicht nicht viel mehr als ein Viertel der amerikanischen, und zu den „kulturellen" Aspekten in unserem Sinne gehört auch die technologische Überlegenheit der USA, auch Japans und Westeuropas, die Innovationsfähigkeit bestimmter Industrie- und Wissenschaftszweige dort, die Erstarrung der eigenen Entwicklung in Bürokratismus und Formalismus. Daraus lassen sich zwei Reaktionen auf die „westliche Herausforderung" ableiten.

Die eine fordert Reformen im System, seine Modernisierung und Effektivierung. Sie war stark enthalten in den Chruschtschowschen Reformen, der „Entstalinisierung", den Veränderungsplänen für die Wirtschaft, die sich mit dem Namen Liberman verbanden. Sie war Motivation manches Reformers unter der Intelligenzija, der späterhin, an den eigenen Möglichkeiten verzweifelnd, zum Dissidenten wurde. Sie schimmert durch die Zeilen des Nowosibirsker Manifests der Wirtschaftstheoretiker. Sie wird wenigstens diskutiert unter den jüngeren Kadern unterhalb der Ebene des Politbüros und ermuntert von einigen seiner Mitglieder. Doch Reformen jeglicher Art würden an der Machtfülle lokaler, regionaler oder sektoraler Funktionäre erodierend wirken. Von daher kommt Widerstand; und diese mittlere Ebene der Nomenklatura beherrscht das Politbüro und die Apparate der Oblasts, der einzelnen Sowjetrepubliken und des mittleren Parteiapparats. Die Neuerer gehören eher den

nachgeordneten Rängen an, die (noch) nicht an der Macht
entscheidend beteiligt sind und möglicherweise auch mit
dem Gedanken umgehen, als Reform-Befürworter rascher
aufsteigen zu können. Doch das Gewicht der Konservative-
ren ist drückend, und je länger die Verjüngung der Führung
– aus welchen Gründen immer – aufgeschoben wird, desto
schwerer wird auch die Lösung aus der Erstarrung.

Damit ist auch die Reformbewegung in den mit der
UdSSR verbündeten Staaten und innerhalb ihrer Machteliten gehemmt. Hier kommt der besondere Widerspruch hinzu, der daraus entstanden ist, daß das Sowjet-Modell diesen
Gesellschaften nicht gemäß war, die eine andere Geschichte
hatten und – ehe sie das sozialistische Modell UdSSR zu
übernehmen gezwungen waren – eigene kapitalistische Traditionen, damit auch Traditionen einer eigenen, selbstbe-
wußten Arbeiterbewegung entwickelt hatten. Man kann
kaum daran zweifeln, auch wenn dies im Westen Mode geworden ist, daß die Industriearbeiterschaft Sachsens und anderer Teile der DDR, Prags und der CSSR, Polens linker
gesonnen war und kommunistischer organisiert war als die
etwa der entstehenden Bundesrepublik, selbst Frankreichs
und Italiens. Doch die Übernahme sowjetischer Formen von
Disziplin, Kadertreue, Hierarchie, Produktionsorganisa-
tion, Staats- und Parteiverwaltung hat zu scharfen Widersprüchen geführt; und daran ist genau das zerbrochen, was
vor 1933/1941 die Stärke der kommunistischen Arbeiteror-
ganisationen ausgemacht hat. Sie haben Kommunismus
nicht emanzipatorisch, sondern ausschließlich als Fremdbe-
stimmtes erlebt; daher findet ein Bündnis zwischen immer
noch vorhandenen freiheitlich-kommunistischen „proletari-
schen Kadern" und systemimmanent operierenden Reformen kaum mehr statt. Emanzipationsversuche der ostmitteleuropäischen Arbeiterklassen nehmen in der Regel die Form
von Aufbegehren an, das sich sein Selbstverständnis von an-
derswo holt; und sei es von der katholischen Kirche in Polen. Ein Ausnahmefall mag Ungarn sein – aber auch erst
nach dem Volksaufstand von 1956 (der in gewissen Zentren
und in gewissen gesellschaftlichen Sektoren starke Elemente
einer sozialistischen Revolution gegen eine fremdbestimmt-
sozialistische Machtelite hatte). Im Zentrum wie in der Peri-

pherie des Sowjetsystems hat die Reform-Strategie heute
keine günstige Prognose.

Die andere mögliche Reaktion auf die „westliche Herausforderung" ist die Hochrüstung. Sie verzichtet darauf, einen
„Kommunismus mit menschlichem Antlitz" (Forderung der
Prager Reformer von 1968, aber auch der meisten anderen
in den anderen Staaten) als erstes Ziel aufzubauen, weil die
materiellen Möglichkeiten nicht vorhanden seien: Denn
wenn man sich – auch notgedrungen – entscheidet, der
westlichen (imperialistischen) Vormacht USA militärisch
von gleich zu gleich begegnen zu wollen, dann muß man eine weitaus höhere Beanspruchung der eigenen Volkswirtschaft in Kauf nehmen, als sie die USA unter Ronald
Reagan und – mittels der Hochzinspolitik – die Volkswirt-
schaften der anderen kapitalistischen Staaten wegen der Rüstungspolitik zu tragen haben. Die Pläne des US-Präsidenten zur „Strategischen Verteidigungsinitiative", verkürzt als
„Krieg der Sterne" bekannt, hebeln das bestehende Abschreckungssystem aus, dessen Aufbau die sowjetische
Volkswirtschaft schon erheblich angespannt hat; wenn die
UdSSR auch hier mithalten will, muß sie einen technologischen Rückstand von wenigstens zehn Jahren in der Elek-
tronik und der Kybernetik aufholen, so rasch es geht, und
das involviert beispiellose wissenschaftliche Anstrengungen;
sie muß die „Produktionskultur" in den entscheidenden industriellen Sektoren anheben; dies alles, ohne materielle
Anreize bieten zu können, die eine Annäherung an den – dem
Volk nicht unbekannten – Lebensstandard der fortgeschrittenen westlichen Industriestaaten wenigstens als Perspektive
realistisch erscheinen lassen. Daher impliziert diese Strategie der Reaktion auf die „westliche Herausforderung" Ver-
zicht des Volkes und damit die Preisgabe der Möglichkeit,
in einigermaßen glaubwürdiger Weise proletarische Klas-
senpolitik darstellen zu können. Kurz: Reagiert man auf die
drohende Möglichkeit des „Armageddon" militärisch-rü-
stungstechnisch, so gibt man den sozialen Inhalt der sozialistischen Revolution auch im Materiellen auf: Die Überlegenheit in Produktion und Distribution, die dem Sozialismus gegenüber dem Kapitalismus immanent sein soll, wird
nicht erreicht, im Gegenteil. Da schon in den Auseinander-

setzungen um 1920/1922 zuerst die allgemeine, dann die Partei-Demokratie auf der Strecke geblieben ist (immerhin galt Demokratie als eine Errungenschaft der bürgerlichen Revolution gegen den Feudalismus), bleibt vom Sozialismus als der neuen Gesellschaftsordnung einzig der nichtprivate Charakter der Besitz- und Eigentumsverhältnisse an den Produktionsmitteln übrig. Entfremdung vom Volk, das aus materiellen Gründen aufmuckt, bewirkt aber eine stärkere Konzentration dieses Besitzes, dieses Eigentums in den Händen einer kleinen Machtelite als alle gesellschaftlichen Prozesse vorher. Die Strategie der Hochrüstung differenziert die Sowjetgesellschaft stärker auf als die Anspannungen, die Revolution in einem Bürgerkrieg von vierjähriger Dauer zu verteidigen und die Hitler-Invasion zurückzuschlagen.

Nur mit einem sowjet-patriotischen Appell, nämlich dem Aufruf, das „sozialistische Vaterland" zu verteidigen – und es dann über die Grenzen der UdSSR hinaus zu definieren als den Geltungsbereich der Breschnew-Doktrin –, läßt sich diese Strategie vermitteln. Sie bedarf aus Gründen des Selbstverständnisses und natürlich der Propaganda eben des Stereotyps von der Einkreisung und der drohenden Endkampf-Gefahr, das gerade jenem Bewußtseinsprozeß zugrunde liegt, der zur Entscheidung für diese Strategie geführt hat. Ideologische Hermetik ist die Folge; damit wird den Reformgegnern oder auch den Skeptikern gegen Reformen ein ideologisches Mittel in die Hand gegeben, Reformbefürworter als Leute darzustellen, die „objektiv" dem weltweiten Gegner in die Hände arbeiten, auch wenn sie nur Abweichendes öffentlich denken. Die Prognose für diese Strategie ist günstiger als die für die Reform-Strategie; daß sie viel self-fulfilling prophecy enthält, ist erwähnt worden.

Da läßt also Einkreisungsfurcht, für die es mancherlei Argumente gibt, politische Entscheidungen wachsen, die sie wiederum bestätigen. Aber die konkreten Argumente für die Einkreisungsfurcht entstehen nicht in der Sowjetgesellschaft selbst; sie entstehen aus der Konfrontationspolitik, die in den letzten Jahren von den USA geführt wird, und nicht erst seit Ronald Reagans Machtantritt. Schon Jimmy Carters Menschenrechts-Kampagne hat in diesem Sinne gewirkt; sie

ließ in den Augen der reformunfreudigen Mehrheit der sowjetischen Nomenklatura diejenigen Kräfte, die auf Demo-
kratisierung und Liberalisierung des Sowjetsystems hinwirk-
ten, geradezu als „Agenten des weltweiten Klassenfeindes"
erscheinen: Diversion von innen als Mittel der Konfrontation.

Der weitere Prozeß wird dieses Stereotyp verstärken,
wenn nicht die westliche Politik sich ändert. Vordergründig
sehen die politisch Verantwortlichen in den USA vielleicht
keinen Anlaß zu einer Änderung; denn sie scheinen auf diesem Weg nur gewinnen zu können. Doch sie verstärken und
vertiefen die Konfrontation, und dadurch erhöhen sie die
Gefahr des „Armageddon". Wie lange nämlich vereinbarte
Methoden zur Krisenbewältigung („crisis management"),
die nach der Kuba-Raketenkrise entwickelt worden sind
und seitdem mehr oder weniger funktioniert haben, auch
unter Bedingungen verschärfter Konfrontation noch wirken
können, ist unsicher. Wahrscheinlich werden sie weniger
und weniger funktionstüchtig sein. Es mag dabei durchaus
möglich sein, den „Krieg aus Versehen" zu vermeiden; der
„Krieg aus Mißverständnis" – der Motive des Konkurren-
ten – wird ein Stück wahrscheinlicher, auch unterhalb der
Ebene der weltweiten nuklearen Auseinandersetzung.

Eine andere westliche Strategie könnte auf Förderung des
überfälligen Modernisierungs- und Reformprozesses in der
Sowjetgesellschaft abzielen. Dabei kommt es jedoch darauf
an, jeden Anschein der Diversion zu vermeiden. Sie erfordert höhere Staatskunst als der bloße Konfrontationskurs;
im Interesse der Überlebenssicherheit ist sie aber unum-
gänglich. Von den Regierungen Reagan, Kohl, Thatcher
usw., auch Nakasone, ist sie vielleicht nicht zu erwarten; deren Apologeten wiederum diffamieren die Verfechter einer
solchen unumgänglichen Veränderung als heimliche Sowjet-
agenten, wie sie auch die weltweiten Friedensbewegungen,
die Abrüstung in West und Ost anstreben, als „sowjetisch
gesteuert" diffamieren. Indessen müßten gerade westeuro-
päische Politiker begreifen, daß diese Friedensbewegung
(nicht die einseitig argumentierenden Strömungen, die die
Hochrüstung der jeweils anderen Seite verteidigen) ihre
stärksten Verbündungen in dem Bemühen sein könnten, auf

die USA im Sinne der Veränderung einzuwirken. Sie müßten sich auch die Option offenhalten, Reformen des Sowjetsystems, seine Modernisierung und Öffnung zu unterstützen, ohne das zu werden, was in den Augen auch der sowjetischen und ostmitteleuropäischen Reformer: konterrevolu-
tionär wäre. Der Weg dahin ist kompliziert, aber möglich;
vielleicht ist er der einzige, der das Überleben Europas si-
cherer macht. Es ist also Entspannung gefordert – und ein
bißchen mehr als das.

Andernfalls gewinnen die Vor-Urteile die Eigenschaft
von Urteilen; denn dann wird die Einkreisung zur materiellen Wirklichkeit – mehr, als sie es heute schon ist. Deren
Konsequenzen sind ausdenkbar.

Norman Solomon

Die UdSSR – Der Feind, den Amerika braucht

In den vier Jahrzehnten, die vergangen sind, seit amerikanische und sowjetrussische Soldaten sich an der Elbe die Hände reichten, hat sich das Rußlandbild in den Vereinigten Staaten drastisch verändert. Der Wandel in der Wahrnehmung der amerikanischen Öffentlichkeit läßt sich indessen kaum durch eine Veränderung sowjetischer Tugenden und Laster erklären. Für die amerikanische Alltagskultur, die Nachrichtenmedien und ehemalige Politiker dienen die Russen als Feind- und Zerrbilder – sie sind, in geopolitischer und moralischer Hinsicht, die Draculas und Frankensteins, ewige Bösewichter in einer sich wandelnden Welt. Gleich den Fundamentaltheologen mögen die Auguren und die Regierungsverantwortlichen der breiten politischen Mitte in den USA vielleicht darüber debattieren, woran genau sich der Teufel erkennen läßt und wie eine sittenstrenge und dem Christentum verpflichtete Nation diesen Teufel am besten bekämpft. Doch der eigentliche Dualismus – der gute Uncle Sam gegenüber dem unheildrohenden roten Bären, die freie Welt gegenüber dem Reich des Bösen – wird im gesamten politischen Spektrum der beiden Parteien, die in den Vereinigten Staaten politische Macht ausüben, als unbefragte Gegebenheit hingenommen. Die Manipulierung der öffentlichen Bilder und Vorstellungen ist so bedeutsam, daß solche Details wie geschichtliche Wahrheiten sich dem Gebot beugen müssen, in wichtigen und unwichtigen Sachfragen eine antisowjetische Haltung zu bekräftigen.

Da sie in einem Land leben, in dem Vergangenheit und Gegenwart sorgsam blau-weiß-rot eingefärbt werden, Eindrücke als Wahrheiten gelten und nur wenige Eindrücke aus eigener Erfahrung stammen, brauchen die US-Bürger ein „Reich des Bösen" – je drohender, desto besser –, um das Gewicht einer chronisch militarisierten amerikanischen Präsenz in der Heimat wie im Ausland zu rechtfertigen und zu erhöhen. Militäreinrichtungen – Planungsabteilungen, Produktionsanlagen, Waffenlager, Armeestützpunkte, unterirdische Raketenbasen, Truppenübungsplätze usw. – überziehen mehr oder weniger verstreut die gesamten USA. Praktisch alle größeren und zahlreiche kleineren amerikanischen Gemeinden sind wirtschaftlich zu einem Gutteil vom Militärhaushalt abhängig, der sich mittlerweile auf täglich eine Milliarde Dollar beläuft. Die amerikanische Militärmaschinerie, gewinnträchtig und weitreichend, ist seit langem ein Produkt, dem es an einer einleuchtenden Begründung fehlt.

Soweit das sowjetische „Reich des Bösen" nicht existiert, muß es von den amerikanischen Meinungsmachern erfunden werden. Vom ersten Tag an, da die Bolschewisten das Interesse der Weltöffentlichkeit auf sich lenkten, haben amerikanische Präsidenten und Verkünder letzter Wahrheiten gegen den Bolschewismus vom Leder gezogen. Wie in dem klassischen Roman *Die Früchte des Zorns* von John Steinbeck waren ungebildete Arbeiter, die sich in den USA an Streiks beteiligt hatten, dem Vorwurf ausgesetzt, Kommunisten zu sein, obwohl sie nicht die blasseste Ahnung davon hatten, wer Marx oder Lenin waren oder ob der „Kommunismus" als eine ähnliche Krankheit wie Pocken oder Masern einzuschätzen sei. Selbstverständlich waren seit nunmehr 200 Jahren Revolutionäre für die nordamerikanische Machtstruktur nicht akzeptabel, sofern ihre Verdienste nicht ausdrücklich im Interesse des gemeinsamen Ziels – der göttlichen Bestimmung und des imperialistischen Expansionismus der USA gewürdigt werden konnten. Die zu Beginn des 19. Jahrhunderts verkündete Monroe-Doktrin ist mehr als nur der arrogante Versuch, die geographische und psychologische Annexion einer ganzen Hemisphäre für sich zu beanspruchen; sie ist zugleich der Reflex einer Haltung, die sich das Recht vorbehält, zwei große Kontinente als Bollwerke gegen mißliebige innenpolitische Ereignisse zu betrachten. Seit 1917 führt die Sowjetunion die Liste jener unerwünschten, gewissenlosen Nationalcharaktere an, die der US-Regierung das Vorrecht streitig machen könnten, mit der westlichen Hemisphäre und anderen Einflußzonen ganz nach Gutdünken zu verfahren.

Die innenpolitischen Verhältnisse der USA hängen seit langem eng mit den gängigen Klischees über die Sowjetunion zusammen. Nachdem sich die zwangsläufigen Klassenkonflikte mit zunehmender Industrialisierung und Urbanisierung verschärft hatten, wurde der Kommunismus mit dem Sowjetsystem gleichgesetzt und im Interesse des Kapitalismus zum Buhmann aufgebaut. Die Periode immer stärkerer Gewerkschaften während der Depression der 30er Jahre, trotz eines erbitterten Widerstands von Unternehmerseite, und die Zeit der engen Zusammenarbeit der Alliierten in der ersten Hälfte der 40er Jahre, in deren Verlauf sich tiefe Gefühle der Verbundenheit mit dem russischen Volk entwickelten, wurden abrupt abgelöst von einer systematischen Kommunistenjagd in den USA und einer Sprache des Kalten Krieges auf der Ebene der internationalen Politik. Militante amerikanische Gewerkschafter, die wesentlich an der Gründung des CIO (Congress of Industrial Organizations) beteiligt waren, spürten am eigenen Leibe, daß das völlige Fehlen eines Antikommunismus auf ihrer Seite sie teuer zu stehen kam. Als die CIO die Genehmigung beantragte, sich mit der gemäßigteren American Federation of Labor (AFL) zu einer Mammutgewerkschaft zu vereinigen, mußte sie als Gegenleistung in den Jahren des wirtschaftlichen Wiederaufschwungs nach dem Krieg alle echten und vermeintlichen Kommunisten von der Mitgliedschaft ausschließen. Unter der Führung von Präsident Truman und jüngeren liberalen Unternehmern wie Hubert Humphrey, die nach politischer Einflußnahme strebten, kam es zu einer konzertierten Kampagne zur Ausschaltung radikaler Linker aus den Reihen der amerikanischen Gewerkschaften.

Inzwischen wurde dringend ein Eiserner Vorhang gebraucht. Der Machtapparat der USA war aus dem Zweiten Weltkrieg mit riesigen Kapitalrücklagen der Unternehmen, einem umfassenden militärischen Apparat und Appetit und einem starken Impuls zur Zusammenarbeit zwischen Regierung und Wirtschaft hervorgegangen (insgesamt am eindrucksvollsten symbolisiert durch das Manhattanprojekt zum Bau der Atombombe). Die Entwicklung während der Kriegsjahre ließ bereits eine noch nie dagewesene Verflechtung politischer und unternehmerischer Interessen erahnen. Die Aussichten auf eine spezifisch amerikanische moderne Form wirtschaftlicher Macht waren hervorragend. Die Hindernisse für eine derart phantastisch gewinnträchtige Ko-

operation zwischen Großunternehmen und Regierung waren sowohl ideologischer als auch außenpolitischer Art. Es
erwies sich als notwendig, die Sowjetunion abermals und
sehr rasch zum Feind zu machen und das Händeschütteln
an der Elbe durch das rhetorische Schütteln von Fäusten
und das erneute Aufbieten von Armeen zu ersetzen. Zusammen mit der Säuberung der Gewerkschaften, akademischen
Institutionen, wissenschaftlichen Laboratorien und der De-
mokratischen Partei von linken „Schädlingen", die dort unter jedem Stein lauern sollten, benötigte man neben der angeblichen innenpolitischen auch eine außenpolitische Bedrohung, und beide sollten sich gegenseitig verstärken. (Bisher
geheimgehaltene und erst vor kurzem freigegebene politische Memoranden haben enthüllt, daß die Vereinigten
Stabschefs der USA Anfang November 1945 eine Studie in
Umlauf brachten, bei der als Szenario der Abwurf von
Atombomben auf zahlreiche Großstädte der Sowjetunion
vorgesehen war. Das Frühjahr 1945 hatte mit amerikanisch-
sowjetischer Freundschaft an der Elbe begonnen, während
sich im Herbst die gegenseitigen Beziehungen rapide ver-
schlechterten.) Eine amerikanische Gesellschaft, die darauf
bedacht war, ihre außerordentliche internationale Macht-
stellung auszunutzen, konnte wohl kaum sozialistische Ge-
spenster ertragen, die anscheinend nicht nur Europa heim-
suchten, sondern auch einen Großteil der übrigen Regionen, die sich andererseits zur Verwirklichung kapitalisti-
scher Utopien geradezu anboten. Die bisherigen Verbündeten mußten zu unversöhnlichen Feinden werden, noch be-
vor irgendwelche schlechten Gewohnheiten einer sowje-
tisch-amerikanischen Zusammenarbeit von der amerikanischen Öffentlichkeit gebilligt oder gar erwartet wurden.

Für die amerikanische Generation des „Babybooms", die
in den 50er Jahren eingeschult wurde und in den 60er Jahren das Adoleszenzalter erreicht hatte, war das Rußlandbild
ein Bild alles Negativen. Ein Kind kann nichts für seine
Überzeugung, daß die Entstehung eines vom Kommunismus beherrschten Rußlands für das 20. Jahrhundert gleich-
bedeutend war mit dem verlorenen Paradies. Die Chroni-
sten, die den Sündenfall dieses Jahrhunderts aufzeichneten,
waren zwar weniger poetisch als Milton, aber dafür nicht

minder gründlich. Die während der Nachkriegszeit in den USA aufgewachsenen Kinder mußten sich wegen der russischen Kommunisten bei grotesken Alarmübungen vor Atombomben unter ihren Schulbänken verstecken. Die kubanische Raketenkrise von 1962 wurde als Schock vor einem Abgrund empfunden, den die sowjetische Rücksichtslosigkeit aufgerissen hatte. Nach dem Bericht, den Robert F. Kennedy von jenen kritischen Tagen gegeben hat, führte die selbstmörderisch riskante Politik der liberalen Kennedyregierung zu dem offiziellen Eingeständnis, daß man einem atomaren Holocaust nur knapp entkommen war. Trotzdem wurde die Kubakrise in den amerikanischen Massenmedien und in den Legenden über jene Zeit als ein Beispiel für die Besonnenheit Präsident Kennedys selbst unter extremer Anspannung dargestellt. Für einen amerikanischen Jugendlichen, der in den ersten Jahren nach Hiroshima und Nagasaki geboren wurde und die Kubakrise erlebte, gehörte es unausgesprochen zur zwar ahistorischen, aber dennoch existierenden „Wirklichkeit" des gesellschaftlichen Bewußtseins, daß die Atombombe an sich eine sowjetische Erfindung zur Bedrohung der Menschheit sei.

Ende der 50er Jahre war das Bild eines sowjetischen Herrschers für die meisten Amerikaner das Bild Nikita Chruschtschows: ein dreister und drohender Prahlhans, unaufrichtig und wenig Gutes verheißend. Chruschtschow bestätigte diesen Eindruck noch, als er beispielsweise seine verbalen Attacken dadurch unterstrich, daß er in New York bei seinem UNO-Auftritt mit seinem Schuh auf das Rednerpult schlug, oder als er die Niederwerfung des Ungarnaufstands 1956 durch die Sowjetarmee rechtfertigte. Aber das zu dieser Zeit am stärksten ausgeprägte Bild, das der Amerikaner sich von Rußland machte, hing mit einem einzigen, kurzen Satz zusammen, den Chruschtschow über die mächtige Gesellschaft der Hot Dogs, des wachsenden Überflusses, des Baseball und des „freien Unternehmerkapitalismus" geäußert hatte: „Wir werden euch beerdigen."

Für die Einschätzung sowjetischer Worte oder Taten durch Amerikaner hat deren Kontext noch nie eine wichtige Rolle gespielt. Es ging überhaupt nicht darum, was Chruschtschow eigentlich sagen oder nicht sagen wollte.

Sofern er nicht zufällig in Disneyland oder bei einer Auf-
führung von Cancan-Tänzerinnen zugegen war, um das
kahlköpfige sowjetische Staatsoberhaupt dort selbst zu sehen, hatte kein Amerikaner Chruschtschow oder jemanden
wie ihn persönlich erlebt. Ob 1955 oder 1985 – es ist höchst
unwahrscheinlich, daß ein Durchschnittsamerikaner jemals
in seinem Leben persönlich mit einem Russen gesprochen
hat. Jede unmittelbare Fühlungnahme wurde im allgemeinen
durch ein Labyrinth von Massenmedien verhindert, so daß
es unmöglich war, in der Sowjetunion etwas anderes zu sehen als eine Art „Reich des Bösen". Konservative und Libe-
rale mögen vielleicht darüber streiten, bis zu welchem Grad
diese Bösartigkeit einen Umgang mit den Russen überhaupt
zuläßt, doch die grundsätzliche Falschheit dieser Großmacht steht für die amerikanische Politik ebenso außer Frage wie für die amerikanische Öffentlichkeit – und beide sind
weder bereit noch in der Lage, umgekehrt die Existenz einer
amerikanischen Großmacht einzuräumen. Es ist kein Zufall,
daß das Bild der Sowjetunion als irdische Heimstätte des
Teufels gerade in den Jahren nach dem Zweiten Weltkrieg
in das amerikanische Bewußtsein eingepflanzt wurde, als eine enorme Ausweitung der internationalen Macht der USA
einsetzte.

Unabhängige Historiker haben Chruschtschow differenzierter gesehen – sie werten positiv, daß er Stalins blutige
Verbrechen anprangerte und sich für eine „friedliche Koexistenz" einsetzte, während sie andererseits auch auf seine
Fehler etwa in der Agrarpolitik und auf seine Überheblichkeit gegen Ende seiner Amtszeit hinweisen. Doch welche
Vorzüge Chruschtschow auch immer haben mochte – was
die Amerikaner während dieser Zeit von ihm als Staatsoberhaupt oder von der Sowjetgesellschaft hielten, hatte weit
mehr mit den Bedürfnissen der herrschenden Kreise in den
USA zu tun.

Das wird besonders deutlich, wenn man die Bilder näher
untersucht, die sich die Amerikaner in den vergangenen
dreieinhalb Jahrzehnten von der Sowjetunion und China gemacht haben. Die Massenmedien der USA, aus denen die
meisten Amerikaner ihre einzige „Erfahrung" mit diesen
Ländern beziehen, haben sich hier fortwährend als flexibel

erwiesen und Nachrichten über beide Staaten jeweils der politischen Zielrichtung der US-Regierung und insbesondere des Präsidenten angepaßt. Als während der 50er Jahre in der Volksrepublik China tiefgreifende gesellschaftliche Veränderungen vor sich gingen und westliche Korrespondenten zu diesem Land kaum Zutritt hatten, glich das Bild dieses Landes einem Tollhaus hinter einem Bambusvorhang; die angeblich fremdenfeindlichen und fanatischen kommunistischen Chinesen galten als rätselhafte Asiaten, die sich in atemberaubendem Tempo vermehrten. Mitte der 60er Jahre zeigte der beliebte TV-Nachrichtensprecher Walter Cronkite Filme (die auch in zahlreichen amerikanischen Hauptschulen vorgeführt wurden), die scheinbar einen Blick durch die Spalten des Bambusvorhangs gewährten. Der inhaltliche Kern dieser Botschaft bestand darin, daß wimmelnde Massen von Chinesen rasenden maoistischen Banden ausgeliefert waren.

Mit der Zeit mußte die sowjetisch-chinesische Entzweiung alle Amerikaner irritieren, für die in einer Abwandlung des Ausspruchs von Gertrude Stein „Eine Rose ist eine Rose ist eine Rose" bislang der Satz gegolten hatte „Ein ausländischer Roter ist ein ausländischer Roter ist ein ausländischer Roter". Von amerikanischen Kommunisten nahm man natürlich an, sie seien aktive Agenten oder die Werkzeuge einer fremden Macht – eine Vorstellung, die noch besonders genährt wurde, als die US-Regierung in den 50er Jahren unter allgemeiner Zustimmung Ethel und Julius Rosenberg wegen Atomspionage vor Gericht stellte und ihre Hinrichtung erreichte. Auch Filmemacher wie Alfred Hitchcock trugen zur Verbreitung solcher Klischees bei. (Natürlich waren schon seit Anfang der 40er Jahre Stories über deutsche Nazis und japanische Kamikazeflieger beliebte Standardthemen Hollywoods, doch die neuentdeckten russischen Schurken wurden ebenso bereitwillig als geeignete Figuren akzeptiert.) Die Verfolgung linker Drehbuchautoren in Hollywood während der 40er und 50er Jahre führte bei vielen zu Arbeitslosigkeit und Gefängnis, während die Hexenjagd durch den Kongreß und die allgemeine Hysterie gegenüber allen Linken Männer vom Format eines Charlie Chaplin oder Bertolt Brecht aus dem Land vertrieben. Die

Versuche einiger Drehbuchautoren, einen kommunistischen
Kriegsverbündeten in vorteilhaftem Licht darzustellen, und
ihre Solidarisierung mit linken Gruppen waren Grund ge-
nug, Anklage gegen sie zu erheben. Für Tausende von Op-
fern des antikommunistischen Fanatismus, der Amerika seit
Ende der 40er Jahre erfaßte, war die Bezeichnung „frühzei-
tiger Antifaschist" ein ebenso absurdes wie verhängnisvolles
Etikett. Für alle überzeugten Anhänger der Doktrin der
Eindämmung war die Idee eines monolithischen kommuni-
stischen Weltsystems ein unumstößlicher Glaubensartikel.
Diese Doktrin war kurz nach dem Krieg von dem Liberalen
George F. Kennan aufgestellt worden und wurde von einem
Konsortium aus selbsternannten Liberalen (mit Arthur
Schlesinger Jr. als intellektuellem Musterbeispiel), Gemä-
ßigten und Konservativen vehement vertreten. Als Moskau
und Peking voneinander abrückten, hielt man dies in den
USA allgemein für ein rein taktisches Manöver.

Als jedoch der antikommunistische Eifer in den Vereinigten Staaten nachließ, verlor das Bild der politischen Führer
der Sowjetunion einiges von seiner Dämonie. In der Mitte
der 60er Jahre, als der Gedanke, die USA sollten „Rotchina"
diplomatisch anerkennen oder seine Aufnahme in die Ver-
einten Nationen befürworten, noch ziemlich abstrus erscheinen mußte, galten diplomatische Beziehungen mit der
Sowjetunion bereits in breiten Bevölkerungskreisen als etwas Vernünftiges. Selbst als er im Begriff stand, die un-
barmherzige Militärintervention in Vietnam zu eskalieren,
empfing Präsident Johnson eine Delegation sowjetischer
Spitzenpolitiker in Washington und verkündete, es entwick-
le sich ein neuer Geist der Zusammenarbeit, des Dialogs
und der gegenseitigen Achtung zwischen der USA und der
UdSSR.

Zwei Jahrzehnte später haben sich die Bilder verblüffend
umgekehrt. Heute dürfte es äußerst schwerfallen, in der
amerikanischen Tagespresse negative Kommentare über die
Volksrepublik China zu entdecken. Die Bezeichnung „Rotchina" ist praktisch verschwunden. Es verstärken sich die
Bemühungen, von amerikanischen Häfen aus, besonders an
der Westküste, den Handel mit diesem Land zu beleben,
das nunmehr schlicht als „China" bezeichnet wird. Taiwan

ist bedeutungslos geworden. Was immer die Gründe für diese drastische Änderung des Chinabildes sein mögen – und zweifellos spielen hier die innenpolitischen, mäßigenden Neuerungen Chinas sowie die Vorteile eines zunehmenden Handelsaustauschs eine wichtige Rolle –, die Tatsache bleibt bestehen, daß dieser Wandel auf die Anordnung einiger weniger politischer Entscheidungträger zurückgeht und von ihnen auch wieder storniert werden kann. Heute wirkt der Besitz oder der Verkauf von Waren aus China in den USA nicht mehr befremdend, während er vor 20 oder 25 Jahren leicht dazu führen konnte, daß eine Regierungsbehörde nähere Untersuchungen anstellte und das FBI eine Akte über den Vorfall anlegte. Ein genau entgegengesetzter Trend läßt sich im Hinblick auf die Sowjetunion konstatieren, die heute in den Massenmedien und der Alltagskultur Amerikas fortwährend und einhellig herabgesetzt wird.

Die amerikanischen Massenmedien haben ein Klischeebild von der Sowjetunion, das im großen und ganzen vermutlich nicht weniger tendenziös und beschränkt ist wie das der *Prawda* oder der Nachrichtenagentur TASS von den USA. In den amerikanischen Medien finden sich unablässig direkte oder indirekte Mißbilligungen von allem, was sowjetisch ist – Herabsetzungen, deren tägliches Nachströmen ebenso gewiß ist wie das Fließen des Wassers aus der Wasserleitung. Man braucht lediglich eine Zeitung aufzuschlagen oder ein Fernsehprogramm einzuschalten. Ist die Berichterstattung einmal nicht bloßstellend oder hämisch, dann ist sie spöttisch oder mitleidig herablassend. Daß bei einem Vergleich der Verlautbarungen aus dem Weißen Haus mit denen aus dem Kreml die Russen stets schlechter abschneiden, ist erst der Anfang der Geschichte.

In der Regel werden die sowjetischen Nachrichtenmedien als blind gegenüber den Schwächen der eigenen Gesellschaft dargestellt. Wenn US-Korrespondenten auf diese Probleme zu sprechen kommen, und das tun sie häufig und mit kaum verhohlener Schadenfreude, dann ist das tatsächliche oder eingebildete Fehlen des parteioffiziellen Eingeständnisses der Probleme ein Grund zur Verurteilung: Die Sowjets, so erfahren wir, leben in einer so abgeschirmten Gesellschaft, daß ihre Medien ihnen nichts über diese Probleme mitteilen. Wenn hingegen die Sowjetpresse tatsächlich über Mißstände in der UdSSR berichtet, dann gelten plötzlich andere Kriterien für die amerikanischen Nachrichtenmedien; in diesem Fall sind solche Eingeständnisse lediglich ein weiterer Beweis für das mangelhafte Funktionieren des Sowjetsystems.

Filme über die Sowjets mit stereotypen Charakteren hinterlassen beim amerikanischen Zuschauer den deutlichen Eindruck, daß der typische Russe seine Regierung zutiefst verabscheut und häufig den Wunsch hat, in einem anderen Land um Asyl zu bitten. Vor einigen Jahren lief überall in den USA der Spielfilm „Moscow on the Hudson" mit dem beliebten Filmkomiker Robin Williams. Vom ganzen Zuschnitt her glich der Film einer langen Serie von Fernsehproduktionen, die in den letzten Jahren von den verschiedensten Fernsehanstalten in den USA ausgestrahlt wurden. In diesen Filmen erleben Millionen von Amerikanern Sowjetbürger, die alle wunderbare Menschen sind und sich verständlicherweise danach sehnen, die freie Luft der Vereinigten Staaten zu atmen, statt weiterhin in der schrecklichen Sowjetunion leben zu müssen.

Das Prinzip, nach dem „jede Sache (mindestens) zwei Seiten hat", gilt in Amerika nicht mehr, sobald es um die Sowjetunion geht. Die meisten Amerikaner können russische Niederträchtigkeiten anführen, z. B. die Besetzung Afghanistans und die Bevormundung der polnischen Regierung. Daß vergleichbare oder noch schlimmere Schändlichkeiten auch von Amerikanern begangen wurden, z. B. der Krieg in Vietnam oder die Unterstützung zahlreicher brutaler, von den USA abhängiger Regime auf den Philippinen, in El Salvador, Chile oder Südkorea, wird ignoriert. Eine Aufklärung über diese vielfach von den USA betriebene Politik würde nicht nur mit dem gängigen Bild der Sowjetunion, sondern am Ende auch mit dem allgemeinen Selbstbild der Vereinigten Staaten in Konflikt geraten. Das verhilft uns zu einem wichtigen Fingerzeig: Das glorifizierte Bild der USA für die eigene Bevölkerung kann sich nur dann am Leben erhalten, wenn eine gegnerische Großmacht fortwährend herabgesetzt wird, und dafür muß nach wie vor die Sowjetunion herhalten.

Illusionen über das Ausmaß der amerikanischen Freiheiten und die angebliche moralische Integrität der amerikanischen Außenpolitik unterstützen noch dieses Bild, das die meisten US-Bürger von ihrer Nation verinnerlicht haben. Eigene Unzulänglichkeiten erscheinen als weniger gravierend im Vergleich zur unfreien Welt, für deren Hauptsitz Moskau gehalten wird. Gängigen Ansichten über den amerikanischen Kapitalismus der multinationalen Unternehmen werden die verächtlichsten Seiten der Sowjetgesellschaft und anderer Nationen, die sich als kommunistisch bezeichnen, entgegengehalten. (Die meisten Amerikaner müßten passen, wenn man sie aufforderte, einige positive Aspekte solcher Länder zu nennen.) Das flammende Bild sowjetischer Skrupellosigkeit wird von amerikanischen Meinungsmachern noch geschürt, die stets darauf bedacht sind, kritische Fragen über das zurückzudrängen, was das US-System Menschen in vielen Teilen der Welt antut. Illusionen über ihre eigene Freiheit nähren weiterhin die optimistische Zuversicht der Amerikaner, nichts anderes zu wollen als eine Politik der Mitte: die Verbindung einer atomaren Pax Americana mit einer stolzen Selbstzufriedenheit im eigenen Lande. Das fortwährende Eigenlob der amerikanischen „Freiheit" wirkt wie ein gefälliges Narkotikum innerhalb der amerikanischen Grenzen – im Zentrum einer größeren „freien Welt", die zahlreiche Nationen umfaßt, deren Regierungen systematisch politische Gegner foltern und ermorden lassen und wo die bedrückende Armut der Massen dem Reichtum einer kleinen Elite gegenübersteht. Es wäre zutreffender, von einer „freien Unternehmerwelt" zu sprechen. Die freie Welt (der Unternehmer) meint alle Länder, die Unternehmen auf der Suche nach größtmöglichen Profiten günstige Bedingungen für ihre Dollarinvestitionen bieten; damit verbunden sind im allgemeinen geopolitisch wichtige Militärstandorte für die US-Regierung.

Die amerikanischen Nachrichtenmedien ersticken in einer Flut von Ost-West-Konflikten. Im besten Fall werden unausgesetzt Sticheleien gegen die sowjetische Haltung in den unterschiedlichsten Fragen vorgetragen; im Extremfall wird der Gegensatz als Zusammenstoß zwischen einem totalitären Osten und einem freiheitsliebenden Westen dargestellt.

Die Ost-West-Konflikte sind durchaus real, müssen jedoch dafür herhalten, die weltweiten Interessenkonflikte zwischen den besitzenden und den nichtbesitzenden Klassen und Nationen zu verschleiern – wobei sie häufig die Form einer Spaltung zwischen der nördlichen und der südlichen Erdhalbkugel annehmen. Nord-Süd-Konflikte sind für die amerikanischen Massenmedien irritierend, so daß sie regelmäßig den Sprechern des Weißen Hauses behilflich sind, internationale Lageberichte in die vertraute Ost-West-Terminologie umzuformulieren. So gelten beispielsweise die Vorgänge in Mittelamerika nicht als Auseinandersetzung zwischen einem mächtigen Uncle Sam und aufbegehrenden Opfern eines jahrzehntelangen Imperialismus; die Menschen dieser bedrückten Region werden vielmehr zu Marionettenfiguren eines angeblichen sowjetisch-kubanischen Expansionismus reduziert. Erfindungen werden als Tatsachen ausgegeben, an die Stelle des realen Widerstands der Dritten Welt gegen eine neokoloniale Unterdrückung treten die altbekannten Klischees der Auseinandersetzung zwischen Ost und West.

In den Vereinigten Staaten sprechen Massenmedien und Politiker gelegentlich von der „arbeitenden Klasse", während jeder ernsthafte Hinweis auf eine „herrschende Klasse" strikt vermieden wird. Dieses auf das eigene Land bezogene Sprachmuster hat seine Parallelen darin, wie die Amerikaner die Welt wahrnehmen: Es gibt die niedergetretenen Bedrückten dieser Erde, doch nur selten findet sich eine Aussage darüber, daß einige der mächtigsten Bedrücker in den am meisten geachteten Institutionen der USA sitzen. Die extremen weltweiten Unterschiede in der Verteilung der Ressourcen, die ausgeprägten Gegensätze zwischen Arm und Reich auf der ganzen Erde werden übertüncht vom Bewußtsein der Nordamerikaner, in einer Welt des Überflusses zu leben. Diese Diskrepanzen werden zu Fußnoten der Geschichte und der gegenwärtigen Politik erklärt. Demgegenüber sind sowjetisch-amerikanische Spannungen bekannte Größen – zuverlässig, seit langem erkannt und mühelos berechenbar.

Als Staat, der seit 40 Jahren unangefochten das atomare Wettrüsten der Welt anführt, können die USA gar nicht an-

ders, als die Sowjetunion in den schwärzesten Farben zu
malen, um den Ausbau ihrer atomaren Waffenlager zu
rechtfertigen. Seitdem sie zunehmend im Besitz und unter
der Kontrolle von Großunternehmen sind, geben sich die
amerikanischen Massenmedien immer mehr dazu her, eine
unheilvolle Realität nur noch kritiklos darzustellen: Die
US-Regierung ist entschlossen, ihren technologischen Vorsprung auf dem Gebiet der atomaren Kriegführung zu halten und auszubauen. Bei den atomaren Abrüstungsgesprä-
chen der vergangenen 25 Jahre haben sich die USA besonders verantwortungslos verhalten und eine Einigung über
die Einschränkung des Wettrüstens verhindert. Die Ver-
handlungen über eine umfassende Einstellung aller Atomversuche, die unter Carter zum Stillstand gebracht und von
der Reagan-Administration endgültig begraben wurden,
sind hierfür ein Beispiel. Wären die Vereinigten Staaten
wirklich zu einem solchen Schritt bereit gewesen, dann hätte es in den letzten Jahren vermutlich weder auf sowjetischer noch auf amerikanischer Seite weitere atomare Tests
gegeben. Von diesen Dingen weiß der Durchschnittsamerikaner nur wenig, da solche Tatsachen den vorherrschenden
Mythen zuwiderlaufen, nach denen die Schuld für das
Scheitern der Abrüstungsgespräche ausschließlich bei den
Sowjets liegt.

Als der sowjetische Ministerpräsident Tschernenko im
März 1985 starb, gab es in den amerikanischen Nachrichtenmedien eine Fülle von Spekulationen über die Zukunft
der russisch-amerikanischen Beziehungen. Abermals kam es
zu Klagen über die Spannungen zwischen den beiden Großmächten. Die Mutmaßungen über die möglichen Veränderungen im Kreml schossen üppig ins Kraut. In den Erörterungen über die zu erwartenden Auswirkungen der Wahl
Gorbatschows zum neuen sowjetischen Staatsoberhaupt auf
das russisch-amerikanische Verhältnis wurde der amerikanischen Bevölkerung einmal mehr eine ebenso subtile wie
nachdrückliche Botschaft übermittelt, daß nämlich dieses
Verhältnis in der Hauptsache von den Leuten abhänge, die
im Kreml die Macht haben. Explizit oder implizit wird die
US-Regierung so dargestellt, als warte sie geduldig auf An-
zeichen einer versöhnlicheren Haltung der Sowjets, wie ein

Heiliger den Sündern gegenüber Geduld und Unerschütter-
lichkeit an den Tag legt – ein Bild von der amerikanischen
Machtstruktur, das stets neu genährt wird.

Die amerikanische Abrüstungsbewegung hat insgesamt
wenig getan, um dieses Bild zu korrigieren. Die Befürwor-
ter eines Verzichts auf den weiteren Ausbau von Kernwaffen haben häufig den Weg des geringsten Widerstands ge-
wählt und neigen eher dazu, die Klischees des Kalten Krieges wieder aufzugreifen als sie in Frage zu stellen, weil sie
glauben, daß die antisowjetischen Ressentiments der amerikanischen Gesellschaft zu tief eingewurzelt sind, als daß sie
sich unmittelbar überwinden ließen. Die atomare Rüstung
wird häufig als ein ganz spezielles Problem dargestellt, dessen Drohung unabhängig vom globalen politischen Kontext
bestehe. In dem Bestreben, die Spirale des atomaren Wettrüstens anzuhalten, haben sich viele amerikanische Rü-
stungsgegner dafür entschieden, allen Kontroversen darüber auszuweichen, ob die traditionellen Stereotype des
Rußlandbildes überhaupt uneingeschränkt zutreffen. Solche
Unterlassungen schaden jedoch langfristig den eigenen Ab-
sichten.

Solange die Sowjetunion zum „Feind" gemacht wird, geht
auch der Kalte Krieg und mit ihm der Marsch in den atomaren Krieg weiter. Eine Kritik an der offiziellen Geschichtsschreibung der USA könnte dazu beitragen, daß die Sowjet-
bevölkerung in den Augen der Amerikaner an Wirklichkeit
gewinnt, und sie könnte die UdSSR in einem realistischeren
Licht darstellen – innenpolitisch repressiv, jedoch weniger
stark als zahlreiche Regime, die von den USA fortwährend
unterstützt werden; rücksichtslos auf dem Gebiet der atomaren Rüstung, jedoch weniger als die USA; der brutalen
Intervention in andere Länder schuldig, doch (abermals) in
geringerem Maße als die USA. Dies sind extrem schwierige
Vorstellungen, die der amerikanischen Bevölkerung vermittelt werden müssen, doch dieser Aufgabe können wir uns
nicht entziehen.

In ihrem Bemühen um gesellschaftliche Achtung und aus
Angst, ins Kreuzfeuer der mächtigen Geschütze der amerikanischen Kommunistenjäger zu geraten, neigte die Abrüstungsbewegung in den USA dazu, die chronischen antiso-

wjetischen Ressentiments der Amerikaner unabsichtlich noch zu verstärken. Ein solches Vorgehen verschafft vielleicht eine größere gesellschaftliche „Achtung", trägt jedoch dazu bei, das Klima des Kalten Krieges in westlichen Gesellschaften zu verschärfen statt abzuschwächen.

„Ohne ein gewisses Verständnis für die Lebensweise des anderen kann es keinen Frieden geben", schrieb der progressistische amerikanische Journalist I. F. Stone 1950. Er charakterisierte eine Situation, die auch heute noch in einem Amerika fortbesteht, das sich dem Antisowjetismus verschrieben hat:

„Ein solches Verständnis ist dringend notwendig. Allerdings kann sich kaum jemand dazu durchringen, weil er damit Gefahr läuft, als ‚Roter' oder ‚Rosaroter' verunglimpft zu werden. Einer muß den Anfang machen und den amerikanischen Menschen sagen, daß Kommunismus und Sozialismus ihren Platz in der Welt haben müssen; er muß ihnen behilflich sein zu verstehen, wie sie entstanden sind und welchen Bedürfnissen sie dienen." Ohne dieses Verständnis „werden (diese Ideen) so schreckliche Züge annehmen, daß gegen sie jede Waffe gerechtfertigt erscheint."

Das ist genau die Situation, in der wir uns heute befinden. Die amerikanische Machtstruktur versucht, sich mit realisierbaren wie mit utopischen Waffensystemen selbst zu übertrumpfen; hierzu gehören Weltraumwaffen und „Abwehr"-Systeme, die im Grunde genommen nichts anderes sind als Zubehör für Erstschlagstechnologien. Wer gegen bestimmte neue Waffen kämpft, muß häufig feststellen, daß ihm durch die inszenierten „Erdbeben" der jüngsten antisowjetischen Tiraden der Boden unter den Füßen weggezogen wird. Die amerikanischen Progressisten, die jenes schwierige Problem – den Antisowjetismus und seine Ausnutzung mit dem Ziel, von amerikanischen Interventionen überall in der Welt abzulenken – aus Ängstlichkeit mit einem Eiertanz umgehen, werden langfristig die Opfer ihres Wunsches nach kurzfristigen Erfolgen.

Viele der Funktionen, die der Antisowjetismus in der US-Gesellschaft erfüllt, lassen sich an einer Reihe von Beispielen verdeutlichen, in denen es um die Atomversuche geht, die in den 50er und 60er Jahren in einigen westlichen Staaten der USA durchgeführt wurden. Während dieser Zeit ließ die amerikanische Regierung im Bundesstaat Nevada über einem Wüstengebiet mehr als 100 Atomsprengköpfe zünden, von denen viele eine größere Sprengwirkung hatten als die Bomben, die auf Hiroshima und Nagasaki abgeworfen wurden. Der radioaktive Niederschlag wurde fast immer über Gemeinden in ländlichen Bezirken geweht. Inzwischen freigegebene Dokumente belegen, daß die Regierung bewußt angeordnet hatte, mit den Versuchen jeweils so lange zu warten, bis der Wind in die „richtige" Richtung blies, d. h. weg von den dichtbesiedelten städtischen Regionen wie Los Angeles und Las Vegas und hin in Gebiete, die nur spärlich besiedelt waren. Einige Jahre nach dem Beginn der Atomtests in Südnevada stellten die Anwohner der Region eine drastische Zunahme von Leukämieerkrankungen fest (der später ein deutlicher Anstieg von Krebs, Blutkrankheiten und Geburtsfehlern folgte). Ende der 50er Jahre war der Anstieg der Leukämiefälle besonders bei Kindern auffällig. Spätere epidemiologische Untersuchungen haben einen unmittelbaren Zusammenhang zwischen radioaktivem Fallout und der steigenden Zahl von Krebskranken in dieser Region bestätigt. Solange die Versuche liefen, wurden entsprechende Befürchtungen jedoch mit dem Hinweis auf die kommunistische Bedrohung abgetan.

Einige der betroffenen Eltern schrieben Briefe an ihre „Vertreter" im Kongreß, als die Versuche andauerten und noch immer radioaktiver Fallout über den Gemeinden niederging. Nachdem sie gerade ihren sechsjährigen Sohn beerdigt hatten, der an Leukämie gestorben war, schrieben die Eltern den Senatoren Nevadas von ihrem Schmerz. Die Antwort kam mit einem Brief, der die Eltern darüber belehrte, daß Warnungen vor einem radioaktiven Fallout schlicht das Produkt „kommunistischer Greuelmärchen" seien.

Mittlerweile hatte die Ausnutzung antikommunistischer Ressentiments in einigen der betroffenen Landgemeinden bereits groteske Züge angenommen. Kinder, die im Südwesten Utahs wohnten, wurden aufgefordert, nach „russischen Spionageflugzeugen" Ausschau zu halten. Wenn sie ein solches Flugzeug entdeckten, sollten sie unverzüglich die nächstgelegene Regierungsbehörde verständigen. Natürlich bekamen die Kinder kein einziges Spionageflugzeug zu Gesicht. Was sie jedoch häufig sehen konnten, das waren Atompilze in der Abenddämmerung, und heute sind die Friedhöfe dieser Gegend voll von Gräbern, in denen junge Krebsopfer liegen, deren Leben vorzeitig beendet wurde – nicht weil sich dort ein sowjetisches Flugzeug herumgetrieben hätte, sondern wegen der Atomversuche ihrer eigenen Regierung.

Das Bemühen, von Ungerechtigkeiten im eigenen Land dadurch abzulenken, daß man äußere „Feinde" identifiziert, findet sich zu allen Zeiten in der Geschichte. In den Vereinigten Staaten hat diese Methode jedoch derart extreme Ausmaße angenommen, daß dadurch das Überleben der Menschheit insgesamt bedroht ist. Im Zeitalter der thermonuklearen Waffen kann der Kalte Krieg als Vorstufe des Atomkriegs, d. h. der weltweiten Vernichtung begriffen werden. Die Absurditäten der antisowjetischen Beflissenheit in den Vereinigten Staaten haben so verheerende Konsequenzen für das Schicksal aller menschlichen Wesen, daß die traditionellen Definitionen von „Politik", „Ideologie" und „internationalen Fragen" den drängenden Problemen der Gegenwart nicht mehr angemessen sind. Das verzerrte Bild der Sowjetunion, das in den USA ständig am Leben erhalten wird, kann jenen Kräften, die einen weltweiten Völkermord anzetteln wollen, in höchst realer Weise als Mittel zum Zweck dienen. Aufgrund ihrer unerreichten Fähigkeit, hochgradig zielgenaue atomare Erstschlagswaffen zu entwickeln, haben die Vereinigten Staaten die Welt an den Rand der Auslöschung gedrängt. Die Marschflugkörper und Pershings 2 nehmen eine noch unheildrohendere Bedeutung an, sobald man sie in den Kontext der Pläne der amerikanischen Regierung stellt, strategische Waffen wie die Trident- und die MX-Systeme zu entwickeln. Die Szenarien der „Strategic Defence Initiative" SDI („Krieg der Sterne"), von Präsident Reagan geplant und 1985 von seiner Administration befürwortet, enthalten einige realisierbare Komponenten, so z. B. die ABM-Systeme mit Zielsuchgerät, die zwar als „point defense systems" bezeichnet werden, sich jedoch genausogut im Rahmen einer Strategie des Erstschlags einsetzen lassen. Eine solche Eskalation des atomaren Wettrüstens wird durch die gängigen Vorstellungen der amerikanischen Bevölkerung von der Sowjetunion „gerechtfertigt", institutionalisiert und unterstützt. So verzerrt diese Bilder auch sein mögen, so liefern sie doch die entscheidende Basis für das wahrhaft schreckenerregende atomare Waffenarsenal, das von der größten terroristischen Vereinigung der Welt, der Regierung der Vereinigten Staaten, errichtet worden ist.

Solche Schlußfolgerungen sind für einen Amerikaner unbequem und schwer zu akzeptieren. Erst durch eine unabhängige Beschäftigung mit den historischen Tatsachen und eine Nutzung auch der alternativen Medien werden Amerikaner in der Lage sein, die propagierten Bilder der Sowjetunion von der Wirklichkeit zu unterscheiden. Viele Menschen auf der Erde leben heute unter Nöten und Zwängen als Folge unmenschlicher politischer Entscheidungen. Keine Supermacht ist hier schuldlos; es gibt jedoch gute Gründe für die Annahme, daß die größte Bedrohung für die Menschheit gegenwärtig von den Vereinigten Staaten ausgeht. Die vielfältigen Mittel, mit denen die Sowjetunion im amerikanischen Bewußtsein immer wieder angeprangert wird, machen deutlich, wie dringend notwendig es ist, falsche Bilder aufzugeben und beim Aufbau internationaler Solidaritätsbewegungen mitzuarbeiten, die den Kampf um eine Befreiung des Menschen unterstützen.

ANTON-ANDREAS GUHA

Abschreckung und Feindbild im nuklearen Zeitalter

Albert Einsteins berühmter Satz – „Die Entfesselung des
Atoms hat alles verändert, mit Ausnahme des menschlichen
Denkens. Deshalb treiben wir auf eine Katastrophe unvor-
stellbaren Ausmaßes zu" – ist lediglich als Warnung eines
Pazifisten verstanden und damit mißverstanden worden.
Nicht begriffen wurde, daß Einstein auf ein Novum der
Menschheitsgeschichte aufmerksam machen wollte: Mit
Atomwaffen läßt sich ein für allemal kein Krieg mehr füh-
ren, weil die Folgen eines Nuklearkrieges irreversibel wä-
ren, die Zerstörungen hätten im Wortsinne planetarische
Ausmaße. Atomwaffen bedrohen alles höhere Leben auf
diesem Planeten. Bereits vor einem Krieg steht fest, daß es
keinen Sieger, sondern nur Vernichtete geben könnte. Daher kann ein Krieg – auch als ultima ratio – keine Fortsetzung der Politik mit anderen Mitteln mehr sein. Niccolò
Machiavelli, Thomas Hobbes, Jean Bodin oder Carl von
Clausewitz, den Theoretikern jener Politik, die den Krieg
als rationales, wenngleich letztes Mittel zur Durchsetzung
staatlicher Ziele und Interessen versteht, ist im Zeitalter der
Nuklearwaffen die Grundvoraussetzung entzogen: der militärische Sieg, zumindest das kalkulierbare Risiko einer militärischen Auseinandersetzung.
   Anders formuliert, d. h. die Einsteinsche These ins Positive gewendet: Wenn Atomwaffen den Krieg zu einer historischen, zu einer antiquierten Form staatlicher Auseinandersetzung machen, dann müssen Interessenkonflikte zwischen
Staaten oder Bündnissystemen künftig am Verhandlungstisch gelöst werden. Mehr noch: Traditionelles Konfliktver-
halten, etwa Konkurrenz der beiden Paktsysteme um Ein-
flußgebiete oder Ressourcen, führt in Pattsituationen, die
deshalb irrational sind, weil sie keine Lösung – etwa durch
Krieg – aufzeigen. Wenn staatliche Souveränität auch darin
zum Ausdruck kommt, daß eine Regierung nach Abwägung
aller Risiken politische Ziele mit militärischen Mitteln ver-

folgen und durchsetzen kann, darüber zumindest als Option verfügt, so haben auch atomar hochgerüstete Staaten unter dem Damoklesschwert von Nuklearwaffen dieses definitorische, vom Völkerrecht anerkannte Merkmal von Souveränität verloren. Sie sind nur souverän gegenüber Staaten, die über keine Atomwaffen verfügen.

Atomwaffen zwingen also Staaten zu der Einsicht, daß sie nicht einmal mehr im Sinne Hobbes' Gegner sein dürfen, geschweige denn Feinde, die sich gegenseitig diabolisieren. Vielmehr zwingen Atomwaffen zu der Einsicht, daß sich Staaten nur noch als Partner verstehen können.

Daraus aber folgt eine Aporie, eine nicht lösbare Schwierigkeit, die in dem Satz von Albert Einstein bereits enthalten ist: Wenn es die Atomwaffen sind, die jede Art von militärischer Konfliktaustragung verbieten, weil ihr Einsatz zu irreversiblen Folgen führen muß, wenn die Atomwaffen jenes Schwert sind, das nach Helmut von Moltke „das Schwert in der Scheide hält", dann können sich all jene bestätigt fühlen, die das nukleare Abschreckungssystem als einzig vernünftige, ja sogar ethisch legitime Form der Kriegsverhütung rechtfertigen. Mehr noch: Der Abbau der Atomwaffen, die vollständige nukleare Abrüstung, würde ja gerade den Krieg als politisches Instrument wieder in die Politik einführen, weil das historische Novum, das die Atomwaffen markieren, zusammen mit der Abrüstung verschwände. Der Krieg als ultima ratio der Politik wäre wieder kalkulierbar, führbar und als Konfliktlösung möglicherweise wieder rational.

Andererseits zeigt die Geschichte, daß Abschreckung niemals auf Dauer funktioniert hat. Man könnte einwenden, daß Abschreckung in vornuklearer Zeit ebenso wie der Krieg ein Mittel der Politik gewesen sei, ausschließlich orientiert an den Interessen des Staates. Wenn das nationale Interesse den Nicht-Krieg bzw. den Frieden gebot, etwa weil ein Stärkerer oder Gleichstarker wirksam abschreckten, verhielt man sich friedlich, da der Frieden dann das geeignete Mittel zum Zweck war. Verlor die Abschreckung an Glaubwürdigkeit oder reichte der Nichtkriegszustand nicht mehr aus, staatliche Interessen durchzusetzen, so der Einwand weiter, gab es auch keine rationale Begründung dafür, ihn weiter aufrechtzuerhalten. Für Machiavelli oder Hobbes wäre der Versuch, den Frieden um seiner selbst willen, aus humanitären, christlichen oder ethisch-moralischen Gründen fortzusetzen und die Chance des Krieges nicht wahrzunehmen, ein Verstoß gegen das Staatsethos gewesen, dem der Herrscher oder eine Regierung verpflichtet ist, also verantwortungslos. Noch Bismarck dachte und handelte so, vom pervertierten Verständnis des Krieges als ultima ratio der Politik bei Ludendorff oder Hitler gar nicht erst zu reden.

Der Einwand will suggerieren, daß der Hinweis auf die periodischen Zusammenbrüche von Abschreckung in der Geschichte nicht mehr dafür tauge, das System nuklearer Abschreckung in Frage zu stellen, eben weil Abschreckung den Krieg als politische Chance eliminiert und die Staaten unter das Diktat der Vernunft stellt, Konflikte mit friedlichen Mitteln zu lösen. Frieden, zumindest der Nichtkrieg, ist im Zeitalter der Nuklearwaffen nicht mehr Mittel, sondern das Ziel der Politik.

Dieser Einwand wäre berechtigt und ermöglichte eine Hoffnungsperspektive, wenn das Diktat der Vernunft garantiert werden könnte und wenn das Abschreckungssystem statisch wäre und nicht dynamisch, was es z. B. angesichts der Waffentechnologie ja tatsächlich ist.

Das Diktat der Vernunft, erzwungen von den Atomwaffen, müßte zunächst notwendigerweise zu der zweifelsfreien Annahme führen, daß unter seinem Zwang auch der potentielle Gegner steht. Abschreckung muß unterstellen, daß sich der Gegner ebenfalls vernünftig verhält, also die Chancenlosigkeit eines Krieges einsieht, und zwar unter allen Umständen, auch in schweren politischen Krisen. Die Kontrahenten müssen an der wechselseitigen Unterstellung von Rationalität oder Vernunft auch dann festhalten, wenn ihnen das Verhalten des anderen befremdlich oder gar verdächtig erscheint. Die Annahme, eine Seite könnte sich auch irrational verhalten, aus welchen Ursachen und Motiven auch immer, wäre selbst irrational, weil sie die zentrale Voraussetzung, also die Rationalität des Abschreckungssystems zerstört.

Zur Rationalität der nuklearen Abschreckung gehört also

zwingend, den Gegner nicht als Feind zu verstehen, nicht
zuletzt deshalb, weil dem Feind immer auch Haß unterstellt
werden muß. Haß aber kann soweit gehen, den anderen
auch um den Preis der Selbstvernichtung anzugreifen. Haß
beschwört per definitionem die Gefahr irrationalen Verhaltens herauf, zum mindesten verleitet er zum „Spiel mit dem
Feuer", indem er blind für die Grenzen des Risikos macht.
  Variieren wir die These weiter, daß nukleare Abschrek-
kung dem Gegner rationales Verhalten unter allen Umständen unterstellen muß. Dazu würde die Annahme gehören,
daß der ideologische Gegner, eben weil es wegen der Atomwaffen und der Chancenlosigkeit eines Krieges keine Alternative gibt, an einer Entspannungspolitik interessiert ist, interessiert sein muß. Zumindest hat er ein Interesse an Rü-
stungsbegrenzung und Rüstungskontrolle, an Stabilität der
atomaren Potentiale. Diese Stabilität wiederum ließe sich
am wirkungsvollsten durch eine Kontrolle der militärischen
Forschung und Entwicklung sichern, die der wesentlichste
Impuls für die Rüstungsdynamik, mithin für die Instabilität
der Rüstung sind. Rüstungswettlauf ist per definitionem dynamisch und instabil. Neue Waffensysteme oder militärisch
relevante Technologien im Bereich der Führungs-, Kon-
troll- und Kommunikationssysteme eröffnen neue Kriegsführungsoptionen und mithin neue Strategien. Kriegsführungsoptionen aber gefährden die Abschreckung, selbst
wenn sie nur auf einer Selbsttäuschung beruhen, also auf Irrationalität. Wer glaubt, über Kriegsführungsoptionen zu
verfügen, sogar nur über bessere Optionen als der Gegner,
fühlt sich nicht mehr abgeschreckt. Dies wiederum weckt
beim Gegner Mißtrauen oder gar Angst, bringt ihn in die
Gefahr, irrational zu handeln, und gefährdet das Abschrek-
kungssystem.
  Zur Rationalität der Abschreckung gehört ferner, daß die
jeweilige Gegenseite zu einer realistischen Schadens- und
damit Risikoeinschätzung in der Lage ist. Wenn 100 Atomsprengköpfe, gezielt eingesetzt gegen das Elektrizitätsver-
sorgungssystem, ausreichen, um die Sowjetunion (vice versa
die USA) als existenzfähigen Industriestaat zu zerstören,
weil über zwei Drittel der Industrieproduktion auf Jahre
hinaus lahmgelegt würden, der medizinischen Katastrophe

(15 Millionen Tote und etwa 20 Millionen Verletzte) sofort
die Versorgungskatastrophe folgen würde, so muß unterstellt werden können, daß die sowjetische Führung kein politisches Ziel von solcher Vorrangigkeit haben kann, das
diesen Preis rechtfertigt.

Wenn hingegen angenommen wird, daß die Sowjets sich
von der Aussicht einer derartigen Katastrophe nicht abschrecken lassen und 100 Nuklearsprengköpfe als quantité
négligéable betrachten, verliert Abschreckung jegliche Rationalität und damit auch Wirkung. Denn dann erscheinen
die Sowjets als zu allem entschlossener Feind, ja als Mon-
ster, und der atomare Holocaust wäre nur eine Frage der
Zeit.

Das Beispiel verdeutlicht im übrigen, daß die Atomwaffen
auch den Begriff der Überlegenheit bedeutungslos gemacht
haben, wie vor allem den Begriff „Verteidigung". Übertötungskapazitäten schaffen keine zusätzliche Überlegenheit,
sie schrecken nicht ab. Die USA verfügen über rund 11 000
strategische Sprengköpfe. Einen Faktor von 0,8 zugrunde
gelegt, weil nicht jede Rakete ins Ziel gelangt, hätten sie somit 88mal die Möglichkeit, die UdSSR als existenzfähigen
Industriestaat zu zerstören. Ein Minimum an Rationalität
im Kreml unterstellt, bedeutete die 100fache Vernichtungsfähigkeit keine wesentlich höhere Abschreckung als die
30fache. (Zum Vergleich: Die Sowjetunion verfügt über
rund 8000 strategische Atomsprengköpfe. Bei einem Faktor
von 0,7 – angeblich sind die sowjetischen Raketen unzuver-
lässiger – hätte sie 56mal die Fähigkeit, die USA als existenzfähigen Industriestaat zu zerstören. Experten gehen
„nur" von einer rund 40fachen aus, weil das Elektrizitäts-
versorgungssystem der USA dezentralisierter ist. Aber wäre
dies ein relevanter Unterschied?)

Zur Rationalität des Abschreckungssystems würde
schließlich notwendigerweise gehören, daß beide Seiten ihr
Verhalten für die jeweils andere kalkulierbar machen, um
Fehlannahmen oder Fehlinterpretationen, damit Befürchtungen und Ängste zu vermeiden. Sollten Irritationen
und Ängste auftreten, so müßten beide Seiten in der Lage
sein, die Bedrohtheitsängste des anderen zu verstehen, um
sie durch beruhigendes Verhalten zu mindern.

Angesichts der irreversiblen Folgen, die die Nuklearwaffen androhen – die Zerstörung allen höheren Lebens und des ökologischen Systems auf Jahrtausende, wahrscheinlich auf Jahrmillionen hinaus –, ist die Einsicht unabweisbar, daß die Sicherheit sowie das Sicherheitsgefühl der Gegenseite die eigene Sicherheit garantieren. Beide Seiten müßten daher ein existentielles Interesse daran haben, daß der potentielle Gegner stets rational handeln kann.

Das nukleare Abschreckungssystem begründet daher theoretisch ein System der Sicherheitspartnerschaft, weil beide Seiten in ein und demselben Boot sitzen. Sicherheitspartnerschaft läßt aber nicht zu, die andere Seite als Gegner zu begreifen, geschweige denn als Feind. Sicherheitspartnerschaft, begründet durch das Diktat der atomaren Abschreckung, würde in letzter Konsequenz bedeuten, daß das Verhalten und die Politik des Gegners nicht mehr nach den Kategorien des „Worst case" beurteilt wird. Denn das Worst-case-Denken geht ja gerade von der Annahme aus, daß der Gegner für sich nach dem optimalen Nutzen strebt, was für die eigene Seite den maximalen Schaden bedeutet. Worst-Case-Denken muß unterstellen, daß die Gegenseite nichts unversucht läßt, um auf meine Kosten Vorteile zu erreichen. Solange sie das militärisch nicht kann, versucht sie es mit der „ideologischen Waffe", aber auch ökonomisch oder subversiv, ob in Nicaragua oder in Afghanistan.

Hier offenbart sich der fundamentale, nicht aufhebbare Widerspruch des Abschreckungssystems. Denn Abschreckung steht und fällt mit der Grundannahme, daß sich der potentielle Gegner nur deshalb rational verhält, weil er sich vor der – glaubwürdigen – atomaren Drohung des anderen fürchtet. Abschreckung verhütet den Holocaust nur dadurch, daß sie den Holocaust androht. Daher kann nukleare Abschreckung niemals den Nuklearkrieg eliminieren, weil sie ihn als jederzeit verfügbare Option dem Gegner vor Augen stellt, ihn gleichzeitig in sich selbst mit einschließt. Die Glaubwürdigkeit der atomaren Drohung beinhaltet als zentrales Moment auch die Entschlossenheit der eigenen Vernichtung, zumindest muß der Gegner diese Entschlossenheit in Rechnung stellen, und sei es nur, weil er sie nicht ausschließen kann.

Die Rationalität des Abschreckungssystems kann daher logischerweise keine „kategorische" sein im Sinne Kants, Rationalität „um ihrer selbst willen", sondern bleibt im besten Fall eine „hypothetische", d. h., beide Seiten handeln nur dann bzw. deshalb rational, wenn bzw. weil sie sich gegenseitig Atomwaffen androhen – mit allen Konsequenzen. Der Begriff „Diktat der Vernunft", unter das die Atomwaffen beide Kontrahenten zwingen, ist daher insofern falsch, als es sich in philosophischem Sinne nicht um Vernunft handeln kann, sondern lediglich um erzwungene Opportunität. Erzwungenes opportunes Verhalten ist nota bene auch nicht von sonderlich ethischem Niveau.

Indem Abschreckung dem Gegner erzwungene, opportune Rationalität unterstellt, muß sie gleichzeitig daran festhalten, daß er einerseits Partner ist, andererseits aber Feind bleibt. Denn wer sich nur durch die Androhung des vorstellbar schwersten Schadens bis hin zur Existenzauslöschung zu rationalem Verhalten zwingen läßt, von dem kann nicht angenommen werden, daß er seine auf Expansion gerichteten Motive und Ziele aufgibt. Er stellt sie nur zurück, wartet aber nach wie vor auf eine Chance oder versucht, diese Ziele mit nichtkriegerischen Mitteln, ideologischen, subversiven, technologischen oder ökonomischen, zu erreichen.

Auch hier also dieselbe Aporie in anderer Variante: Die von den Atomwaffen erzwungene Sicherheitspartnerschaft muß dem Gegner unterstellen, daß die Erhaltung des Nichtkriegszustandes oberste Priorität in seiner politischen Zielsetzung gewinnt. Damit ist Worst-case-Denken nicht zu vereinbaren. Gleichzeitig jedoch sind Worst-case-Annahmen Voraussetzung jeder Abschreckung, denn ohne die Unterstellung des für die eigene Seite negativsten Motivs beim Gegner wäre Abschreckung ja sinnlos, es gäbe sie gar nicht, geschweige denn in ihrer nuklearen Totalität. Worst-case-Denken ist innerhalb eines Abschreckungssystems insofern logisch, als es jedes Risiko auszuschließen versucht. Wenn ich dem Gegner das für mich negativste, schlechteste Motiv bzw. Absicht unterstelle, so bin ich auf alles gefaßt und kann nicht überrascht werden. Indem der Gegner davon ausgeht, handelt er seinerseits wieder rational und läßt sich zu keinen Abenteuern verleiten.

Worst-case-Denken ist daher im Rahmen des Abschrek-
kungssystems sowohl rational als auch irrational, das aber
ist ein Widerspruch. Oder: Der Partner einer auf Kriegver-
hütung ausgerichteten Sicherheitspolitik kann nicht gleichzeitig mein Feind sein. Abschreckung setzt den Feind voraus.

Dieser zentrale Widerspruch bringt wie Metastasen weitere Widersprüche hervor.

Abschreckung steht und fällt mit der Glaubwürdigkeit
der Drohung. Wird sie bzw. werden ihre Konsequenzen
nicht entschlossen angedroht, besteht aus der Sicht des Ab-
schreckenden die Gefahr, daß der potentielle Gegner sie
nicht ernst nimmt und zu einer risikoreicheren Politik, gar
zu militärischen Abenteuern verleitet werden könnte. Dann
aber würde Abschreckung ja versagen. Glaubt er hingegen
die Drohung, so ist der Schritt zum Sich-bedroht-Fühlen
nicht weit und er wird seine Rüstungsanstrengungen verstärken, um die Bedrohung zu mildern. Dies aber verstärkt
den Rüstungswettlauf und führt zu militärischer Instabilität
mit der Gefahr irrationalen Verhaltens. Damit aber wird
Abschreckung ebenfalls in Frage gestellt.

Ein weiterer Widerspruch, der zunehmend an Aktualität
gewinnt: Abschreckung bietet theoretisch optimale Sicherheit, wenn ein Gleichgewicht der militärischen Stärke herge-
stellt ist. Abgesehen davon, daß Worst-case-Denken, ein
Synonym für Mißtrauen, niemals zu so einer objektiven
Feststellung in der Lage ist, muß Abschreckung gleichzeitig
eine erfolgversprechende Kriegsführungsoption anstreben,
weil die Drohung mit dem eigenen Selbstmord nicht sonderlich glaubwürdig erscheinen könnte. Im Kriegsfall gibt es
außerdem Sicherheit nur durch militärische Überlegenheit,
der Kriegsfall aber ist als Möglichkeit im Abschreckungssystem ausdrücklich mitenthalten, nicht zuletzt vermittelt
durch das Worst-case-Denken.

Das Streben nach militärischer Überlegenheit, zumindest
nach glaubwürdig anzudrohenden Kriegsführungsoptionen,
weckt aber auf der anderen Seite schwere Bedrohtheitsängste und läßt abermals die Gefahr irrationalen Verhaltens
entstehen, was wiederum die Grundvoraussetzung für eine
wirksame Abschreckung gefährdet.

Aktuell ist dieser Widerspruch deshalb, weil sich in den USA – hier zumindest nachweisbar – seit etwa 1973 ein grundsätzlicher Wandel im Verständnis von Abschreckung vollzieht. Der damalige Verteidigungsminister James Schlesinger versuchte aus der strategischen Paralysierung, die durch die gesicherte Zweitschlagsfähigkeit (Mutual Assured Destruction, MAD) erzwungen war, auszubrechen, indem er eine Theorie der begrenzten strategischen Optionen entwickelte. Schlesinger wollte die USA in die Lage versetzen, die UdSSR dadurch abzuschrecken – und damit Krieg zu verhüten –, daß sie glaubwürdige strategische Kriegsführungsoptionen androhen können. Nuklearstrategen wie Colin S. Gray, Mitglied des bekannten „Comittee on the Present Danger", einer antikommunistischen, ultrakonservativen Gruppierung, die heute mit Paul Nitze, Eugene Rostow, Edward Rowny, Richard Pipes, Richard Perle, Richard Burt, Jeane Kirkpatrick, George Shultz oder George Bush alle relevanten sicherheitspolitischen Positionen der Reagan-Regierung besetzt hält, forderte die Fähigkeit „zum rational geführten Atomkrieg" im Rahmen einer „offensiven Atomkriegsdrohung". Der atomar-strategische Sieg sollte wieder möglich werden.

Präsident Reagan selbst hielt die Abschreckungsform des gesicherten Zweitschlags für einen „lächerlichen Plan" und erklärte öffentlich: „Kein amerikanischer Präsident darf einen nuklearen Präventivschlag ausschließen." Wie Gray fordert daher auch das „Fiscal Year 1984–1988 Defense Guidance" die Fähigkeit des Enthauptungsschlages („decapitation") gegenüber der UdSSR, um „die gesamte sowjetische (und mit der Sowjetunion verbündete) politische und militärische Machtstruktur auszuschalten. Die USA müßten so überlegen sein, um einen Krieg jederzeit zu ihren Gunsten und zu ihren Bedingungen entscheiden zu können."

Bereits Mitte der 70er Jahre drängte sich führenden Rüstungstechnikern wie Robert C. Aldridge der Verdacht auf, die USA planten und entwickelten strategische Erstschlagsoptionen, und seien es – vorerst – nur als begrenzt behauptete. Stärkstes Indiz war für Aldridge die Entwicklung zielpräziser Interkontinentalraketen. Denn Zielpräzision ist nur notwendig, wenn die Absicht besteht, das strategische Rake-

tenpotential des Gegners anzugreifen. Für die Abschrek-
kung ist sie nicht notwendig, da der Angegriffene den Ver-
geltungsschlag ohnehin nicht mehr gegen die gegnerischen
Raketenstellungen führen kann. Er kann nur noch Indu-
strie- oder Bevölkerungszentren angreifen (daraus ergibt
sich ein ethisches Dilemma für den Vergeltenden, weil er
den Nuklear- zu einem Auslöschungskrieg machen muß
und Vergeltung an der unbeteiligten Bevölkerung übt).

Auch die forcierte Entwicklung der U-Boot-Ortung
durch die USA legt zwingend den Schluß nahe, daß eine
Erstschlagsfähigkeit angestrebt wird. Die Bedrohtheitsängste werden im Kreml dadurch nicht geringer, daß Washington versichert, mit glaubwürdigen Kriegsführungsoptionen
solle lediglich ein Krieg verhütet werden. Die Perfektionie-
rung der permanenten Ortung strategischer U-Boote liefert
auch diese bislang unverwundbare Waffe der Gefahr aus, in
einem Erstschlag ausgeschaltet zu werden. Sie vollzieht sich
im Rahmen eines rasanten Ausbaus der sogenannten C-3 I-
Strukturen (Command, Communication, Control and Intel-
ligence – Kommando, Kommunikation, Kontrolle und Aufklärung), die für die Führung eines strategischen Krieges
von ausschlaggebender Bedeutung sind.

Schließlich stellt der Versuch der Reagan-Regierung, ein
strategisches Raketen-Abwehrsystem im Weltall zu bauen
(SDI, Strategic Defense Initiative, Strategische Verteidigungsinitiative) den endgültigen Abschied von der MAD-
Abschreckung dar. Aus der Sicht der UdSSR, die ja ebenfalls Sicherheits- und Rüstungspolitik nach Worst-case-Ka-
tegorien betreibt, stellt SDI den endgültigen Beweis für das
Streben nach militärischer Überlegenheit dar, um einen strategischen Nuklearkrieg führen und gewinnen zu können.

Wer sich überlegen glaubt, läßt sich nicht abschrecken;
wer sich unterlegen glaubt jedoch ebenfalls nicht mehr,
wenn er vor der Alternative steht, entweder kapitulieren zu
müssen oder angegriffen und vernichtet zu werden.

Aus der Sicht der Sowjetunion stellt die Reagansche
Weltraumrüstung eine mehrfache schwere Bedrohung dar,
wobei Bedrohung und Bedrohungsängste notwendigerweise
die entscheidenden Grundlagen für die Entstehung und
ständige Aufrechterhaltung von Feindbildern sind.

Die Sowjets werden gezwungen, ebenfalls zu versuchen, mit ungeheuren Finanzmitteln ein strategisches Abwehrsystem zu entwickeln. Diese Summen werden notwendigerweise eine dringend erforderliche Modernisierung des Wirtschafts- und Industriesystems behindern; für Investitionen und infrastrukturelle Verbesserungen wird kaum Geld zur Verfügung stehen, auch wenn man die zu erwartende eine Billion Dollar, die das SDI-Programm die USA kosten wird, verteilt auf ca. 25 Jahre, für die UdSSR erheblich niedriger veranschlagen muß.

Eine Konsequenz wird die ansonsten technologisch und sicherheitspolitisch noch nicht abschätzbare Weltraumrüstung der USA unweigerlich haben: Die Bedrohtheitsängste der Sowjetunion werden sich verstärken und das Mißtrauen wird wachsen. Die zu erwartenden Gegenmaßnahmen der sowjetischen Führung werden ihrerseits die bestehenden Ängste im Westen, vor allem bei den Verbündeten der Vereinigten Staaten, vergrößern. Die Feindseligkeit zwischen beiden Blöcken wird sich vertiefen. Das Feindbild bleibt und wird stärker. Damit aber wird die Abschreckung durch ihre eigene Dynamik destabilisiert.

Das Abschreckungsprinzip versagt vor allem dann, wenn sich Eliten gegenseitig mit Existenzvernichtung bedrohen. In der politischen Krise wird der Kompromiß nahezu unmöglich, im Kriegsfall gibt es keine Kapitulation, sondern Kampf bis zum äußersten. Diese These ließe sich an vielen geschichtlichen Beispielen belegen. Politik und somit auch der Krieg waren immer schon – eine Binsenweisheit – Ergebnis des Handelns von Eliten (Großbürgertum, Patrizier, Adel usw. mit verliehenen oder erblichen Privilegien bzw. Funktionen). Aufgrund des geringen Organisationsgrades früherer Gesellschaften war nur die Elite in der Lage, Macht zu organisieren und auszuüben, etwa mit einer Armee. Wenn sich die Eliten zweier Völker bekämpften – die Völker wollten keinen Krieg, der Volkskrieg, von emotionalisierten Massen gewollt und mitgetragen, ist eine Erscheinung der Neuzeit – dann war ihnen bewußt, daß der Sieger die unterlegene Elite eliminieren würde, weil anders die Beute dauerhaft nicht zu sichern, das eroberte Land nicht zu „befrieden" war. Die Ägypter rotteten die nubischen Eliten aus, die Römer pflegten den Adel unterworfener Völker ebenfalls zu liquidieren oder in die Sklaverei zu verkaufen, junge Adelige wurden auch als Gladiatoren in die Kampfarenen geschickt. Kühl und nüchtern beschreibt Caesar, wie er die Führer der keltischen Stämme hinrichten ließ. Nicht anders verfuhren die Merowinger, Karl der Große ließ den sächsischen Adel bei Verden an der Aller abschlachten. Großmut wurde selten geübt.

Erst als sich in Europa die Eliten gegenseitig die Drohung mit der Existenzvernichtung nahmen, wurde der politische Kompromiß oder die Unterwerfung bei aussichtsloser Unterlegenheit möglich, im Krieg die Kapitulation.

Das Verhalten der nationalsozialistischen „Elite" war in vielfacher Hinsicht ein Rückfall in überwunden geglaubte Zeiten, vor allem aber insofern, als sie die Eliten (heute handelt es sich um Funktionseliten) besonders der slawischen Völker mit Existenzvernichtung bedrohte. Diese Drohung, buchstäblich exekutiert nach Erlaß des berüchtigten „Kommissarbefehls" Hitlers, bewirkte einen unbeugsamen Widerstand der sowjetischen Elite, die mit Zustimmung der Bevölkerung zu schwersten Opfern bereit war. Eine Kapitulation kam nicht in Frage. Als sich das Kriegsglück wendete, verhielt sich die Nazi-Elite angesichts der Existenzbedrohung nach demselben Muster: Sie kämpfte bis zur totalen Erschöpfung aller Kräfte.

Für existenzbedrohte Eliten gibt es keine Alternative, weil Nachgeben und Niederlage dieselben Folgen haben: Liquidierung. Dann lieber Kampf bis zum Äußersten, um den „Heldentod" zu sterben und „ewigen Ruhm" zu erringen.

Und die Gegenwart? Läßt sich die tiefste Ursache des Ost-West-Konflikts nicht (auch) darauf zurückführen, daß sich Eliten – die kapitalistische Elite, die „Ausbeuterklasse", und die Nomenklatura im kommunistischen Osten – mit Existenzvernichtung bedrohen? Diese Drohung ist bereits ideologisch begründet und wird wahrgenommen auch ohne die Drohung mit Krieg. Nach der marxistisch-leninistischen Theorie ist die Ausbeuterklasse ohnehin zum „Aussterben" verurteilt, sie wird, wenn die sich verschärfenden gesellschaftlichen Widersprüche zur Machtübernahme des Proletariats führen, beseitigt werden, ob durch physische Liquidierung oder „nur" politisch-gesellschaftliche Entmachtung, mag offen bleiben. Die Beispiele der kommunistischen Machtübernahme in den sozialistischen Staaten zeigen beide Varianten der Entmachtung. Die Funktionseliten im kapitalistischen Westen können sich daher ausrechnen, daß eine kommunistische Machtübernahme in ihren Ländern zu ihrem Verschwinden führen würde, auch dann, wenn diese Machtübernahme sich im Rahmen demokratischer Mehrheitsbildung, also friedlich, vollziehen sollte. Die Betonung der „friedlichen Koexistenz" durch die sowjetische Führung seit Nikita Chruschtschow beseitigt diese Existenzbedrohung für die westlichen Eliten nicht, jedenfalls nicht aus deren Perspektive. Allein das Vorhandensein der kommunistischen Ideologie, gestützt auf eine ökonomische und militärische Weltmacht, bewirkt, eingestanden oder nicht, eine permanente, eine potentielle Existenzbedrohung.

Umgekehrt aber fühlt sich auch die kommunistische Funktionselite der sozialistischen Staaten vom Westen in ihrer Existenz bedroht. Der Nomenklatura ist bewußt, daß die technologische, ökonomische und auch soziale Überlegenheit des kapitalistischen Westens ihre Legitimität in Frage stellt, nicht zuletzt bei ihren Bevölkerungen, weil sich zentrale Aussagen, Thesen und Prognosen des „wissenschaftlichen Materialismus" als falsch herauszustellen drohen. Die gesellschaftlichen Widersprüche konnten in den kapitalistischen Staaten so gemildert werden (ob durch die geschaffene soziale Realität oder durch massenmediale Indoktrination, spielt keine Rolle), daß die Legitimationsbasis und damit die innere Stabilität nicht gefährdet werden und sich kein proletarisch-revolutionäres Bewußtsein der Massen herausbildet. Die soziale Attraktivität, die der Klassenfeind in obendrein formaldemokratisch verfaßten Staaten zustande brachte, ist eine permanente, potentielle Existenzbedrohung für die kommunistische Nomenklatura.

Diese fühlt sich aber auch militärisch bedroht. Gerade aufgrund des marxistisch-leninistischen Verständnisses wird die Großbourgeoisie auch zum Krieg als dem letzten, verzweifelten Mittel der Existenzsicherung greifen (von der allgemeinen Funktion des Krieges im Kapitalismus abgesehen). Aus der Sicht der Führung schwebte fast 20 Jahre lang das Damoklesschwert eines amerikanischen Nuklearangriffs über der Sowjetunion. Präsident Harry S. Truman hatte den Abwurf der Atombomben über Hiroshima und Nagasaki auch als „Test" für einen möglichen Einsatz gegen die UdSSR verstanden. „To nuke Moscow and Leningrad" war im Zuge der McCarthy-Verfolgungen fast ein geflügeltes Wort in den USA. Da Stalin natürlich auch die Einstellung der britischen Führung um Churchill und Montgomery kannte, die am liebsten die Wehrmacht „umgedreht" und zusammen mit den Armeen der Westalliierten nach Osten hätten marschieren lassen, konnte im Kreml kein sonderlich großes Vertrauen an ein stabiles Fortwirken der Anti-Hitler-Koalition aufkommen.

Stalin und die sowjetische Führung handelten, wie Eliten angesichts einer Bedrohung handeln: Sie gaben nicht nach, weil Nachgeben die Existenzbedrohung nicht vermindert. Während die USA, nicht zuletzt im Vertrauen auf die neue atomare Superwaffe, ihre konventionellen Kriegsarmeen weitgehend abrüsteten, ließ Stalin zwei Fünftel der Roten Armee in Osteuropa stehen, versuchte sogar die Alliierten aus Berlin hinauszudrängen, ergriff also politisch die Flucht nach vorne. Im Westen wurde Stalins Verhalten als kaum verhüllte Eroberungsabsicht gedeutet, die kommunistische Machtübernahme 1948 in der Tschechoslowakei ließ diese Deutung vollends zur Gewißheit werden. Das Nordatlantische Verteidigungsbündnis wurde gegründet, die Wiederbewaffnung der Bundesrepublik beschlossen. Aus der Sicht der sowjetischen Führung schien dies wiederum die Bestätigung des kriegerisch-imperialistischen Wesens des Kapitalismus zu sein. Der Warschauer Pakt war die Antwort. Der Rüstungswettlauf zwischen zwei Paktsystemen begann, er hält bis heute unvermindert an.

Nur mühsam konnte die UdSSR das atomare Gleichgewicht erringen. Die Vereinigten Staaten behaupteten den technologischen Vorsprung und entwickelten stets als erste die strategischen Waffensysteme, die die Chance (aus amerikanischer Sicht) bzw. die Gefahr (aus sowjetischer Sicht) atomarer Kriegsführungsoptionen eröffneten. Tatsächlich erheben seit Schlesinger führende politische und militärische Repräsentanten der USA den Anspruch auf zumindest

begrenzte strategische Kriegsführungsoptionen gegenüber
der UdSSR – zum Zwecke der Abschreckung und Kriegsverhütung, wie nachdrücklich betont wird; in aggressiver
Absicht, wie dieser Anspruch in Moskau interpretiert wird.

Die begonnene Weltraumrüstung kann vollends im Kreml
nur so verstanden werden, daß man sich in Washington auf
das letzte Gefecht mit dem Erzfeind vorbereitete. Den Sowjets ist wie den Amerikanern klar, daß ein SDI-Abwehrsy-
stem niemals hundertprozentig funktionieren kann, daß zumindest seine Funktionstüchtigkeit in Friedenszeiten nicht
nachzuweisen ist, die Gegenmaßnahmen noch gar nicht in
Betracht gezogen. Insofern können die USA unmöglich auf
Angriffsraketen verzichten. Die Behauptung, mit SDI würden Angriffsraketen überflüssig, wobei übrigens auch der
unmoralische Charakter des bestehenden Abschreckungssystems überwunden würde, so Präsident Reagan, ist plumpe
Propaganda. Und ebensowenig wird sich die Erwartung erfüllen, die sowjetische Elite werde sich mit der SDI-Dro-
hung zu Wohlverhalten am Verhandlungstisch zwingen lassen. Erzwungene Kompromisse offenbaren Schwäche und
sind aus der Sicht jeder Elite der Beginn der Erosion ihrer
Existenz und ihrer Macht.

Wenn die These richtig ist, daß die akute Gefährdung der
Menschheit darauf zurückzuführen ist, daß sich zwei Eliten
existentiell bedrohen, daß diese Existenzdrohung ideolo-
gisch-weltanschaulich, fast religiös, begründet ist und somit
auch dann vorhanden wäre, wenn die Kontrahenten nicht in
der militärischen Abschreckung eine Milderung dieser Existenzdrohung sähen, dann gibt es unter den gegenwärtigen
Bedingungen faktisch keinen Lösungsansatz. Von jeder mis-
sionarischen Ideologie, Weltanschauung oder Religion geht
eine Bedrohung aus für diejenigen, die ihr nicht anhängen
und nicht an sie glauben wollen. Ein Modus vivendi, also eine Grundlage für ein Zusammenleben, läßt sich zunächst,
d. h. ohne den äußersten Versuch, den Gegner zu eliminieren, nicht finden, weil der Totalitätsanspruch und die Angst
dem entgegenstehen. Ehe sich in der Vergangenheit Weltanschauungen oder Religionen miteinander arrangiert haben,
gab es meist blutige Kriege. Einen Krieg zwischen West und
Ost, zwischen Kapitalismus und Kommunismus, als „Vor-

aussetzung" für einen anschließenden Modus vivendi würde die Menschheit jedoch nicht überleben. Eine friedliche Lösung, eine Koexistenz kraft Vernunft, scheint aber nach den Erfahrungen der Geschichte ohne diesen äußersten Versuch der militärischen Auseinandersetzung als ultima ratio der Konfliktlösung unmöglich zu sein.

Die verheerende Wirkung der Atomwaffen bietet theoretisch einen „zweitbesten" Ausweg an: eben die Abschreckung. Aber kann Abschreckung gegen die destabilisierende Wirkung von Ideologien und Weltanschauungen schützen? Kann die sowjetische Nomenklatura mit noch so vielen Atomwaffen verhindern, daß die Massen der Bevölkerung gegen die Attraktivität des westlichen „Way of Life" immun bleiben und die Legitimität des Systems langfristig in Frage stellen?

Umgekehrt sind auch im Westen nicht nur konservative politische und militärische Analytiker überzeugt, die Sowjetunion mache gewaltige Fortschritte, immer mehr Staaten ideologisch und subversiv zu destabilisieren. Kuba, Nicaragua, Angola, Mozambique, Äthiopien, Kambodscha, Vietnam, Syrien werden in diesem Zusammenhang genannt, von Afghanistan abgesehen. In die Besorgnis, wie mangelhaft realitätsbezogen sie auch sein mag, mischt sich die Ratlosigkeit, wie weitere sowjetische „Siege" in diesem ideologisch-subversiven „Krieg" mit atomarer Hochrüstung verhindert werden könnten.

Gegen den ideologischen Krieg hilft auch Abschreckung nicht, wohl aber trägt er dazu bei, Bedrohungsängste aufrechtzuerhalten und damit das Feindbild zu perpetuieren. Damit wiederum wird die Dynamik des Rüstungswettlaufs verstärkt, der einerseits nicht in einen Krieg eskalieren darf, sondern lediglich die Wirksamkeit der Abschreckung erhöhen soll, die aber andererseits die Bedrohungsängste der Eliten nicht zu mildern vermag. Im Gegenteil: Die unaufhaltsam wachsende atomare Rüstung auf beiden Seiten verstärkt die Bedrohtheitsängste der gegnerischen Eliten, damit aber auch das Feindbild, das um so schrecklicher erscheint, je schrecklicher die Waffen sind, über die verfügt wird. Die totalen Waffen erfordern letztlich den totalen Feind.

Eine sorgfältige psychologische Untersuchung würde mit

großer Wahrscheinlichkeit ergeben, daß die Totalität des Feindbildes notwendig ist, um erstens das schier unfaßbare Risiko des fragilen Abschreckungssystems hinzunehmen und zu vermitteln, zweitens, um dem Feind die Entschlossenheit anzudrohen, Atomwaffen auch um den Preis der Menschheitsvernichtung einzusetzen. Ohne ein totales Feindbild wären die Risikohinnahme und die Einsatzdrohung derart monströs, daß sie psychisch kaum zu bewältigen wären und ständig moralische Skrupel weckten. Erst das totale Feindbild rechtfertigt das eigene psychisch wie moralisch monströse Verhalten.

Dabei handelt es sich weitgehend um ein verinnerlichtes Feindbild, dessen Totalität in der Sprache nicht adäquat zum Ausdruck kommt. Der Feind wird nicht mehr, wie es noch die Nazi-Propaganda tat, mit „entmenschenden" Begriffen charakterisiert. Reagans Wort vom „Reich des Bösen" oder Axel Springers Kommentar, „die Sowjets sind die Teufel des 20. Jahrhunderts" sind zwar aufschlußreich, aber mittlerweile ebenso sprachliche Ausnahmen geworden wie die Formulierung der „Prawda", die Führer der USA seien „kapitalistische Blutsauger". Aber gerade weil solche verbalen Entgleisungen Ausnahmen sind, erhärten sie die Annahme, daß das wechselseitige Feindbild verinnerlicht worden ist, vor allem bei den Massen der Bevölkerung. Denn es ist gelungen, den Gegner als jederzeit vorhandene, wachsende „Gefahr" bzw. „Bedrohung" darzustellen, der entschlossen, skrupellos, zu allem fähig, aber listig, raffiniert, verschlagen, hinterhältig, geduldig jede Chance nutzt, um seinen Herrschaftsanspruch durchzusetzen. Diese Verinnerlichungsstrategie – ob bewußt oder unbewußt verfolgt, mag dahingestellt bleiben – erweckt den Anschein von Glaubwürdigkeit und Objektivität. Ihre subtile Wirkung wird nicht wahrgenommen, daher können sich die meisten Menschen auch nicht argumentativ zur Wehr setzen. Sie diabolisiert aber letztlich den Gegner nachhaltiger als entmenschende, offenkundig unglaubwürdige, überzogene Charakterisierungen (wie sie etwa noch bei der Rekrutenausbildung in der DDR-Volksarmee verwendet werden), weil sie permanente, sich stetig entwickelnde Angst erzeugt. So genügt schließlich bereits das sprachlich indifferente, fast ob-

jektive „die Sowjets" oder „der Kreml", um negative, angstbestimmte Assoziationen zu wecken.

Auf diese Weise korrespondiert das subtile, stets vorhandene, angstbestimmte, in seiner Totalität unbewußt bleiben-
de Feindbild der Massen den Bedrohtheitsängsten der Eliten. Das Ergebnis ist die Legitimation einer nuklearen Abschreckungspolitik, die das Risiko der Menschheitsvernichtung bewußt in Kauf nimmt. Ohne das subtile Feindbild wäre den Massen nämlich vermittelbar, daß ihre sicherheitspolitischen Interessen wegen der Totalität des Risikos und der
Irreversibilität der Folgen, falls Abschreckung versagt, dia-
metral unterschiedlich zu denen ihrer Eliten sind.

Die Irrationalität dieses totalen Feindbildes erinnert an
das Verhalten der Akteure in eschatologischen Mythen. Das
Grundmuster eines solchen Mythos ist stets das gleiche:
Kampf zwischen Göttern und Teufeln, dem Licht und der
Finsternis, der Wahrheit und der Lüge, dem Prinzip des Guten und dem des Bösen. Dieser Kampf zwischen den beiden
konträren, ja widersprüchlichen Prinzipien ist unversöhn-
lich und gnadenlos. Kompromiß oder Verständigung zwischen den Kämpfenden kann es nicht geben, auch nicht die
Kapitulation, der Kampf endet erst, wenn eines der antago-
nistischen Prinzipien und seine Vertreter restlos vernichtet
und ausgemerzt sind. Der Mythos will Realitäten darstellen,
wobei er auf rationale Beweise verzichten kann. Er ist eine
Form primitiver Welterklärung. Sigmund Freud sah im Mythos den Reflex verdrängter invidivueller Wünsche, C. G.
Jung die seelische Erfahrung überindividueller Wahrheiten.

Weinbergers Erwartung, das Sowjetsystem werde „mit ei-
nem Winseln zusammenkrachen und aus der Geschichte
verschwinden", Reagans Verdikt vom „Reich des Bösen",
Springers Charakterisierung der Sowjets als „Teufel des
20. Jahrhunderts" erhärten die These, daß der Ost-West-
Konflikt und die atomare Hochrüstung, die dabei ist, jede
Dimension zu sprengen, mythologischen Charakter haben.
Wenn diese Gefahr nicht durch rationale Aufklärung zu Be-
wußtsein gebracht werden kann, hat die Menschheit keine
Überlebensperspektive.

Notiz zu den Autoren

Grobe-Hagel, Karl
Redakteur bei der Frankfurter Rundschau, dort verantwortlich für Außenpolitik

Guha, Anton-Andreas
Publizist und Redakteur bei der Frankfurter Rundschau

Horn, Klaus †
war Professor und Direktor des Sigmund-Freud-Instituts in Frankfurt

Hüppauf, Bernd
Professor an der University of New South Wales, Australien

Leder, Karl Bruno
freier Journalist und Publizist, München

Nicklas, Hans
Professor an der Universität Frankfurt und Mitarbeiter der Hessischen Stiftung für Friedens- und Konfliktforschung

Noodt, Wolfram
Professor am Zoologischen Institut der Universität Kiel

Papcke, Sven
Professor an der Universität Münster

Solomon, Norman
Professor und Disarmament Director of the Fellowship of Reconciliation in New York

Studentenkarriere?

280 Seiten
mit 18 Cartoons,
kt., **nur DM 16,80**

Wer endlich die ‚alma mater' betreten darf, der hat es heute schwer, sich im Massenbetrieb der Hochschulen zurechtzufinden. „UniStart" will den Studienanfängern aller Fachrichtungen Orientierungshilfe geben. Erfahrene Studienberater informieren über: den Hochschulbetrieb · die Angst im Studium · Einstellung zum Studium · frühzeitige Berufsorientierung u. v. a. m. Mit wichtigen Kontaktadressen und Telefonnummern.

Zwischen Abi und Studienbeginn, ideal für die Semesterferien – wer möchte nicht gerne ins Ausland reisen. „Jobben in Europa" benennt Chancen, in 27 Ländern mit einem Ferienjob Geld zu verdienen – und dabei noch das Ausland kennenzulernen. – Kurzinformationen, hunderte von Adressen und Telefonnummern helfen den Job im Ausland zu finden.

208 Seiten, kt.,
nur DM 19,80

3., erweiterte und überarbeitete Auflage. 296 Seiten mit 15 Cartoons, kt., **nur DM 19,80**

Hochschulabgänger – und arbeitslos? Das muß nicht sein. „Das Umsteigerbuch" bietet Orientierungshilfen für den Umstieg – wichtige Informationen, Adressen und Tips von Branchenkennern. Das ABC der Berufe und Berufsfelder, das Umsteigerbuch wurde um einige Themen erweitert. – Konzert- und Theatermanager, – Perspektiven für Sozial- und Geisteswissenschaftler in Mittel- und Großbetrieben.

Fast alle reden von der Arbeitslosigkeit. Nur die „Szene" nicht, denn sie erlebt einen regelrechten Gründerboom. Horst Speichert hat Alternativbetriebe im ganzen Bundesgebiet und Westberlin besucht. Seine Reportagen stellen die Betriebe vor und die Menschen, die dort arbeiten – ihre Geschichte, ihre Hoffnungen, ihre Alltagsprobleme und ihre Perspektiven.

212 Seiten
mit Abbildungen,
kt., **nur DM 19,80**

„Die Entfesselung des Atoms hat alles verändert, mit Ausnahme des menschlichen Denkens..."

Albert Einstein

182 Seiten, kt. DM 16,80

Die Strategie der Abschreckung hat die europäischen Länder in ein Waffenlager verwandelt. Angesichts der Totalität der Kernwaffen darf den Sicherheitspolitikern kein Irrtum, keine Panne, keine Fehlannahme unterlaufen.

Dieses fiktive Tagebuch beschreibt, was geschähe, wenn die Abschreckung versagt, wie Menschen dann das unausweichliche Inferno erleben würden und erleiden müßten.